그리스 로마 신화 외 : 신화의 시대

토마스 불핀치 외 지음 / 최준환 편역

그리스 로마 신화 외 :
신화의 시대

토마스 불핀치 외 지음 / 최준환 편역

집문당

편역자 최준환

우석대학교 영문과 졸업

프랑스 파리대학교, 독일 쾰른대학교, 스위스 바젤대학교에서 수학

고려대학교 및 건국대학교 강사 역임

• 번역서

《실존과 인생》(카프카), 《젊은 베르테르의 슬픔》(괴테), 《피에르와 쟝》(모파상) 외

그리스 로마 신화 외 : 신화의 시대

1974년 10월 30일 1판 1쇄
1991년 8월 1일 2판 1쇄
1998년 5월 10일 3판 1쇄
2021년 2월 10일 4판 1쇄

저자 | 토마스 불핀치 외
편역자 | 최준환
발행인 | 임동규
발행처 | **(주)집문당**
등록 | 1971. 3. 23. 제2012-000069호
주소 | 03134 서울시 종로구 돈화문로 82, 5층
전화 | +82-1811-7567
이메일 | sale@jipmoon.com
홈페이지 | www.jipmoon.com

ISBN 978-89-303-1903-4 03890

가격 12,000원

머리말

이 책은 토마스 불핀치의《신화의 시대》와 슈바프의《그리스 · 로마 신화》, E. 해밀턴의《고대세계의 신들》, 아프로드로스의《그리스 신화》, 피에르와 야마무로 시즈카가 쓴《그리스 · 로마 신화》그리고 신래현이 쓴《조선의 신화와 전설》가운데에서 가장 널리 알려져 있는 대표적인 신화 65편을 골라 이해하기 쉽게 이야기식으로 엮은 책이다.

독자들 중에는 과학문명이 발달한 21세기 현대인의 생활에서 수천 년 전의 그리스나 북유럽의 신화가 도대체 왜 필요한가 하고 의문을 품는 사람도 있을 것이다. 그러나 이 고대의 신화를 모르고서 세계의 예술이나 역사를 논한다는 것은 불가능에 가깝다고 할 수 있다.

그럴 수밖에 없는 것이 이 신화는 인류와 함께 생겨나 발전을 거듭해 온 창조의 자취이며, 그러는 동안 문학은 말할 것도 없고 철학 · 종교 · 미술 등 각 분야에 고루 스며들어 하나의 엄연한 문화를 이루고 있는 것이다. 말하자면 그것은 우리네 인간의 위대한 유산인 것이다.

따라서 신화에 대한 지식 없이 유럽이나 아시아의 문화를 이해할 길은 도저히 없는 것이다. 예컨대 우리가 즐겨 쓰고 있는 '판도라의 상자'라든가 '파리스의 심판', '시시포스의 바위' 또는 '사슬에 묶인 프로메테우스' 같은 말은 모두가 신화에서 유래된 것인데, 그 내용을 모르고서는 그것이 무슨 뜻인지 알 수가 없는 것이다.

그런 까닭에 신화의 생명력은 그로부터 수천 년이 지난 오늘날에도 여전히 이어져 내려오고 있으며, 동서고금의 예술가들이 즐겨 그들 작품의 모델로 삼아오고 있다. 그리고 우리 인류가 지구상에서 삶을 영위하고 있는 이상 이것은 앞으로도 영원히 계속될 것이다.

이 책은 편의상 '그리스 · 로마 신화'와 '동양 신화' 그리고 '북유럽 신화'로 나누었으며, 그 중에서도 비중이 가장 크다고 볼 수 있는 그리스 · 로마의 신화를 가장 많이 수록했다. 그리고 이야기는 되도록 시대순으로 배열했으며, 독자들의 이해를 돕기 위해 쉬운 문장으로 옮겼으므로 누구나 쉽게 읽고 이해할 수 있을 것으로 생각한다.

끝으로 이 책이 신화의 이해는 물론 유럽의 문화나 예술을 이해하는 데 도움이 된다면 옮긴이로서 그 이상의 기쁨이 없겠다.

최 준 환

* 본문 중 이름 다음에 나오는 (로)는 로마명, (영)은 영어명

차 례

Ⅲ. 북유럽 신화

Ⅰ. 그리스·로마 신화

그리스와 그리스인

그리스 사람들은 지구는 둥글고 평평한 것이라고 믿었다. 그리고 자기들이 살고 있는 나라는 그 한가운데에 있고 그 중심점을 이루는 것이 신들의 거처인 올림포스 산, 또는 신탁으로 유명한 델포이 성지라고 믿고 있었다.

또한 이 둥글고 평평한 세계는 서쪽에서 동쪽으로 가로지른 바다에 의해 두 개로 나뉘어 있다고 믿었다. 그 중 한 바다를 사람들은 지중해라고 부르고, 그와 이어진 바다를 에욱세이노스해(흑해를 가리킴)라고 불렀다. 그리스 사람들이 알고 있는 바다는 이 두 개뿐이었다.

그리고 그들은 세계를 감싸고 있는 주위에는 대양하(River Ocean)가 흐른다고 생각하였다. 대양하의 흐름은 세계의 서쪽에서는 남에서 북으로, 동쪽에서는 북에서 남으로 향하고 있으며, 그 흐름은 변하는 일이 없었고 어떤 폭풍우가 닥쳐와도 넘치는 일이 없다고 믿고 있었다. 물론 바다와 지상의 모든 강은 그 물을 대양하에서 받아들이고 있다고 믿었다.

세계의 북쪽 땅에는 히페르보레오스라고 부르는 행복한 민족이 살고 있을 것이라고 생각하였는데, 이 민족은 높이 솟아 있는 산 저쪽에서 영원한 기쁨과 봄을 즐기면서 살고 있으리라 믿었다. 그리고 이 산에 있는 큰 동굴에서 살을 에는 듯한 차가운 북풍이 불어와 헬라스(그리스) 사람들을 춥게 만드는 것이라고 생각했다. 그 나라는 뭍에서도 바다에서도 가까이 다가갈 수가 없으며, 그 나라 사람들은 병에 걸리는 일도 없고 늙지도 않고, 또한 전쟁도 모르는 채 평화롭게 산다고 생각했다.

그리고 세계의 남쪽에는 대양하를 따라 히페르보레오스 사람들과 마찬가지로 행복하고 덕망 있는 사람들인 에티오피아인들이 살고 있다고 믿었다.

세계의 서쪽 끝에는 대양하 근처에 엘리시온 들판이라 부르는 복 받은 땅이 있는데, 이곳은 신들이 특히 총애하던 인간들이 죽음의 괴로움을 영원히 모르고 살 수 있는 행복한 곳이라고 믿었다. 따라서 이 행복한 고장은 '행운의 들판' 또는 '축복받은 사람들의 섬'이라고 불렸다.

이상으로 알 수 있듯이, 고대 그리스 사람들은 자기 나라의 동쪽과 남쪽의 민족, 또는 지중해 연안 근처에 사는 민족 외에 실존하는 다른 민족에 대해서는 거의 아무것도 알지 못했었다.

올림포스의 여러 신들

신들의 집은 테살리아에 있는 올림포스 산의 꼭대기에 있었다. 이곳에는 계절의 여신들이 지키는 구름의 문이 있는데, 신들이 땅으로 내려갈 때나 하늘로 돌아올 때에 열렸다.

신들은 제각기 자기의 집을 가지고 있었으며, 제우스가 소집을 하면 평소에 지상이나 물속이나 땅 밑에 살고 있는 신들도 빠짐없이 모두 올림포스궁전으로 모여들었다. 이 궁전의 대연회장에서는 여러 신들이 신의 음식인 암브로시아와 넥타르로 매일 향연을 베풀고 있었다. 이 넥타르는 아름다운 여신 헤베가 따라 주었다.

이 자리에서 신들은 천상이나 지상에서의 여러 가지 일들을 이야기했다. 그리고 그들이 넥타르를 마시고 있을 때면 음악의 신인 아폴론이 아름다운 음악으로 신들을 기쁘게 해 주었고 아홉 명의 무사(영 : 뮤즈)들은 그에 맞추어 노래를 불렀다. 그리고 태양이 대지에서 가라앉으면 신들은 제각기 자기 집으로 돌아가 잠을 잤다.

여신들이 입는 성의나 그 밖의 옷은 아테나와 자매인 세 명의 미의 여신들이 만들었는데, 좀 더 두꺼운 옷은 여러 금속을 섞어서 만들었다.

헤파이스토스는 올림포스의 건축기사이자 대장장이였고, 전투용 이륜차의 제조가로서 무엇이든 만들 수 있는 명장이었다. 그런데 이 헤파이스토스가 만든 물건은 스스로 움직이는 힘이 있어 어떤 곳이라도 뜻대로 다닐 수가 있었다.

올림포스의 여러 신들 가운데에서도 제우스와 헤라 · 아폴론 · 아프로디테 · 아테나 · 헤르메스 · 아르테미스 · 헤파이스토스 · 아레스 · 포세이돈 · 헤스티아 · 하데스를 가리켜 올림포스의 12신이라고 불렀다.

제우스(로 : 유피테르, 영 : 주피터)는 신들과 인간의 아버지로 불리고 있는데 그 제우스에게도 부모가 있었다. 크로노스(로 : 사투르누스)가 그의 부친이고, 레아(로 : 옵스)가 모친이었다. 크로노스와 레아는 티탄 신족에 속해 있었다. 그리고 이 신족은 하늘과 땅에서 태어났다. 하늘과 땅은 카오스로부터 태어났다. 티탄 신족에 속한 신들로는 오케아노스 · 히페리온 · 이아페토스 같은 남자 신들과, 테미스 · 므네모시네 같은 여자 신들이 있었다. 오늘날에 이 신들은 고대신으로 일컬어지고 있는데, 그것은 그들의 지배권이 그 후 다른 신들에게 넘어갔기 때문이다. 즉, 크로노스의 지배권은 제우스에게, 오케아노스의 것은 포세이돈에게, 히페리온의 것은 아폴론에게 각각 그 지배권을 물려주었던 것이다.

크로노스에 대해서는 여러 가지 설이 있다. 그가 다스린 세상은 죄가 없는 깨끗한 황금시대였다고 하는가 하면, 그는 자기 자식을 잡아먹는 괴물이었다고도 한다. 다행히 제우스는 자기 부친에게 잡아먹힐 운명을 간신히 피했으며, 성장한 후에 메티스를 아내로 맞았다. 메티스는 시아버지인 크로노스에게 약을 먹여 그가 삼켜버린 남편의 형제들을 다 토해내게 만들었다. 그리하여 제우스는 구사일생으로 살아난 형제들과 힘을 합하여 크로노스와 그 일족인 티탄 신족을 정복하여 그 중의 어떤 자는 타르타로스(지옥)에 가두기도 하고, 또 다른 자들에게는 형벌을 가하기도 했다. 아틀라스 신은 그 벌로써 두 어깨로 하늘을 떠받치고 있으라는 선고를 받았다.

크로노스를 왕위에서 물리치자 제우스는 형제인 포세이돈·하데스와 함께 크로노스의 영토를 분할했다. 제우스는 하늘, 포세이돈은 바다, 하데스는 지하의 나라(죽음의 나라)를 다스리게 되었다. 그리고 지상과 올림포스는 그들의 공동 영토로 삼았다.

이리하여 제우스는 신들과 인간의 왕이 된 것이다. 그는 벼락을 주 무기로 삼고 아이기스라는 방패를 가지고 있었다. 이것은 그의 아들 헤파이스토스가 그를 위해 만든 것이다. 그가 총애한 새는 독수리였는데, 이 새가 제우스의 벼락화살을 가지고 있었다.

헤라(로 : 유노, 영 : 주노)는 제우스의 본처이며 신들의 여왕이었다. 무지개의 여신 이리스가 헤라의 시녀이며 사자였다. 그리고 공작은 헤라가 사랑하는 새였다.

헤파이스토스(로 : 불카누스, 영 : 벌칸)는 제우스와 헤라 사이에서 태어난 아들이었다. 그는 태어날 때부터 절름발이였기 때문에 모친인 헤라가 그의 추한 모습을 싫어하여 하늘에서 내쫓았다고 한다. 일설에 의하면, 제우스와 헤라가 싸웠을 때 헤파이스토스가 어머니 편을 들었기 때문에 제우스가 그를 걷어차서 땅에 떨어졌다고도 한다. 따라서 이 말대로 해석한다면, 헤파이스토스가 다리를 절게 된 것은 하늘에서 떨어질 때 다쳤기 때문이다.

사랑과 미의 여신 아프로디테(로 : 베누스, 영 : 비너스)는 제우스와 디오네 사이에서 태어난 딸이다. 일설에는 아프로디테가 바다의 거품에서 태어났다고도 한다. 그녀는 거품에서 태어나자마자 서풍에 운반되어 키프로스 섬에 닿았다. 섬에 닿자 호라이(계절의 여신들)는 그녀를 마중하고 아름다운 옷을 입혀 신들의 궁전으로 데려갔다. 신들은 그녀의 아름다움에 넋을 잃어 모두들 아내로 삼으려고 했다.

그러나 제우스는 그녀를 아들 헤파이스토스에게 주었다. 헤파이스토스가 벼락화살을 열심히 만든 데 대한 답례였다. 그래서 여신들 중에서 가장 아름다운 아프로디테는 남자 신들 가운데에서 가장 못생긴 헤파이스토스의 아내가 된 것이다.

아프로디테는 케스토스라고 부르는 수를 놓은 띠를 가지고 있었는데, 이 띠는 상대방에게 애정을 일으키게 하는 신비로운 힘을 지니고 있었다. 그녀가 사랑한 새는 백조와 비둘기였고, 그녀에게 바쳐진 식물은 장미였다.

사랑의 신 에로스(로 : 아모르, 영 : 큐피드)는 아프로디테의 아들이었다. 그는 언제나 모친과 함께 있었다. 그리고 활을 들고 다니다가 신들이나 인간의 가슴에 사랑의 화살을 쏘았다.

아프로디테는 어느 날 테미스(계율의 여신)에게, 아들인 에로스가 언제까지나 어린애 같아서 큰일이라고 말했다. 그러자 테미스는 에로스가 외동아들이어서 그런 것이니까 동생이 생기면 틀림없이 커질 것이라고 대답했다. 이윽고 동생 안네로스가 태어나자 테미스의 말대로 에로스는 갑자기 자라서 힘도 강해졌다고 한다.

지혜의 여신으로서 팔라스라고도 부르는 아테나(로 : 미네르바)는 제우스의 딸이다. 그러나 그녀는 모친이 없이 제우스의 머리에서 갑옷을 입은 채 태어났다. 그녀는 왕들의 수호신으로 되어 있으나, 시민생활의 보호자로서 농업의 수호신이기도 했다. 그녀가 사랑한 새는 부엉이였고, 그녀에게 바쳐진 식물은 올리브였다.

헤르메스(로 : 메르쿠리우스, 영 : 머큐리)는 제우스와 아틀라스의 딸 마이아 사이에서 태어났다. 그가 관장한 부문은 상업, 격투나 그 밖의 경기, 나아가서는 도둑질에도 미치고 있었으니 결국 숙련과 기민성이 필요한 모든 것에 걸쳐 있었다. 그는 부친 제우스의 전령으로서, 날개 달린 모자를 쓰고 날개 달린 신발을 신고 있었다. 또 손에는 두 마리의 뱀이 엉킨 케리케이온이라는 지팡이를 갖고 있었다.

헤르메스는 또한 악기를 발명했다고 한다. 어느 날 한 마리의 자라를 발견하고서, 그 등껍질의 양쪽 끝에 구멍을 뚫어 그곳에 아마로 된 실을 꿰어 악기를 만들었다. 줄은 아홉 개였는데 이것은 아홉 명의 무사(영 : 뮤즈)들에게 경의를 표하는 뜻이었다. 헤르메스는 이 악기를 아폴론에게 주고 그 대신 케리케이온 지팡이를 받았다.

아폴론(로 : 아폴로 또는 포이부스)은 제우스와 레토의 아들로, 신들 중에서도 가장 용모가 수려했고 음악의 명수로서 무사들이 언제나 그를 따랐다. 그는 또한 태양의 신이었고 활의 명수이기도 했으며, 인간에게 처음으로 의술을 가르치기도 했다. 파르나소스 산 밑에 있는 그의 델포이 신전에는 순례자가 끊이지 않았으며, 월계수는 그의 성스런 나무였다.

싸움의 신인 아레스(로 : 마르스)는 제우스와 헤라 사이에서 태어난 아들로서, 용감한 신이다.

아르테미스(로 : 디아나, 영 : 다이아나)는 아폴론과 쌍둥이로 태어난 달의 여신이며 다산의 수호신이었다. 그녀는 숲과 사냥을 사랑했고 일생을 처녀로 보냈는데, 순결을 사랑한 나머지 잔인한 행동도 서슴지 않았다. 그녀는 사슴을 총애하였다.

포세이돈(로 : 넵투누스, 영 : 넵튠)은 제우스의 형제로 물의 신들의 지배자였다. 그의 권력의 상징은 세 갈래로 된 창이었는데, 그는 이 창으로 바위를 부수기도 하고 폭풍을 마음대로 일으키거나 가라앉혔다. 또한 그는 말을 처음으로 만들어 낸 말의 수호신이기도 했다. 그의 말은 모두가 청동발굽에 황금갈기였다. 그 말들이 이륜마차를 몰며 바다 위를 달릴 때면 바다도 겁을 내어 잠잠해졌다.

하데스는 지하, 즉 죽음의 나라를 지배하는 지배자로서 굉장한 부자였다. 그의 아내는 데메테르(로 : 케레스) 여신의 딸 페르세포네(로 : 프로세르피나, 영 : 프로서파인)이다.

헤스티아(로 : 베스타, 영 : 베스타)는 제우스의 남매로서 아궁이의 수호신이자 가정의 보호자였으나 신화에는 거의 나타나지 않는다.

데메테르는 크로노스와 레아의 딸이며 농업의 여신이다.

이 밖에 술의 신 디오니소스(로 : 바쿠스, 영 : 바커스)는 제우스와 세멜레 사이에서 태어난 아들이었다. 그는 술에 취하게 하는 힘은 물론이며 술의 사교적 영향까지 상징하고 있으므로 문명의 진흥자, 나아가 평화주의자라고도 표현할 수 있을 것이다.

무사(영 : 뮤즈)들은 제우스와 기억의 여신 므네모시네 사이에서 태어난 딸들이다. 이들은 노래를 관장하고 기억을 도왔다. 무사는 모두 아홉 명이 있어, 각각 문학이라든가 과학이라든가 하는 식으로 어떤 특정 부문을 관장하게 되어 있었다. 즉, 칼리오페는 서사시를, 클레이오는 역사를, 에우테르페는 서정시를, 멜포메네는 비극을, 테르프시코레는 춤을 관장하였다.

미의 여신 카리스들이 관장한 것은 향연과 무용, 그리고 온갖 사교놀이와 기품 있는 예술이었다. 이 여신들은 에우프로시네 · 아글라이아 · 탈레이아이다.

운명의 여신 모이라도 세 명이었다. 클로토 · 라케시스 · 아트로포스이다. 그녀들의 역할은 인간의 운명의 실을 잣는 것이었는데, 큰 가위를 가지고 있어 언제라도 자기들의 생각이 미치는 대로 그 실을 잘라 버리기도 했다.

판은 가축과 목자의 신으로, 그가 즐겨 사는 곳은 아르카디아 들판이었다.

사티로스(로 : 파우누스, 영 : 세이터)는 숲과 들의 신이었다. 그들은 온몸이 털로 덮여 있고, 머리에는 갓 나오기 시작한 것 같은 짧은 뿔이 달려 있으며, 발은 산양의 발같이 생겼다.

로마의 신들

이제까지 말한 신들은 로마 사람들에게도 신앙시되고 있었으나 모두 그리스의 신들이다. 그러나 이제부터 말하는 신들은 로마 신화 고유의 것이다.

사투르누스는 옛날 이탈리아 사람들이 믿고 있던 신으로, 그리스의 신 크로노스와 동일시되고 있다. 전설에 의하면, 이 신은 제우스(로 : 유피테르, 영 : 주피터)에 의해 왕위에서 쫓겨나자 이탈리아로 도피해 그곳에서 황금시대라고 불리는 세상을 다스렸다고 한다.

사람들은 자비에 넘친 그의 통치를 기리기 위해 해마다 겨울이 되면 사투르날리아라는 축제를 베풀었다. 이 기간에는 모든 일을 쉬고 선전 포고나 형벌의 집행도 연기되었으며, 친구들끼리는 서로 선물을 나누는가 하면, 노예들에게도 그들을 위한 잔치를 베풀고 주인이 그들에게 식사 시중을 드는 특별한 자유를 허용하기도 했다. 이는 인간이란 본시 평등하다는 것을, 그리고 사투르누스가 백성을 다스리는 동안에는 모든 것이 모든 사람들에게 균등하게 소유되고 있다는 사실을 나타내기 위한 것이었다.

사투르누스의 손자인 파우누스는 들판의 목자의 신으로서, 그리고 예언의 신으로서 숭배되었다.

키리누스는 전쟁의 신인데, 이 신이 바로 로마의 건설자인 로물루스라는 사람으로서 죽은 후에 신들의 반열에 끼게 되었다는 설이 있다.

벨로나는 전생의 여신이다.

테르미누스는 경계 표지의 신이었다. 그의 동상은 거친 돌이나 말뚝으로서 들판의 경계를 나타내고자 땅에 세워져 있었다.

팔레스는 가축과 목장을 관장하는 여신이고, 포모나는 과일나무를 관장하는 여신이다.

플로라는 꽃의 여신이고, 루키나는 출산의 여신이다.

베스타는 국가의 아궁이와 가정의 아궁이를 관장하는 여신이었다. 이 여신의 신전은 베스타리스라고 하는 6명의 처녀 사제가 지키고 있었으며, 언제나 성화가 불타고 있었다. 국가가 편안한 것은 이 성화를 꺼뜨리지 않았기 때문이라고 믿었던 만큼 처녀 사제가 자칫 잘못하여 이 성화를 꺼뜨리면 엄한 벌을 받았다. 그리고 그 성화는 다시 태양의 빛으로 점화되었다.

리베르는 바쿠스의 라틴 이름이다. 그리고 물키베르는 불카누스(영 : 벌칸)의 라틴 이름이다.

야누스는 하늘의 문지기로서 새해의 문도 열었다. 그래서 1년의 첫 달(January)은 그의 이름을 따서 만들었다. 또한 야누스는 문의 수호신이었기에 보통 두 개의 얼굴로 표현되고 있다. 모든 문은 두 방향으로 면해 있기 때문이다.

로마에는 야누스의 신전이 무수히 많았다. 전쟁 때면 주요한 신전의 문은 언제나 열려 있었고 평화시에는 닫혀 있었는데, 누마 왕 때와 아우구스투스 황제 때에는 신전의 문이 단 한 번밖에 닫혀 있지 않았다.

페나테스는 가족의 행복과 번영을 지켜주는 집의 신이라 믿었다. 그 이름은 페누스, 즉 '식료품을 넣는 찬장'이라는 말에서 비롯되었다. 따라서 찬장은 이 신의 성스러운 곳으로 여겨지고 있었다.

라레스, 즉 라르들도 역시 가정을 지키는 신들이었다. 그러나 페나테스와 다른 점은, 라레스는 죽은 자의 넋이 신이 되었다고 생각하는 점이다. 라레스는 집집마다의 조상의 넋으로서 자손을 지켜 보호해 준다고 믿었다.

로마 사람들이 믿는 바에 의하면, 남자는 누구나 자기의 수호신 게니우스를 가지고 있고 여자도 자기의 수호신 유노를 가지고 있었다. 결국 그 신이 자기들에게 삶을 주는 것이고, 평생 자기들의 보호자가 되는 것이라고 생각했던 것이다. 그런 까닭에 자신의 생일이면 남자는 자기의 게니우스에게 선물을 바쳤고, 여자는 자기의 유노에게 선물을 바쳤다.

천지창조와 인간의 탄생

우리의 세계는 도대체 어떻게 만들어졌을까? 이것이 우리의 흥미를 더없이 강하게 자극하는 것도 당연하다. 이 문제에 대해 고대 사람들은 오늘날 기독교가 성경에서 얻는 것과 같은 지식을 가지고 있지 못했던 까닭에, 그들은 그들 나름의 방법으로 세계창조의 이야기를 전해 오고 있다. 그것은 대략 다음과 같은 것이다.

땅과 바다와 하늘이 만들어지기 전에는 모든 것이 한 덩어리로 되어 있는 카오스(혼돈)라고 부르는 상태로서 형태가 없는 덩어리, 다만 무겁고 움직이지 않는 덩어리에 지나지 않았다. 그러나 그 안에는 만물의 씨앗이 잠자고 있었다. 거기에는 육지와 바다와 공기가 모두 섞여 있었다. 뭍은 아직 단단하지 않았고 바다도 흐르거나 움직이지 않았으며 공기도 투명하지 못했다.

마침내 신인 대자연이 이 사이에 들어 혼란을 종식시키고 육지와 바다를 나누고, 다시 하늘을 나누었다. 그때 불타고 있는 부분은 가장 가벼웠기 때문에 그 부분이 날아올라서 하늘이 되었고, 공기는 무게와 장소로 인해 그 다음을 차지했다. 육지는 그보다 무거웠으므로 밑으로 가라앉았고, 물이 가장 낮은 곳으로 가서 육지를 띄우고 받치게 된 것이다.

그때 어떤 신이 여러모로 힘을 기울여 이 육지를 정리하고 배열했다. 개울이나 강을 각지의 장소로 가져가고, 산을 일으켜 골짜기를 만들고 숲과 샘, 비옥한 밭과 돌투성이의 황야를 여기저기에 펼쳐놓았다. 공기가 맑아지자 별도 보이기 시작했고, 물고기는 바다를, 새는 하늘을, 네 발 달린 짐승은 육지를 각기 보금자리로 삼았다.

그러나 신은 이 땅에 고등동물이 필요하다고 생각하여 인간을 만들게 된 것이다. 창조의 신은 인간을 만들 때 자기와 같은 재료를 썼는지, 아니면 하늘로부터 갈라진 그 흙 속에 천상의 종자가 아직 남아 있을 무렵의 그 흙을 썼는지는 분명하지 않다. 어쨌든 프로메테우스는 이 대지에서 흙을 약간 가져다가 물로 반죽하여 신들의 모습과 비슷한 인간을 만들어냈다.

프로메테우스는 인간에게 직립 자세를 주었다. 그래서 다른 동물이 모두 얼굴을 밑으로 숙이고 언제나 눈을 땅으로 향하고 있는데, 인간만은 그들과는 달리 얼굴을 하늘로 향하고 별을 바라볼 수 있게 된 것이다.

프로메테우스는 거신족인 티탄 신족의 하나로서 인간이 만들어지기 전부터 땅 위에 살고 있었다. 이 프로메테우스(먼저 생각하는 사나이라는 뜻)와 그의 동생 에피메테우스(뒤에 생각하는 사나이라는 뜻)는 인간을 만들기도 하고, 또한 인간이나 그 밖의 동물들에게 그들이 살아가는 데 필요한 능력을 부여하는 일을 맡고 있었다. 에피메테우스가 먼저 이 일을 하고, 그것이 끝나면 프로메테우스가 그 만들어진 것을 감독하였다.

그리하여 에피메테우스는 곧 여러 동물에게 용기와 힘 · 지혜 등을 주기 시작했다. 그런데 마침내 인간의 차례가 되어, 모든 동물보다 뛰어나야 할 이 인간에게 대체 무엇을 줄 것인가 생각했을 때에는 지니고 있던 모든 것을 주어버린 뒤여서 에피메테우스에게는 아무것도 남아 있지 않았다. 난처해진 그는 형 프로메테우스에게 달려갔다. 그러자 프로메테우스는 하늘로 올라가 태양의 불을 자기의 관솔에 옮겨 붙여 그 불을 인간에게 갖다 주었다. 이 선물 덕분에 인간은 다른 동물과 견줄 수 없는 존재가 된 것이다. 왜냐하면 인간은 이 불을 이용하여 무기를 만들어 다른 모든 동물을 정복할 수 있었고, 도구를 만들어 땅을 갈고 농사를 지을 수 있었기 때문이다.

이때까지도 여자는 아직 만들어지지 않았다. 그러던 어느 날 제우스는 여자를 만들어 프로메테우스와 그 동생에게 보냈다. 그것은 그들이 하늘에서 불을 훔치는 큰 잘못을 저질렀고, 또한 인간이 그것을 받았기 때문에 그들과 인간을 함께 벌하기 위해 보낸 것이다.

그녀는 판도라(모든 선물을 받은 여인이라는 뜻)라고 불렸다. 그녀는 하늘에서 만들어졌으므로 신들은 모두 한 가지씩 그녀에게 선물을 주어 판도라는 완벽하게 되었다. 아프로디테는 그녀에게 아름다움을, 헤르메스는 설득력을, 아폴론은 음악 등을 주었다. 이렇듯 완전무결해진 판도라는 지상으로 옮겨져 에피메테우스에게 주어졌다. 그는 형 프로메테우스에게서 제우스가 주는 선물을 조심하라는 충고를 받았지만, 결국 판도라를 아내로 삼게 되었다.

에피메테우스는 집에 상자 하나를 가지고 있었다. 그 속에는 해로운 것이 잔뜩 들어 있었는데, 인간에게 새로운 보금자리를 만들어 줄 때는 그런 것이 필요 없었기 때문에 상자 안에 넣어두었던 것이다. 판도라는 강한 호기심에 이끌려 이 상자 속에 대체 무엇이 들어 있는 것일까 하고 생각하기 시작했다.

그러던 어느 날 그녀는 아무도 없는 사이에 상자 뚜껑을 몰래 열어 안을 들여다보고 말았다. 그러자 그 안에서 인간을 괴롭히는 질병 · 질투 ·

슬픔 · 원한 · 복수 등이 순식간에 튀어나와 사방으로 흩어졌다. 판도라는 깜짝 놀라 허둥지둥 뚜껑을 닫으려고 했으나 상자 속에 있던 것은 모조리 튀어나가 버린 뒤였다. 그런데 오직 하나만은 상자 속에 남아 있었다. 그것은 바로 다름 아닌 희망이었다. 그래서 우리는 아무리 불행을 겪어도 희망만은 잃지 않고 살아가게 된 것이다.

어쨌든 이렇게 해서 이 세계에 인간이 살게 되었는데 처음에는 죄악이 없는 행복한 시대여서 황금의 시대라고 일컬었다. 이 시대는 인간이 고생해서 밭을 갈거나 씨앗을 뿌리지 않아도 대지는 필요한 것은 무엇이든 다 주었다. 언제나 따뜻한 나날이 계속되었고 먹을 것이 잔뜩 있었다.

그러나 이윽고 은의 시대가 찾아왔다. 이 시대는 황금의 시대보다는 못했으나 다음에 올 청동의 시대보다는 나았다. 제우스는 봄을 단축하고 1년을 4계절로 나누었다. 인간은 비로소 더위나 추위를 알게 되었고 그에 대한 대비가 필요하게 되었다.

다음에는 청동의 시대가 찾아왔다. 이때는 제법 험난한 시대로, 걸핏하면 무기를 들고 싸우는 시대였다.

가장 나쁜 시대는 철의 시대였다. 죄악은 홍수처럼 넘쳐흐르고 기만과 폭력과 사악이 찾아온 것이다. 이렇게 되자 신들은 모두 대지를 거들떠보지 않게 되었다. 그리고 마침내 아스트라이아만 남게 되었으나 결국 이 여신도 떠나버리고 말았다.

홍수에서 살아남은 데우칼리온

인간세상이 온통 불신과 기만 속에 빠지게 되자 제우스는 크게 노하여 회의를 열고자 신들을 소집했다. 신들은 제우스의 부름에 따라 하늘의 궁전으로 제각기 모여들었다.

제우스는 회의석상에서 이 지상에서의 무서운 상태를 설명하고 나서 이 지상에서 사는 인간들을 모조리 없애버리고 대신 전혀 다른 종족을 살게 하면, 그들은 진실한 생활을 할 것이며 신들을 좀 더 숭배할 것이라고 선언했다.

제우스는 이렇게 말을 마치자마자 벼락화살을 지상으로 던져 세계를 불태워 버리려고 했다. 그러나 그런 짓을 했다가는 자칫하면 하늘까지 타버릴 염려가 있다고 생각한 제우스는 계획을 바꿔 세계를 물에 잠기게 하기로 작정했다. 그래서 먼저 비구름을 흩어지게 하는 북풍은 사슬로 묶고 남풍을 보냈다. 그것은 순식간에 하늘을 시커멓게 뒤덮었다. 구름이 사방에서 몰려들어 무서운 소리로 부딪쳤으며 비는 폭포처럼 쏟아져 내렸다.

그러나 제우스는 하늘 위에 있는 자기의 물만으로는 만족하지 않아 형제인 포세이돈에게 바닷물을 보내 달라고 부탁했다. 그러자 포세이돈은 강을 범람시켜 그 물로 땅을 덮었다. 동시에 그는 지진을 일으켜 대지를 들어올리고는 한 번 들어갔던 바닷물을 다시 바다로 몰아쳤다. 그 때문에 인간도 가축도 집도 모두 떠내려가고, 지상의 신성한 신전마저도 물에 잠겨버렸다. 제아무리 큰 건물도 빠짐없이 물에 잠기고 모든 것이 바다로 변해버렸다.

그러나 모든 산 가운데에서 파르나소스 산만이 물 위에 솟아 있었다. 그곳에는 프로메테우스의 일족인 데우칼리온(프로메테우스의 아들)과 그의 아내 피라(에피메테우스의 딸)가 피난하고 있었다.

데우칼리온은 정직한 사람이었고, 그의 아내도 신들의 충실한 숭배자였다. 제우스는 이 부부 외에는 살아남은 자가 하나도 없다는 것을 알았다. 그리고 그들이 이제까지 결백하고 경건한 태도로 생활해 왔음을 상기하자 북풍에게 구름을 몰아내고 땅은 하늘을, 하늘은 땅을 볼 수 있게 하라고 명했다. 포세이돈도 아들 트리톤에게 소라를 불어 물을 물러가게 하도록 지시했다. 그러자 물은 이에 따랐고, 바다도 그 기슭으로 돌아갔으며, 강도 각기 제자리로 돌아갔다.

그때 데우칼리온은 피라에게 이렇게 말했다.

"오오, 아내여, 오직 혼자 살아남은 여인이여. 처음에는 혈연과 결혼의 인연으로, 그리고 지금은 다시 공통의 위기에 의해 내게 맺어진 아내여! 우리에게 아버지 프로메테우스 같은 힘이 있고, 아버지가 처음 새로운 종족을 만든 것처럼 우리도 우리의 종족을 새로 만들 수 있다면 얼마나 좋겠소! 하지만 우리에게는 힘이 없구려. 저기 보이는 신전에 가서 앞으로 어떻게 하면 좋을지 신들에게 물어보기로 합시다."

그들은 신전으로 들어갔다. 신전은 더러운 이끼로 덮여 있었다. 두 사람은 제단으로 다가갔으나 그곳에는 성화도 타오르지 않았다. 그들은 계단 곁 땅에 꿇어 엎드려, 테미스의 여신에게 어떻게 하면 멸망한 인류를 원래대로 회복할 수 있는지 가르쳐 달라고 빌었다. 그러자 신탁은 대답했다.

"얼굴을 가리고 옷을 벗고, 이 신전을 떠나 그대들 어머니의 뼈를 등 뒤로 던져라."

두 사람은 이 말을 듣자 깜짝 놀랐다. 이윽고 피라가 입을 열었다.

"우리는 그 말씀을 따를 수가 없어요. 절대로 어머니의 몸을 더럽힐 수는 없어요."

이렇게 말하면서도 그들은 숲속 가장 깊은 곳으로 들어가 신탁의 뜻을 곰곰이 생각해 보았다. 잠시 후 데우칼리온이 말했다.

"내 생각이 틀리지 않는다면, 이 말씀은 우리가 따라도 절대로 불경되지는 않을 거요. 결국 이 땅이야말로 만물의 위대한 어머니이고 돌은 그 뼈인 것이오. 그러니 우리는 이 돌을 등 뒤로 던지면 되는 거요. 아마 신탁의 뜻은 이것이 틀림없을 걸. 어쨌든 시험 삼아 해 봐도 과히 해롭지는 않을 거요."

그리하여 두 사람은 얼굴을 가리고 옷을 벗고는 돌을 주워 그것을 자기들의 등 뒤로 던져 보았다. 그러자 돌은 차츰 변하여 물체의 모양을 띠기 시작하더니 거칠기는 하나 인간의 모습과 비슷하게 되었다. 그것은 마치 조각가의 손으로 절반쯤 다듬어진 돌덩어리 같았다. 돌의 주변에 붙어 있던 물기와 흙이 살이 되었고, 단단한 돌은 뼈가 되었다. 남자의 손으로 던진 돌은 남자의 모습이 되고, 여자의 손으로 던진 돌은 여자의 모습이 되었다. 이렇게 해서 만들어진 이 종족은 우람차고 노동에도 적합했다.

프로메테우스는 옛날부터 많은 시인들이 즐겨 노래하는 주제가 되어 왔다. 그는 제우스가 인류에 대해 노하였을 때 인류를 위해 많은 애를 썼고, 또한 인간에게 문명과 기술을 가르쳐 주었기 때문에 인류의 벗으로서 표현되고 있다.

그러나 그는 그 때문에 마침내 제우스의 뜻을 어기게 되어 그의 노여움을 받게 되었다. 그래서 제우스는 프로메테우스를 코카서스 산(지금의 카프카스 산)의 바위에 사슬로 묶어 놓았고, 독수리가 그곳에 와서 그의 간을 쪼는 것이었다. 만일 프로메테우스가 자진해서 이 박해자인 제우스에게 복종하려고만 했다면, 이러한 가혹한 고통은 언제라도 끝마칠 수 있었을 것이다. 왜냐하면 프로메테우스는 제우스의 왕위의 안전에 대한 비밀을 알고 있었고, 만일 그 비밀을 가르쳐 주면 당장에라도 제우스의 비위를 맞출 수 있었기 때문이다.

그러나 프로메테우스는 그러지 않았다. 그런 까닭에 그는 오늘날까지 부당한 수난에 대한 고결한 인내와, 폭력에 반항하는 의지력의 상징이 되고 있는 것이다.

아폴론과 다프네

홍수 때문에 지상은 진흙투성이가 되었으나 덕택에 대지는 매우 기름진 땅이 되었다. 그러자 그 흙 속에는 좋고 나쁜 온갖 종류의 것들이 생겨났다. 그 중에서도 피톤이라는 구렁이는 땅 위로 기어나오자 파르나소스 산의 동굴 속으로 들어가 숨었다.

화살의 신이기도 한 아폴론(로 : 아폴로 또는 포이부스)은 자기의 활로 이 구렁이를 쏘아 죽였다. 아폴론은 그때까지 산토끼라든가 염소 같은 약한 동물을 잡을 때 외에는 활을 사용한 일이 없었기 때문에, 그는 자신의 이 장한 승리를 기념하여 피톤 제(祭)라는 경기를 만들었다. 이 경기에서 힘이 뛰어난 자와 이륜차 경주에서 이긴 자는 너도밤나무의 잎사귀로 만든 관을 씌워 주었다. 그 무렵에는 아직 아폴론도 월계수를 자기의 성스런 나무로 삼고 있지 않았기 때문이다. 벨베데레라고 부르는 유명한 아폴론 상은 바로 구렁이 피톤을 퇴치한 그의 모습을 표현한 것이다.

다프네는 아폴론의 첫 번째 연인이었다. 그러나 그 사랑은 우연히 생겨난 것이 아니라, 에로스의 원한에 의해 생겨난 것이었다.

어느 날 아폴론은 소년 에로스가 자기의 활을 가지고 노는 것을 보았다. 아폴론은 얼마 전에 피톤을 죽인 일로 뽐내고 있던 터라 소년을 보고 말했다.

"이봐, 이 장난꾸러기 녀석아. 너 그런 위험한 무기를 왜 만지고 있지? 그런 것은 그것을 가질 만한 사람한테 넘겨주는 거야. 나는 그 활로 구렁이를 죽였어. 독에 부푼 몸뚱이를 넓은 들판에 눕히고 있던 그 구렁이를 말이다. 너 같은 애들은 장난감 화살이면 충분해. 그리고 그 사랑의 불인가 뭔가 하는 것을 따라다니면 되는 거야. 감히 내 무기를 만지다니!"

이 말을 듣자 에로스는 대답했다.

"당신의 화살은 모든 것을 꿰뚫을 수 있을지 모르지만, 내 화살은 당신 같은 사람까지 꿰뚫을 수 있어요."

이렇게 말하고 나서 에로스는 파르나소스 산의 바위 위에 올라 화살통에서 각기 다른 화살 두 개를 뽑았다. 하나는 사랑을 불러일으키는 날카로운 황금화살이었고, 또 하나는 사랑을 거부하는 납화살이었다. 에로스는 이 납화살로 개울의 신 페네이오스의 딸인 다프네라는 님프(요정)를 쏘았다. 그리고 황금화살로는 아폴론의 가슴을 꿰뚫었다. 그러자 아폴론은 그 처녀에 대한 사랑에 사로잡혔고, 반대로 다프네는 사랑이란 생각만 해도 몸서리쳐질 정도로 싫어졌다. 오로지 다프네의 유일한 즐거움은 숲속을 뛰어다니거나 사냥을 하는 것뿐이었다.

많은 남자들이 그녀의 사랑을 얻으려고 했으나, 그녀는 모조리 거부하고 숲속을 뛰어다닐 뿐 에로스에 대한 것도 히메나이오스(혼인의 신)에 대한 것도 개의치 않았다. 그녀의 부친은 딸에게 몇 차례나 나를 위해 결혼해서 외손자를 낳아 달라고 했다. 그런데 다프네는 결혼이라는 것을 마치 죄악처럼 여기고 있었기 때문에 부친에게 이렇게 말하는 것이었다.

"아버님, 제발 부탁이에요. 제가 그냥 처녀로 있게 해 주세요. 아르테미스님처럼요."

부친은 어쩔 수 없이 승낙은 했지만 이렇게 덧붙였다.

"하지만 너의 그 예쁜 얼굴이 너를 처녀로 있게 놔두지는 않을 게다."

아폴론은 다프네가 너무나 사랑스러워 어떻게든 그녀와 결혼하고 싶었다. 결국 온 세계에 신탁을 주는 그도 자신의 운명은 알 수 없었던 것이다. 다프네의 머리카락이 어깨에 흐트러져 있는 것을 보고 그는 혼잣말을 했다.

"흐트러져도 저렇듯 예쁘니, 제대로 빗으면 얼마나 아름답게 보일까!"

그는 다프네의 눈동자가 별처럼 빛나는 것을 보았다. 아름다운 입술도 보았다. 그리고 마침내 보는 것만으로는 만족하지 못하게 되었다. 어깨까지 드러난 그녀의 손과 팔을 칭송하면서 숨겨진 곳은 더욱 아름다울 것이라고 상상했다. 그래서 아폴론은 다프네의 뒤를 쫓았다. 그러나 그녀는 가벼운 바람보다도 더 빨리 달아났으며, 그가 아무리 부탁해도 멈춰 서지 않았다.

"좀 기다려 주오, 페네이오스의 따님. 난 나쁜 놈이 아니오, 제발 도망치지 말아주오. 내가 당신을 쫓는 것은 당신을 너무나 사랑하기 때문이오. 난 제우스의 아들 아폴론이오!"

아폴론이 사정하듯 말했으나, 다프네는 정신없이 달려 그의 말을 절반도 듣지 않았다. 아폴론은 자기의 말을 받아들이지 않는다는 것을 알자 더 이상 참을 수 없게 되었다. 그는 무작정 연정에 쫓긴 채 그녀를 따라갔다. 그리하여 신과 처녀는 계속 달렸다.

그러나 아폴론이 빨랐기 때문에 다프네를 바짝 따랐다. 다프네는 차츰 힘이 빠져 당장 쓰러질 것처럼 되자, 개울의 신인 부친 페네이오스에게 외쳤다.

"살려주세요, 아버지! 땅을 열어 저를 숨겨 주세요. 그렇지 않으면 제 모습을 바꿔 주세요. 이 모습 때문에 이런 봉변을 당하고 있으니까요."

다프네가 말을 마친 순간, 무엇인가 굳은 느낌이 그녀의 팔다리를 사로잡았다. 그녀의 가슴은 차츰 부드러운 나무껍질에 싸여갔다. 머리카락은 나뭇잎이 되고, 두 팔은 가지가 되었다. 발은 단단히 땅에 달라붙어 뿌리가 되고, 얼굴은 줄기가 되었다.

아폴론은 깜짝 놀라 그 자리에 멈춰 섰다. 줄기에 손을 대보니 갓 생긴 나무껍질 밑에서 그녀의 몸이 떨고 있었다. 그는 가지를 끌어안고 그 나무에 입을 맞추려고 했다. 그러나 다프네는 계속 그의 입술을 피하는 것이었다.

"당신이 내 아내가 될 수 없다면……"

그는 슬픈 듯이 말했다.

"나는 당신을 반드시 내 성스러운 나무로 만들겠소. 당신을 내 왕관으로 삼아 머리에 쓰리다. 화살통도 당신으로 장식하겠소. 그리고 위대한 로마의 장군들이 카피톨리움(제우스의 신전)으로 향하는 빛나는 개선행렬의 선두에 설 때, 당신은 꽃다발이 되어 그들의 이마를 장식하게 될 것이오. 또 영원한 청춘이야말로 내 소관이니 당신의 그 잎을 언제나 시들지 않게 해 주겠소."

그때 이미 완전히 월계수로 모습이 변해버린 다프네는 머리를 끄덕여 감사의 뜻을 나타냈다. 이때부터 월계수는 아폴론의 성스런 나무가 되었고, 그는 영광된 자에게 이 월계수를 씌워 주게 된 것이다.

헤르메스와 판의 피리

제우스는 가끔 바람을 피웠기 때문에 그의 아내 헤라(로 : 유노, 영 : 주노)는 늘 남편 제우스의 동정을 살피고 있었다. 어느 날 헤라는 주위가 갑자기 어두워진 것을 보고, 이것은 틀림없이 제우스가 자기의 떳떳하지 못한 행동을 숨기고자 구름을 일으킨 것이라고 생각했다. 그래서 구름을 헤치고 보니 과연 남편은 거울같이 맑은 강가에 아름다운 암소 한 마리와 함께 서 있었다. 헤라는 이 암소 속에 틀림없이 인간의 모습을 한 아름다운 님프가 숨어 있을 것이라고 생각했다. 그리고 그것은 사실이었다. 그 암소는 강의 신 이나코스의 딸 이오였던 것이다. 제우스는 이 처녀와 장난삼아 사랑을 하고 있다가 아내인 헤라가 다가오는 것을 알아차리고 처녀를 서둘러 암소의 모습으로 바꿔버린 것이다. 헤라는 남편이 있는 곳으로 와서 암소를 뚫어지게 바라보면서 그 아름다운 모습을 칭찬하고는, 그 소가 누구의 것이며 어떤 혈통이냐고 물었다. 제우스는 이것저것 캐물으면 귀찮을 것이라고 생각하고는, 이 암소는 지상에서 새로 태어난 것이라고 대답했다. 그러자 헤라는 그것을 선물로 달라고 말했다. 일이 이렇게 되자 제우스는 매우 난처해졌다. 자기의 애인을 아내의 손에 넘겨주고 싶지는 않았지만 그렇다고 거절하면 의심받을 것이 분명했기 때문이다.

제우스는 할 수 없이 승낙하고 말았다. 그러나 헤라는 여전히 마음이 개운치 않았다. 그래서 이 암소를 아르고스한테 데리고 가서 잘 감시하라고 일렀다. 아르고스는 머리에 눈이 백 개나 달린 거인으로서, 잘 때에도 두 개씩밖에 눈을 감지 않았으므로 항상 엄중하게 이오를 감시할 수 있었다.

암소로 변한 이오는 자기의 사정을 알리기 위해 그녀의 아버지나 형제들의 모습을 발견하고 가까이 다가갔다. 그러나 그들은 이오의 등을 가볍게 쓰다듬거나 칭찬하는 말을 할 뿐이었다. 그래서 이오는 아버지가 풀을 뜯어주면 다만 안타까이 그 손을 핥기만 했다. 어떻게 해서든 자기 신변의 변화를 부친에게 알리려고 했으나 말을 할 수가 없어 안타깝기만 했다. 그러다가 그녀는 글씨를 써서 이 사실을 알려야겠다고 생각하고는 발굽으로 자기의 이름을 모래 위에 적어 놓았다. 그때서야 아버지 이나코스는 그 글씨를 보고 사태를 짐작했다. 그리고 아무리 찾아도 보이지 않던 딸이 암소로 변한 것을 알자 딸의 목을 끌어안고는 큰 소리로 외쳤다.

"아아, 내 딸아, 차라리 너를 영영 잃어버리는 편이 나을 걸 그랬나 보다!"

그가 이렇게 한탄하고 있자 아르고스가 달려와서 당장 이오를 몰고 가버렸다. 그리고 멀리 사방을 내려다볼 수 있는 높은 언덕 위로 올라가 그곳에 걸터앉았다.

제우스는 애인의 이런 괴로움을 보고 고민스러웠다. 그래서 헤르메스(로 : 메르쿠리우스, 영 : 머큐리)를 불러 아르고스를 죽이고 오라고 명했다. 헤르메스는 급히 준비를 갖추어 날개 달린 신발을 신고 모자를 쓴 다음, 잠이 오게 하는 지팡이를 들고 땅 위로 날아 내려갔다. 그는 곧 양 떼를 모는 양치기로 모습을 바꾸고는 이리저리 양을 몰면서 피리를 불었다. 그것은 시링크스 또는 '판의 피리'라고 부르는 갈대피리였다. 아르고스는 이 피리소리에 귀를 기울이며 황홀해했다. 그는 이런 악기는 본 적이 없었기 때문이다.

아르고스는 말했다.

"이봐, 젊은이. 이리 와서 나랑 같이 이 바위 위에 앉지 그래. 여기는 양한테 풀을 먹이기에 좋은 곳이니까. 그리고 시원한 그늘도 있단 말야."

헤르메스는 그에게로 가서 이런저런 이야기를 하면서 날이 저물기를 기다렸다. 이윽고 날이 저물자 피리를 꺼내 솜씨 있게 불면서 아르고스가 잠들기를 기다렸다.

그러나 아무리 애를 써도 허사였다. 아르고스는 대부분의 눈을 감았지만 여전히 몇 개는 뜨고 있었기 때문이었다. 헤르메스는 나머지 눈도 잠들게 하기 위해 자기가 부는 갈대피리가 어떻게 생겨났는지 그 유래를 들려주기로 했다.

"옛날에 시링크스라는 님프가 있었는데 숲에 사는 사티로스나 요정들에게 굉장히 사랑을 받았습니다. 그렇지만 정작 본인은 사랑 같은 것은 생각지도 않고 아르테미스 여신만을 진심으로 숭배하고 짐승만 쫓아다녔지요. 그러던 어느 날 시링크스가 사냥을 끝내고 집으로 돌아가려는

데, 판(가축의 신)이 그녀를 보고 여느 때처럼 사랑을 호소하기 시작했습니다. 그러자 시링크스는 그런 말은 듣지도 않고 도망치기 시작했습니다. 판은 그녀를 뒤쫓아 개울까지 끈질기게 따라갔지요. 다급해진 그녀는 친구들인 물의 요정들한테 구원을 청할 수밖에 없게 됐어요. 친구들은 그녀의 소리를 듣고 곧바로 도와줬습니다. 판이 시링크스를 끌어안자, 뜻밖에도 그것은 한 움큼의 갈대로 변해 버린 겁니다. 판은 한숨을 내쉬었는데, 그 숨결이 갈대 안에서 울려 슬픈 소리가 흘러나왔습니다. 그러자 판은 '이렇게 된 이상 하다못해 이 갈대만이라도 내 것으로 해야겠다'고 생각하고 몇 개의 갈대를 꺾어 피리를 만들었다는군요. 그리고 이 피리는 그녀의 이름을 따서 시링크스라고 불렀다고 합니다."

헤르메스는 이야기를 마치기도 전에 아르고스의 눈이 빠짐없이 잠들어 버린 사실을 알고 한칼에 그 목을 베고 이오를 구출했다. 헤라는 뒤에 그 눈을 주워 자기가 사랑하는 공작 꼬리에다 장식했다.

그러나 헤라의 복수는 여기서 끝나지 않았다. 그녀는 한 마리의 말파리를 보내 이오를 골려주기로 했다. 말파리는 이오를 쫓아 온 세계를 날아다녔다. 이오는 이오니아 해를 헤엄쳐 도망쳤다. 그래서 이 바다는 이오의 이름을 따서 붙였다. 그녀는 말파리를 피해 일리리아 들판을 헤매었고 하이모스 산에 올랐으며, 트라키아 해협도 건넜는데, 그 후로 이 해협을 '암소가 건넜다'는 뜻으로 '보스포로스'라고 부르게 되었다. 이오의 도주는 여기에서 끝나지 않고, 스키티아를 지나 마침내 네일로스 강(지금의 나일 강)까지 왔다.

이렇게 되자 보다 못한 제우스는 그녀를 위해 헤라에게 사과를 했다. 그리고 앞으로 다시는 이오에게 마음을 빼앗기지 않겠다고 약속했다. 헤라도 그제서야 화를 풀고 이오를 원래의 모습으로 되돌려 주었다.

디오니소스와 바쿠스 축제

디오니소스(로 : 바쿠스, 영 : 바커스)는 제우스와 세멜레 사이에서 태어났다. 헤라는 세멜레에 대한 원한 때문에 그녀를 죽일 음모를 꾸몄다. 먼저 헤라는 세멜레의 늙은 유모 베로에로 모습을 바꾸고는, 세멜레에게 애인으로 드나들고 있는 사내가 아무래도 제우스 같지 않다고 말했다.

"아무래도 저는 좀 의심스럽게 생각됩니다. 만일 그 사람이 정말 제우스님이라면 그 증거를 보여 달라고 하세요. 하늘에서 몸에 지니고 있는 그 벼락을 보여 달라고 하시라구요."

세멜레는 이 계략에 넘어가, 제우스를 만날 때마다 부탁이 있으니 꼭 들어달라고 간청했다. 제우스는 그 부탁이 무엇인지도 모르고, 무엇이든 다 들어주겠다고 스틱스 강(저승을 흐르는 강)의 신을 두고 맹세했다. 그제서야 세멜레는 자기의 소원을 밝혔다. 제우스는 그녀의 부탁을 거절하려 했으나 때는 이미 늦었다.

제우스는 깊은 슬픔에 잠겨 하늘로 돌아갔다. 그리고 갑옷(벼락)으로 몸단장을 했는데, 이때는 중무장이 아닌 약간 약한 갑옷을 입었다. 제우스는 그렇게 차려입고 세멜레의 방으로 들어갔다. 그러나 신이 아닌 그녀의 몸은 이 천계의 빛나는 벼락에 견디지 못하고 타죽고 말았다.

제우스는 어린 디오니소스를 님프들에게 맡겼다. 님프들은 이 디오니소스를 길러준 공로로 히아데스 성단으로서 별자리에 놓이게 되었다.

디오니소스는 성장하자 포도의 재배법과 그 귀중한 포도즙을 짜는 방법을 발견했다. 그러나 헤라는 그를 미치게 만들어 내쫓았으므로 그는 세계 각지를 방랑하게 되었다. 프리기아에 이르렀을 때, 여신 레아가 그의 미친 병을 고쳐주고 그녀의 종교의식을 그에게 가르쳐 주었다.

그는 다시 여행을 떠나 아시아를 돌면서 사람들에게 포도 재배법을 가르쳤다. 그의 편력 중에서도 가장 유명한 것은 인도 원정으로서 이 여행은 수년 동안 계속되었다. 그는 그리스에 돌아와서 자기의 신앙을 펴려고 했으나 몇몇 군주의 반대에 부딪혔다. 그들은 그의 신앙이 가져오는 무질서와 광란을 두려워했기 때문이었다.

그가 고향인 테베(테바이)에 가까이 오자, 국왕 펜테우스는 디오니소스의 이 새로운 신앙을 조금도 존중하지 않고 그 의식의 집행을 금지시켰다. 그런데 디오니소스가 온다는 사실이 알려지자 남녀노소 모두 나와 그를 맞았고 그의 개선행렬에 참가했다.

펜테우스는 몹시 화를 내며 부하들에게 디오니소스를 잡아 오라고 명했다. 펜테우스의 친구나 현명한 고문관들은 디오니소스를 거역하는 것은 좋지 않다고 말렸으나 막무가내였다. 그때 디오니소스를 잡으러 간 부하들이 디오니소스의 신자 한 사람을 사로잡아 왔다. 펜테우스는 노기등등하여 그 사나이에게 말했다.

"이놈아! 너를 곧 처형해 버릴 테다. 죽기 전에 네놈들이 죄를 범하면서까지 찬양하려는 그 엉터리 종교의 정체를 실토하라!"

그러자 붙잡힌 사나이는 태연히 말했다.

"제 이름은 아코이테스고, 고향은 마이오니아입니다. 저는 어려서부터 항해술을 배웠습니다. 어느 날 우리 배는 디아 섬(낙소스 섬의 옛 이름)에 상륙했습니다. 그런데 선원들이 웬 사내아이를 데리고 왔더군요. 자고 있는 것을 데려왔다는 것입니다. 선원들은 이 애를 귀족이나 왕가 태생으로 생각하고 몸값을 톡톡히 받을 수 있다고 생각한 것입니다. 저도 그 애를 살펴봤더니 분명히 우리 보통사람하곤 다르다는 것을 느꼈습니다. 그래서 저는 선원들에게 아무리 봐도 이 애는 신 같으니 모두들 용서를 빌라고 말했지요. 그렇지만 그자들은 몸값에 눈이 어두워 어린 애를 배에 실으려는 것이었어요. 저는 이 배의 권리는 나한테 있다, 신을 두려워하지 않는 행실로 이 배를 더럽힐 수는 없다고 말했지요. 그러자 망나니인 리카바스가 저를 바다로 던졌고, 저는 밧줄에 매달려 간신히 살아났습니다."

"그때 디오니소스가 잠에서 깨어나 자기를 어디로 데려가려느냐고 물었어요. 선원은 네가 가고 싶은 곳으로 데려다 주겠다고 했지요. 디오니소스는 말했어요. "우리 집은 낙소스예요. 그리 데려다 주세요"라구요. 그들은 그러마 말해 놓고는 엉뚱한 곳으로 배를 몰았습니다. 그 애를 이집트로 데려가 노예로 팔 작정이었으니까요. 한참 후 그 애는 슬픈 목소리로 말했어요. "아저씨, 이 섬은 우리 집으로 가는 길이 아녜요. 왜 나를 속이죠?" 그러자 선원들은 낄낄거리기만 했지요.

그런데 갑자기 배가 바다 한가운데에서 딱 멈춰버린 것입니다. 선원들은 깜짝 놀라 노를 젓고, 돛을 펴기도 했지만 배는 꼼짝도 안 했습니다. 그러더니 포도덩굴이 노에 감기고 돛에는 포도송이가 영그는 것이었어요. 그리고 피리소리가 들리고 향기로운 포도주 냄새가 진동했지요. 디오니소스는 포도잎으로 된 관을 머리에 쓰고 손에는 창을 들고 있었습니다. 발 밑에는 호랑이가 웅크리고 앉았고 산고양이와 얼룩표범들이 놀고 있었습니다. 선원들은 놀라서 몇 명이 바다로 뛰어들었어요. 그런데 그들의 모습이 이상해졌습니다. 글쎄 모두 몸뚱이가 납작해지고 뒤엔 구부러진 꼬리가 달려 있지 않겠습니까? 그러더니 입이 옆으로 늘어지고 콧구멍도 커지더니 몸에 비늘이 돋아나는 것이었어요. 한 녀석은 정신없이 노를 저으려고 했는데, 그 손이 글쎄 눈 깜짝할 사이에 지느러미로 변했지 뭡니까? 녀석들은 모조리 돌고래가 돼버린 것입니다. 그래서 제가 무서워서 몸을 떨고 있자니 디오니소스는 무서워할 것 없으니 배를 낙소스로 돌리라고 하더군요. 저는 낙소스에 닿자마자 제단에 촛불을 밝히고 디오니소스의 축제를 베풀었지요."

펜테우스는 이쯤에서 외쳤다.

"그런 터무니없는 얘기에 귀중한 시간을 허비해 버리게 하다니! 여봐라, 당장 이놈을 끌고 가서 처형하라!"

아코이테스는 옥에 갇혔다. 그러나 그들이 처형 준비를 하고 있는 사이에 옥문이 저절로 열리고, 수족을 묶고 있던 사슬도 풀어졌다. 그리고 그들이 찾으러 왔을 때 아코이테스의 모습은 이미 보이지 않았다. 그런데도 펜테우스는 이런 경고를 조금도 받아들이려 하지 않았고 오히려 직접 그 축제 장소로 나가기로 결심했다.

키타이론 산은 신자들로 온통 야단법석이었다. 그리고 바카이(디오니소스의 여신도)들이 떠드는 소리가 산허리에까지 퍼지고 있었다. 그 소란은 펜테우스의 분노를 터뜨리고 말았다. 그는 숲을 가로질러 잔디가 나 있는 곳으로 나갔다. 그곳에는 춤을 추는 신자들의 모습이 보였다. 그때, 여신도들이 그를 노려보았다. 그 중 디오니소스 때문에 정신이 현혹된 펜테우스의 모친 아가우에가 앞장서서 외쳤다.

"저길 봐요. 저기 산돼지가 있소. 저놈의 괴물이 이 숲을 어지럽히고 있는 거요. 자, 어서들 속히 와요!"

순간, 군중들은 일제히 펜테우스에게 달려들었다. 그가 변명하고 용서를 빌어도 막무가내로 덤벼들어 그를 해치려 했다. 펜테우스는 이모들에게 큰 소리로 애원했으나 역시 허사였다. 이모들은 양쪽에서 그의 팔을 잡더니 마침내 그를 찢어죽이고 만 것이다. 그때 그의 모친은 외쳤다.

"이겼다! 우리가 이겼어. 이 공적은 우리의 것이다!"

테베를 세운 카드모스

제우스는 어느 날 황소로 모습을 바꾸어, 페니키아 왕 아게노르의 딸인 에우로페를 납치해 갔다. 아게노르는 아들 카드모스에게 누이동생을 찾아오라고 명했다. 카드모스는 여동생의 행방을 찾아 여러 나라를 헤맸으나 찾을 수가 없었다. 그러나 그대로 귀국할 수도 없어, 아폴론의 신탁에 장차 자기가 할 일을 물었다.

신탁은 그에게, 들에서 황소 한 마리를 발견하게 될 것이므로, 그 소를 따라가 걸음을 멈춘 곳에 나라를 세워 그곳을 '테베'라고 이름 지으라고 했다. 이 말을 들은 카드모스가 신탁을 받은 카스탈리아 동굴을 막 나오는데 한 마리의 황소가 천천히 걸어가는 것을 보게 되었다. 그는 곧 그 소를 따라가면서도 줄곧 아폴론에게 감사의 기도를 잊지 않았다.

이윽고 소는 케피소스 강의 얕은 곳을 건너 파노페 들판으로 나갔다. 그러자 소는 이곳에서 발을 우뚝 멈추고는 넓은 이마를 하늘로 향해 울음소리로 주변의 공기를 가득 채웠다. 카드모스는 무릎을 꿇어 이 낯선 땅에 키스를 했다. 그리고는 제우스에게 제물을 바치려고 부하들을 시켜 제사용 술로 사용할 맑은 물을 떠오게 했다. 그 근처에는 아직 한 번도 도끼질을 한 일이 없는 오래된 숲이 있고, 그 한가운데에 동굴이 하나 있었다. 무성한 나무로 뒤덮인 그 동굴의 지붕은 나지막이 둥근 천장을 이루고 있었고, 그 밑에서는 깨끗한 샘물이 솟아나오고 있었다.

그러나 이 동굴에는 황금빛으로 번쩍이는 머리와 비늘을 지닌 구렁이가 한 마리 숨어 있었다. 그 뱀은 눈이 불처럼 이글거리고, 몸은 독액이 잔뜩 올라 부풀어 있었으며, 입에는 세 개의 혀와 세 줄기의 이빨이 있었다.

티로스 사람들(카드모스의 부하들)이 그 샘에 물병을 넣어 물을 담자, 황금빛 나는 구렁이가 동굴 안에서 머리를 내밀고 무서운 소리를 내기 시작했다. 사람들은 무서워서 부들부들 떨었다. 뱀은 비늘 돋친 몸을 둘둘 말아 숲의 가장 높은 나무보다도 더 높이 머리를 치켜들었다. 그리고 티로스 사람들이 두려움에 꼼짝 못하고 있자 모조리 죽여버렸다.

카드모스는 부하들이 돌아오기만을 기다렸으나 한낮이 되어도 돌아오지 않자 그들을 찾아 나섰다. 그의 몸을 지키는 것은 사자가죽으로 만든 방패였다. 그리고 손에는 두 개의 창을 들었고, 가슴에는 두 개의 창보다도 한층 더 의지할 수 있는 용기를 가지고 있었다. 그는 숲속으로 들어가 부하들의 처참한 모습과 턱을 피로 적신 괴물의 모습을 보고 노기충천하여 외쳤다.

"오, 충성스런 나의 부하들이여, 내 기필코 그대들의 원수를 갚으리라. 그렇지 않으면 나 역시 그대들처럼 죽으리라!"

그는 큰 바위를 들어 올려 구렁이를 향해 힘껏 던졌다. 그렇게 큰 바위라면 성벽조차 흔들렸을 텐데, 그 괴물은 꼼짝도 하지 않았다. 카드모스는 이어 창을 던졌다. 창은 구렁이의 비늘을 꿰뚫고 창자에 꽂혔다. 피를 본 괴물은 머리를 뒤틀어 상처를 보았다. 그리고 그 창을 입으로 빼려고 했으나 창은 중간에서 부러져 여전히 고통을 주었다. 목은 독기로 부풀고 온통 피로 물들었으며, 내뿜는 숨결은 근처의 공기를 독으로 더럽혔다. 뱀은 말았던 몸을 풀고 카드모스를 향해 덤벼들었다. 카드모스는 뒷걸음질을 치면서 손에 들고 있던 창을 괴물의 턱에 겨누었다. 그것은 마침 괴물이 뒤에 있는 나무로 머리를 젖힌 순간이었다. 그래서 그는 뱀을 나무와 함께 통째로 꿰뚫을 수가 있었다.

카드모스가 정복한 구렁이 곁에 서 있으려니까, 어디선가 뱀의 이빨을 뽑아 땅에 뿌리라는 목소리가 들려왔다. 그는 그 말에 따랐다. 땅에 홈을 파서, 한 무리의 인간을 낳게 될 그 이빨을 심은 것이다. 그가 미처 다 심기도 전에 그 흙이 움직이기 시작하더니 땅에서 창끝이 나왔다. 이어 갑옷이, 그리고 어깨와 가슴, 손, 마침내 무장한 사람들이 흙 속에서 나와 한 무리의 군대를 이루었다.

카드모스는 깜짝 놀라 이 새로운 적에게 덤벼들려고 했다. 그때, 그들 중의 한 사람이 그에게 말했다.

"우리 형제들의 싸움에 관여하지 마시오!"

그러더니 그 사람은 흙에서 태어난 다른 한 형제를 칼로 죽여 버렸다. 그리고 그 자신도 다른 사람의 화살을 맞고 쓰러졌다. 화살을 쏜 사람은 네 번째 군인의 손에 쓰러지고, 그렇게 하여 모조리 죽고 나자 단지 다섯 명만이 살아남게 되었다. 그러자 그 중의 한 사람이 무기를 버리고 말했다.

"형제들이여, 우리는 평화롭게 삽시다!"

이리하여 이 다섯 명은 카드모스와 더불어 나라를 건설하고 그 나라의 이름을 '테베'라고 부르게 되었다.

카드모스는 아프로디테의 딸 하르모니아(조화라는 뜻)를 신부로 맞았다. 그래서 신들은 그들의 결혼을 축하하고자 올림포스를 떠나 결혼식에 참석했으며, 아프로디테의 남편 헤파이스토스는 신부에게 아름다운 목걸이를 선물로 보냈다.

그러나 카드모스 일가에게는 불행한 운명이 가로놓이게 되었다. 그것은 카드모스가 죽인 그 구렁이가 실은 전쟁의 신 아레스에게 바쳐진 것이었기 때문이다. 그런 까닭에 카드모스의 딸인 세멜레, 이노, 그리고 손자인 악타이온, 펜테우스도 모두 불행하게 죽었다.

이렇게 되자 카드모스와 하르모니아는 테베를 떠나 일리리아의 엥케레이스 사람들이 사는 땅으로 옮겼다. 그들은 두 사람을 맞아 카드모스를 왕으로 추대했다. 그러나 자손들의 불행이 두 사람의 마음을 여전히 무겁게 짓누르자 이에 견디다 못한 카드모스는 어느 날 이렇게 부르짖었다.

"뱀의 목숨이 신들에게 그렇게도 소중하다면 나도 뱀이 되고 싶다!"

그러자 그가 이 말을 마치기도 전에 그의 모습이 변하기 시작했다. 하르모니아는 그것을 보자 자기도 남편과 운명을 같이하게 해 달라고 신들에게 빌었다. 그리고 두 사람은 소망대로 뱀이 되었다. 지금도 그들은 숲에 살고 있는데, 자기들이 전에 무엇이었는가를 기억하고 있어서 사람들을 보고도 도망치지 않으며, 또한 절대로 사람을 해치지도 않는다는 것이다.

꽃에 얽힌 신화

아프로디테와 아도니스

아프로디테(로 : 베누스, 영 : 비너스)는 어느 날 아들 에로스(로 : 아모르, 영 : 큐피드)와 놀다가 에로스가 가지고 있던 사랑의 화살에 그만 가슴을 다치고 말았다. 그녀는 깜짝 놀라 곧 아들을 밀어젖혔으나 때는 이미 늦어 상처는 뜻밖으로 깊었다. 그런데 그 상처가 아직 아물기도 전에 아도니스를 보고 만 것이다. 그녀는 아도니스를 보자마자 당장에 마음을 빼앗기고 말았다. 그녀는 이제까지 자주 갔던 파포스 거리나 크니도스 섬, 심지어 광물이 풍부한 아마토스 섬에도 아무런 흥미를 느끼지 못하게 되었다.

그녀는 하늘에 오르는 일마저 하지 않게 되었다. 하늘의 세계보다는 아도니스가 더 소중했기 때문이다. 그녀는 아도니스의 뒤를 쫓아 언제나 같이 돌아다녔다. 그 전만 해도 나무 그늘에 누워 자기의 아름다움을 가꾸는 데에만 정신을 팔던 그녀였으나, 이제는 숲을 빠져나와 산을 넘으며 사냥의 여신 아르테미스와 같은 차림으로 돌아다니는 것이었다. 그리고 개를 불러 모아 토끼나 사슴 등 위험성이 없는 짐승만을 쫓아다니고 있었다. 그러나 사냥꾼에게 덤벼드는 늑대나 곰 따위는 피했다. 그녀는 아도니스에게도 위험한 동물은 조심하도록 타일렀다.

"겁 많은 동물한텐 용감하세요. 하지만 사나운 동물에 대해 용기를 부리는 것은 안전하지 못해요. 자신의 몸을 위험에 드러내거나 해서 내 행복을 짓밟지 않도록 조심해 주세요. 자연의 무기를 갖고 있는 짐승에겐 덤벼들지 마세요. 나는 당신의 영예를 다시없이 높게 평가하고 있으니 그런 위험을 겪으면서까지 영예를 찾는 일에는 동의할 수가 없어요."

아프로디테는 아도니스에게 이렇게 충고하고 나서 백조가 이끄는 이륜마차를 타고 하늘로 날아갔다. 그러나 아도니스는 워낙 용감한 젊은이였기 때문에 그런 충고에는 전혀 개의치 않았다.

아도니스는 개들이 산돼지를 굴에서 몰아내자 손에 들고 있던 창을 던져 짐승의 옆구리에 꽂았다. 그러나 산돼지는 그 창을 입으로 잡아 빼기가 무섭게 아도니스를 향해 덤벼들었다. 아도니스는 깜짝 놀라 도망치기 시작했다. 그러나 산돼지는 곧 쫓아와서 아도니스의 옆구리를 받아버렸다. 아도니스는 중상을 입고 들판에 쓰러졌다.

아프로디테는 백조가 이끄는 이륜마차로 하늘을 달리고 있었는데, 아직 키프로스 섬에 닿기도 전에 애인의 신음소리를 들었다. 그녀는 얼굴이 파랗게 질려 서둘러 지상으로 내려왔다. 그리고 피투성이가 된 채 죽어 있는 아도니스의 시체를 부둥켜안고 자기의 가슴을 쳤다. 그녀는 운명의 여신들을 저주하며 이렇게 말했다.

"나는 이 모든 것에 대해 그 승리를 운명의 여신들에게 돌리지는 않겠다. 나의 슬픔만은 언제까지나 남을 것이다. 나의 아도니스여, 나는 당신의 마음과 당신으로 인해 탄식하는 나의 모습이 해마다 새로워지도록 하겠어요. 당신이 흘린 피는 꽃으로 바꿔 드리겠어요. 이런 일을 한다고 해서 나를 질투하는 자는 아무도 없을 거예요."

이렇게 말을 마치고, 그녀는 그 피 위에 신의 술인 넥타르를 뿌렸다. 이 두 가지가 섞이자 마치 연못 속에 빗물이 떨어져 내렸을 때처럼 거품이 서서히 일기 시작했다. 그리고 한 시간쯤 지나자 석류꽃 같은 핏빛 꽃이 피기 시작했다. 그러나 이 꽃의 수명은 짧았다. 바람이 꽃을 피웠는가 싶으면 이내 바람은 그 꽃잎을 지게 하는 것이었다. 그래서 사람들은 이 꽃을 아네모네, 즉 '바람 꽃'이라고 부르게 되었는데, 그 이유는 이 꽃은 피고 질 때에 바람의 힘을 빌리는 까닭이다.

아폴론과 히아킨토스

아폴론은 히아킨토스라는 소년을 매우 사랑하고 있었다. 그래서 여러 경기마다 이 소년을 데리고 다녔으며, 고기를 잡으러 갈 때에도 그를 위해 그물을 들어주고, 사냥을 갈 때에도 개를 끌어주었으며 산을 걸어갈 때에도 길동무를 해 주는 등 자기의 악기나 화살 따위는 이 소년 때문에 까맣게 잊고 있었다.

어느 날, 그들은 함께 원반던지기를 하고 있었다. 아폴론은 원반을 머리 위로 치켜들고 힘과 기술을 다해 그것을 높이, 그리고 멀리 던졌다. 히아킨토스는 원반이 날아가는 모습을 우두커니 보고 있더니, 자기도 한번 던져보고 싶다는 생각을 하고는 그 원반을 잡으려고 급히 달려갔다. 이때, 이 원반이 땅에 부딪쳤다가 튀어 올라 히아킨토스의 이마에 맞았다. 그는 정신을 잃고 쓰러졌다. 아폴론은 깜짝 놀라 그를 안아 일으켜 상처의 출혈을 막고 죽어가는 목숨을 건지려고 전력을 다했으나 모든 것이 허사였다. 소년의 상처는 아폴론으로서도 어쩔 수가 없었다. 마침내 소년의 머리는 마치 백합꽃의 줄기가 꺾이듯 한쪽 어깨 위로 축 늘어지고 말았다.

아폴론은 탄식하며 말했다.

"히아킨토스! 너는 나 때문에 청춘을 빼앗겨 죽어가는구나. 네가 얻은 것은 고통이고, 내가 얻은 것은 죄이로다. 할 수만 있다면 네 대신 내가 죽고 싶구나. 하지만 그것도 불가능하니, 너를 나의 기억과 노래 속에서 함께 살도록 하리라. 나의 악기로 너를 칭송하고, 너를 내 탄식이 아로새긴 꽃으로 만들어 주마."

아폴론이 이 말을 마치자, 놀랍게도 지금껏 땅에 흘러 풀을 물들이던 피는 새빨간 꽃으로 변했다. 그 꽃은 백합과 비슷했으나, 다만 이 꽃은 핏빛이었다. 아폴론은 이것만으로 만족하지 않고 한층 더 커다란 명예를 주고자 그 꽃잎에 자기의 슬픔의 표시를 새겼다. 이 꽃에는 오늘날 '히아신스'라는 이름이 붙게 되었고, 해마다 봄이 돌아오면 히아킨토스의 슬픈 운명을 되새기고 있다.

에코와 나르키소스

에코는 아름다운 님프였다. 그녀는 숲이나 언덕을 좋아해 그런 곳에서 사냥을 하면서 나날을 즐기고 있었다. 그녀는 아르테미스의 총애를 받았기 때문에 사냥에는 언제나 같이 다녔다. 그러나 에코는 말하기를 좋아해 잡담이건 의논이건 언제나 말참견을 하는 것이 큰 결점이었다.

어느 날 헤라는 남편 제우스를 찾고 있었는데, 그것은 남편이 님프들과 놀고 있지나 않을까 의심했기 때문이었다. 그것은 또 사실이었다. 그런데 수다스러운 에코는 여신을 붙들고 지껄이면서 그 사이에 제우스와 놀고 있던 님프들을 도망시켜 버렸다. 이를 눈치 챈 헤라는 에코에게 벌을 내렸다.

"다시는 너의 그 혓바닥을 놀리지 못하게 해 주겠다. 다만 대답하는 경우만은 허락해 주마."

이런 벌을 받은 에코가 어느 날 나르키소스라는 아름다운 청년을 만나게 되었다. 에코는 이 청년에게 매혹되어 그 뒤를 쫓았다. 그러나 자기가 사모하고 있다는 말을 입 밖에 낼 수가 없어 답답할 뿐이었다. 그래서 그가 먼저 말을 걸어주기를 이제나저제나 기다리면서 자기의 대답을 준비해 두고 있었다. 어느 날 나르키소스는 사냥을 하다가 동료들과 떨어지게 되자, 큰 소리로 동료들을 불렀다.

"누구 없나?"

그러자 에코가 대답했다.

"네, 있어요."

나르키소스는 주위를 둘러보았다. 그러나 아무도 보이지 않자 또다시 불러 보았다.

"이리 와봐."

에코는 또 대답했다.

"지금 가요."

그러더니 에코가 뛰어나와 그의 목에 매달리려고 했다. 그러자 그는 깜짝 놀라 뒷걸음질 치면서 외쳤다.

"손을 놓아라! 너 따위한테 안길 바에야 차라리 죽는 게 낫다!"

"나를 안아줘요."

그녀는 애원했으나 그것은 허사였다. 그는 사라지고 만 것이다. 그 후 그녀는 부끄러움을 감추고자 숲속으로 들어가 동굴 속에서 살게 되었다. 그녀는 슬픔으로 초췌해져 마침내 몸이 움츠러들었다. 그리고 뼈는 바위로 변하고 목소리만 남게 되었다.

나르키소스의 가혹한 처사는 비단 이것만이 아니었다. 그는 가엾은 에코를 뿌리친 것처럼 다른 님프들도 무정하게 거부한 것이다.

그러자 전에 나르키소스의 마음을 끌려고 애쓰다가 거절당한 한 처녀가 나르키소스도 사랑에 실패하도록 해 달라고 신에게 간절히 애원했다. 복수의 여신 네메시스는 그 기도를 들어주기로 했다.

어느 곳에 맑은 샘이 하나 있었는데 그 물은 마치 거울처럼 빛나고 있었다. 어느 날, 나르키소스가 사냥과 더위에 지쳐 이 샘에 찾아왔다. 그리곤 물을 마시려고 몸을 굽히면서 물에 비친 자기의 모습을 보게 되었다. 그는 그것이 샘에 사는 아름다운 물의 요정이라고 생각하고, 디오니소스나 아폴론 같은 고수머리와 발그레한 탐스러운 볼, 상아 같은 흰 목덜미를 들여다보며 감탄했다. 그는 자기의 모습을 너무나 사랑하여 입을 맞추려고 입술을 가까이 대면서 사랑하는 상대방을 껴안으려고 팔을 물속에 집어넣었다. 그 순간 상대방은 도망쳐 버렸다. 그때부터 그는 그 자리를 떠날 수 없게 되었다. 먹지도 자지도 않고, 물의 요정이라고 믿어버린 자기의 그림자와 말을 하는 것이다.

"아름다운 사람아, 그대는 어째서 나를 피하지? 님프들도 나를 좋아하고 그대 역시 내가 마음에 든 것 같은데 그대는 내 손짓이 두렵단 말인가?"

그의 눈물이 물에 떨어지자, 물에 비친 그림자는 흐트러져 이내 사라졌다.

"기다려 줘! 제발 부탁이야!"

그는 이렇게 외치면서 이루어질 수 없는 사랑에 애를 태웠다. 그 때문에 얼굴은 초췌해지고 온몸의 기운도 잃어 갔다. 그러나 에코는 여전히 그의 곁에서 그가 '아아!' 하고 외치면 그녀도 같은 말로 그것에 대답했다.

이윽고 그는 점점 야위어 결국 죽고 말았다. 님프들은 그의 죽음을 슬퍼했다. 특히 물의 님프들이 그러했다. 그녀들이 가슴을 치자 에코도 따라서 자기의 가슴을 쳤다. 그들은 나르키소스의 시체를 화장시키려고 했으나 어찌된 일인지 시체는 보이지 않고 대신 속이 빨갛고 둘레에 흰 잎을 단 한 떨기 꽃이 눈에 띄었다. 그래서 그 꽃은 그의 이름을 따서 '나르키소스', 즉 수선화라고 불려졌으며 오늘날도 그의 추억을 남기고 있다.

아르테미스와 악타이온

어느 여름 한낮이었다. 태양은 서쪽 하늘과 동쪽 하늘의 중간쯤에 걸려 있었다. 그때 카드모스 왕의 손자인 젊은 악타이온이 함께 사냥을 하고 있던 젊은이들에게 말했다.

"이봐, 우리의 사냥그물과 무기가 온통 피투성이가 됐군. 오늘은 이만큼 잡았으면 충분할 거야. 자, 태양의 신 아폴론이 대지를 태우고 있는 동안 잠시 쉬기로 하세."

이 산에는 소나무와 삼나무가 울창한 골짜기가 있었는데, 그 골짜기는 사냥의 여신 아르테미스(로 : 디아나, 영 : 다이아나)에게 바쳐진 것이었다. 골짜기 안쪽에는 굉장히 아름다운 동굴이 하나 있었는데, 그 한쪽에서는 샘이 솟아났다. 숲의 여신 아르테미스는 사냥을 나왔다가 피곤해지면 언제나 이곳에 와서 그 순결한 처녀의 몸에 이 빛나는 물을 뿌리곤 했다.

어느 날, 아르테미스는 님프들을 데리고 샘으로 와서 들고 있던 창과 화살통을 한 님프에게 맡기고, 입고 있던 옷은 벗어서 다른 님프에게 맡겼다. 세 번째 님프는 여신의 발에서 신발을 벗겼다. 이들 님프 중에서도 제일 잘생긴 크로칼레가 여신의 머리를 말아올리고, 그 밖의 님프들은 큰 물동이에 샘물을 긷고 있었다.

이렇게 여신이 화장을 하고 있는 이곳에 친구들과 떨어진 악타이온이 별 목적 없이 다만 운명의 손에 이끌린 채 찾아온 것이다. 그가 동굴 입구에 나타나자, 님프들은 남자의 모습을 보고 비명을 지르면서 여신에게로 뛰어가서 자기들의 몸으로 여신의 알몸을 감추었다. 그러나 아르테미스는 그녀들보다 키가 컸으므로 목이 드러나 있었다.

아르테미스의 얼굴에 시뻘건 분노의 빛이 달아올랐다. 그녀는 느닷없이 자기의 활을 찾았다. 그러나 활이 가까이에 없음을 알자 악타이온의 얼굴에 물을 끼얹으면서 이렇게 소리쳤다.

"자, 마음대로 해봐라. 인간들한테 아르테미스의 알몸을 봤다고 떠벌리고 다녀보라구!"

그 순간, 악타이온의 머리에는 나뭇가지처럼 갈라진 사슴뿔이 돋아났다. 그리고 목은 길게 뻗고 귀는 뾰족해졌으며 손은 발이 되고 팔은 긴 다리가 되었고, 온몸은 얼룩점이 있는 털로 덮이고 말았다. 지금껏 용감했던 그의 마음은 겁쟁이가 되어 영웅의 모습은 사라져 버렸다. 그는 물에 비친 자신의 뿔을 보았을 때 '아아, 이게 무슨 꼴이람!' 하고 외치려 했으나 말을 할 수가 없었다. 그는 다만 신음할 뿐이었다. 그리고 원래의 자기 얼굴이 아닌 얼굴 위로 눈물이 흘러내렸다.

그래도 그의 의식만은 그대로였다. '장차 어떻게 한단 말인가? 궁전으로 돌아갈까? 아니면 숲속으로 몸을 숨길 것인가?' 숲에서 자기에는 무섭고, 집으로 돌아가자니 부끄러웠다. 그러나 그가 이렇게 주저하는 사이에 사냥개들이 그의 모습을 보고 말았다.

제일 먼저 스파르타의 개 멜람프스가 소리 높여 짖자 다른 개들이 바람보다도 빨리 악타이온의 뒤를 쫓아왔다. 악타이온은 바위를 뛰어넘고 험한 산골짜기를 빠져 달아났다. 개들은 여전히 뒤를 쫓았다. 그가 전에 몇 번씩 사슴을 쫓아 개를 몰던 이 산중에서, 이번에는 거꾸로 동료 사냥꾼들이 모는 사냥개의 추격을 받게 된 것이다.

"난 악타이온이다. 네 주인을 몰라본단 말이냐!"

그는 이렇게 외치려고 했지만 그 말은 나오지 않았다. 그때 한 마리의 개가 그의 등에 덤벼들더니 또 한 마리가 어깨를 물어뜯었다. 이렇게 두 마리의 개가 자기 주인을 물어뜯고 있는 사이에 다른 개들도 쫓아와 마구 물어뜯었다. 악타이온은 신음소리를 냈다. 그것은 사람의 목소리는 아니었으나 그렇다고 사슴의 목소리라고도 할 수 없는 그런 소리였다. 영문을 모르는 그의 동료나 사냥꾼들은 개를 몰아대면서, 악타이온에게도 이 사냥에 참가하라고 큰 소리로 그의 이름을 부르면서 찾았다. 악타이온은 자기를 부르는 소리에 뒤돌아보았다. 그의 귀에 악타이온은 아마 먼 곳에 있는 모양이라고 안타까워하는 동료들의 말이 들려왔다. 그는 차라리 자기가 먼 곳에 있다면 얼마나 좋을까 하고 생각했다.

이런 생각을 하고 있는 사이에도 몰려든 개들은 그의 몸을 사정없이 물어뜯고 갈가리 찢어 그는 마침내 죽고 말았다. 악타이온이 이렇게 처참한 모습으로 죽을 때까지도 아르테미스의 격렬한 노여움은 풀리지 않았다.

납치당한 페르세포네

제우스와 그 형제들이 티탄 신족을 물리쳐 추방해 버리자, 이번에는 새로운 적이 신들에게 반항하며 일어났다. 그 적들은 티폰 · 브리아레오스 · 엥켈라도스 등의 이름을 가진 기간테스라는 거인족이었다. 그 중에는 팔이 백 개나 달린 괴물이 있는가 하면 불을 내뿜는 괴물도 있었다. 그러나 그들도 결국 진압되어 아이트나(로 : 에트나) 산 밑에 생매장되었는데, 그들은 자유로운 몸이 되고자 수시로 몸부림을 쳤기 때문에 성 전체가 지진으로 뒤흔들리곤 했다. 이처럼 괴물들에 의해 대지가 진동하곤 하자, 지하의 왕 하데스는 깜짝 놀라 자기의 왕국이 햇빛에 드러나지는 않을까 근심했다. 그는 염려스러운 나머지 검은 말이 이끄는 이륜마차를 타고 이곳저곳을 시찰하고 다녔으나 큰 피해는 없었으므로 안심했다.

그때 아프로디테(로 : 베누스, 영 : 비너스)는 에릭스 산 위에 앉아 아들 에로스와 놀고 있었는데, 하데스의 모습을 보자 아들에게 이렇게 말했다.

"얘, 에로스야, 제우스까지도 이길 수 있는 네 활을 당겨 저기 있는 암흑의 왕의 가슴에 쏘아주어라. 지하를 지배하고 있는 저 사나이의 가슴에 말이다. 그도 네 활을 피할 수는 없을 거야. 이 기회에 우리를 얕보는 자들을 혼내 주자꾸나. 너는 잘 모를 테지만 아테나와 아르테미스는 우리를 아주 얕잡아보고 있단다. 거기다가 그 데메테르(로 : 케레스)의 딸 페르세포네(로 : 페르세르피나, 영 : 프로서파인)까지 우리를 업신여기고 있다는구나. 자, 화살을 쏘아라. 만일 네가 네 자신과 나를 소중히 생각한다면, 그 계집애와 하데스를 사랑에 빠지게 만들어 버리렴."

이 말을 들은 에로스는 화살통에서 가장 날카롭고 정확한 화살을 골랐다. 그리고는 어김없이 하데스의 가슴에 명중시켰다.

엔나 골짜기에는 숲에 둘러싸인 호수가 있었다. 이 호숫가에서 데메테르의 딸 페르세포네는 동무들과 함께 백합과 제비꽃을 앞치마에 따 담고 있었다. 그때 하데스(로 : 플루토 · 디스 · 오르쿠스)가 이 페르세포네의 모습을 보고 사랑을 느껴 그녀를 납치해 버렸다. 페르세포네는 큰 소리로 살려달라고 외쳤지만 하데스는 말을 몰아 키아네 강가에 이르렀다. 그 강이 앞을 가로막자 손에 들고 있던 삼지창으로 강가를 내리쳤다. 그러자 땅은 입을 벌려 지하세계로 통하는 길을 내주었다.

데메테르는 사라진 딸을 찾아 온 세계를 헤맸다. 금발의 에오스(새벽의 여신)가 아침 일찍 일어났을 때에도, 또한 헤스페로스(금성)가 저녁별을 인도할 때에도 데메테르가 딸을 찾고 있는 모습이 보였다. 그러나 아무리 찾아도 보람이 없었다. 슬픔에 잠긴 데메테르는 어느 곳에 이르자 돌 위에 걸터앉은 채 그대로 9일 동안을 꼼짝하지 않았다.

그곳에는 켈레오스라는 노인이 살고 있었다. 켈레오스는 그때 들판에 나와 딸기를 따고 땔감 따위를 모으고 있었다. 그는 어린 딸과 함께 두 마리의 산양을 몰고 집으로 돌아가는 중이었는데, 노파로 변장한 여신 곁을 지나가다가 말을 걸었다.

"할머니, 왜 돌 위에 혼자 앉아 계십니까?"

돌아오던 노인도 무거운 짐을 짊어지고 있었으나 발을 멈추고는, 누추한 집이나마 자기 집으로 가자고 권했다. 노파는 사양했으나 노인은 거듭 권했다. 그러자 노파는 말했다.

"제발 혼자 있게 내버려둬요. 그리고 당신한테 따님이 있는 것을 행복하게 생각하세요. 나는 딸을 잃어버렸어요."

노인은 한참 만에 말했다.

"우리하고 같이 갑시다. 우리 집에 계시면 따님이 무사히 돌아올지도 모릅니다."

그제야 노파는 말했다.

"그럼 안내해 줘요. 그 말엔 나도 거역할 수가 없군요."

데메테르는 돌에서 일어나 두 사람을 따라갔다. 걸으면서 노인은 자기의 어린 아들이 지금 중병으로 누워 있는데 열이 어찌나 심한지 잠도 못 자고 앓고 있다고 말했다. 그러자 노파는 허리를 굽혀 양귀비 열매를 몇 개 주웠다. 그들이 집으로 들어가 보니 어린아이는 도저히 소생할 가망이 없어 보였다. 그래도 어린아이의 모친인 메타네이라는 노파를 따뜻이 맞았다. 노파는 허리를 굽혀 자고 있는 아이의 입술에 키스를 했다. 그러자 어린아이의 얼굴에서 창백한 빛이 사라지고 원기가 소생했다. 이것을 보자 온 가족은 모두 놀라며 기뻐했다. 그들은 식탁을 차리고 식사를 시작했다. 그 사이에 데메테르는 어린아이가 마시는 우유 속에 양귀비 가루를 넣었다.

밤이 되어 모두 잠들었을 무렵, 노파는 일어나 앉아 잠들어 있는 어린 아이를 안아 일으켰다. 그리고 두 손으로 아이의 손발을 문지른 다음, 엄숙한 주문을 세 번 외고 나서 난로 속에 아이를 눕혔다. 메타네이라는 손님인 데메테르가 하는 짓을 몰래 지켜보고 있었는데, 급히 비명을 지르며 뛰어나와 아이를 불 속에서 구해냈다. 그러자 데메테르는 자기의 참모습을 나타냈다. 하늘의 빛이 주위를 눈부시게 비췄다. 가족들이 놀라자 여신은 말했다.

"아이 어머니는 들으시오. 당신은 아이를 사랑한 나머지 오히려 못할 짓을 했어요. 나는 이 애를 죽지 않는 몸으로 만들어 주려 했는데 당신 때문에 모두 수포로 돌아갔어요. 그렇지만 이 애는 훌륭한 인물이 될 겁니다."

여신은 말을 마치자 구름을 걸치고는 이륜마차를 타고 사라져 버렸다. 데메테르는 다시 딸의 행방을 찾아 육지에서 육지로, 그리고 바다를 건너고 강을 건너는 사이에 드디어 처음 출발한 시칠리아 섬으로 되돌아와 키아네 강둑 위에 섰다. 그곳은 하데스가 페르세포네를 데리고 도망친 곳이었다.

그 강의 님프는 자기가 목격했던 일을 이 여신에게 말해 주고 싶었으나, 하데스가 두려워 차마 그 말을 입 밖에 낼 수가 없었다. 그래서 할 수 없이 페르세포네가 납치되어 갈 때 떨어뜨리고 간 허리띠를 주워 그것을 데메테르의 눈에 띄게 했다. 데메테르는 이것을 보고 딸이 죽은 것으로 생각했다. 앞뒤 사정을 모르는 그녀는 아무런 죄도 없는 대지에 그 죄를 탓했다.

"은혜를 모르는 땅아, 나는 지금껏 네게 힘을 주어 양식과 풀을 주어 왔지만, 앞으로 다시는 내 혜택을 받지 못하리라."

그러자 가축은 죽어버리고 씨앗은 싹트지 않게 되었다. 심한 가뭄이 계속되는가 싶더니 곧 장마가 지기 시작했다. 이것을 본 샘의 님프 아레투사는 대지를 위해 데메테르에게 진실을 말했다.

"여신님, 대지를 나무라지 마십시오. 대지는 마지못해 통로를 열어 아가씨를 보냈으니까요. 저는 이곳 태생이 아닙니다. 엘리스에서 이곳으로 왔지요. 원래는 숲의 님프이며 사냥을 아주 좋아했답니다. 그런데 어느 날 사냥을 나갔다가 조용한 강가에 닿았어요. 어찌나 물이 맑은지 밑바닥의 돌까지 보일 정도였지요. 저는 옷을 벗고 물속으로 뛰어들었어요. 물장구를 치며 놀고 있으려니까 강 밑바닥에서 부르는 소리가 들렸어요. 그래서 저는 황급히 물에서 나오려고 했지요. 그러자 그 목소리가 말했습니다. '왜 도망가지, 아레투사? 난 이 강의 신 알페이오스야.' 제가 도망치자 그는 쫓아왔답니다. 저는 마침내 아르테미스 님한테 구원을 청했어요. 그러자 여신은 곧 두꺼운 구름으로 저를 감싸주셨어요. 알페이오스는 두 번이나 제 곁까지 왔지만 저를 찾지는 못했지요. 저는 덜덜 떨고 있었답니다. 온몸에 진땀이 배고 머리카락은 물방울이 돼서 떨어져 내렸어요. 그리고 제 발 근처에 물웅덩이가 생기더니, 저는 눈 깜짝할 사이에 샘이 돼버린 것이랍니다. 그런데 알페이오스는 여전히 저를 찾아내어 그의 물을 제 물하고 섞으려 했어요. 그래서 아르테미스 님이 땅을 열어주신 거랍니다. 저는 도망칠 생각으로 그 구멍으로 뛰어들어갔어요. 그리고 땅을 빠져나와 이 시칠리아 섬으로 온 것이지요. 그런데 제가 땅 밑으로 빠질 때 페르세포네 님을 봤답니다. 아가씨는 슬퍼하고는 계셨지만 얼굴에 공포의 빛은 없었습니다. 그 모습은 마치 여왕님 같았어요. 에레보스(암흑이라는 뜻)의 여왕, 죽은 자의 나라를 지배하는 왕후가 된 것같이 보였습니다."

데메테르는 이 말을 듣고 잠시 멍하니 서 있더니, 이윽고 이륜마차를 하늘로 돌리고 서둘러 제우스 앞으로 나아갔다. 그리고 딸을 빼앗긴 이야기를 하고 딸을 데려올 수 있도록 해 달라고 애원했다.

제우스는 이 말을 듣고 승낙했으나 그것은 페르세포네가 지하세계에 있는 동안 아무것도 입에 대지 않았어야 가능한 일이라고 말했다. 그렇지 않고 만일 무엇이든 입에 댔다면 운명의 여신들이 그녀의 구출을 허용치 않기 때문이었다.

헤르메스가 사자로서 봄의 여신과 함께 페르세포네를 찾으러 갔다. 교활한 하데스는 이 제의에 동의했다. 그러나 이미 페르세포네는 하데스가 권한 석류를 따서 그 단물을 빨아먹은 뒤였으므로 그녀를 데려갈 도리가 없었다. 그래서 그들은 페르세포네를 1년의 절반은 어머니와 살고, 나머지 절반은 남편 하데스와 사는 것으로 타협했다.

데메테르는 이런 결정에 스스로의 마음을 달래고, 다시 대지에 은총을 베풀었다. 그러자 데메테르는 그 켈레오스 노인의 가족과 그의 어린 아들 트립톨레모스를 생각해 내고는, 소년이 자라나자 그에게 밭을 가는 법과 씨앗 뿌리는 법을 가르쳐 주었다. 그녀는 또한 날개가 달린, 용이 끄는 자기의 이륜차에 그를 태우고는 지상의 온갖 나라들을 돌아다니며 귀한 곡식이나 농업에 관한 지식을 가르쳐 주었다.

트립톨레모스는 데메테르와의 여행에서 돌아오자 엘레우시스 땅에 훌륭한 신전을 세워 데메테르에게 바쳤으며, '엘레우시스의 밀교'라는 여신숭배의 밀교를 창시했다. 이 밀교는 그 의식의 장려함에 있어, 그리스 사람들의 다른 어떤 종교의식에 못지않은 것이었다.

미다스의 황금

디오니소스(로 : 바쿠스, 영 : 바커스)는 어느 날, 어릴 때의 스승이자 또한 양아버지이기도 했던 실레노스가 돌연 없어진 사실을 알았다. 그 노인이 술에 취해 있는 것을 본 농부들이 그들의 왕인 미다스에게 데려간 것이다. 미다스는 이 노인이 실레노스라는 사실을 알자 따뜻하게 맞아들여 열흘 동안 밤낮을 가리지 않고 잔치를 열어 노인을 대접했다. 그리고 열하루 만에 디오니소스에게 노인을 무사히 데려다 주었다.

디오니소스는 그 답례로 미다스에게 어떤 소원이든 들어줄 테니 말해보라고 했다. 미다스는 그렇다면 자기의 손이 닿는 것은 무엇이든지 황금으로 변하게 해 달라고 부탁했다. 디오니소스는 미다스가 좀 더 현명한 부탁을 했더라면 좋았을 텐데 하고 안타깝게 생각하면서도 그 소원을 들어주었다.

미다스는 이 새로이 얻은 힘에 매우 기뻐하며 집으로 돌아가서 곧 이 힘을 시험해 보았다. 떡갈나무에서 잔가지를 자르자 그것이 순식간에 황금의 가지가 된 것을 보고 그는 자기의 눈을 의심할 정도였다. 이번에는 돌멩이를 주워 보았다. 그것도 황금이 되었다. 잔디를 만지자 그것도 마찬가지였다. 다음에는 나무에서 사과를 따보았다. 그러자 그것 역시 둥근 황금덩어리로 변했다. 미다스는 너무나 기뻤다.

그는 하인에게 맛있는 음식을 준비시켰다. 그런데 놀랍게도 그가 빵을 만지자 그것은 손 안에서 황금으로 변했고, 또한 음식을 입으로 가져가도 황금덩어리가 되어 먹을 수가 없었다. 그래서 그는 포도주를 마셨다. 그러나 그것 역시 마치 녹아내리는 황금이 되어 목으로 넘어갔다. 이러한 놀라운 재난에 정신이 아찔해진 미다스는 어떻게 해서든 이 마력에서 벗어나려고 애썼다. 그리고 조금 전까지만 해도 그렇게 탐을 내던 황금이 미워지기 시작했다. 그러나 아무리 해도 소용이 없었다. 이제는 굶주림이 그를 기다리고 있었다.

그는 금빛으로 빛나는 두 팔을 높이 들어, 디오니소스에게 부디 이 황금의 재난에서 구해 달라고 빌었다. 디오니소스는 자비로운 신이었으므로 이 말을 듣자 그의 소원을 즉시 받아들여 주었다. 신은 말했다.

"그러면 팍타로스 강줄기를 거슬러 올라가 머리와 몸을 물에 담그고 네 죄와 벌을 씻어내도록 해라."

미다스가 디오니소스의 말대로 강줄기를 찾아 샘에 손을 대자 황금을 만들어내는 힘은 물속으로 사라졌다. 그래서 강의 모래가 황금으로 변했는데, 그 금모래는 지금까지도 여전히 남아 있다. 그 후로 미다스는 부귀와 영화를 멀리하고, 시골에 살면서 들판의 신인 판의 숭배자가 되었다.

어느 날, 판은 자기가 연주하는 갈대피리 음악을 아폴론의 음악과 겨뤄 봐야겠다고 말했다. 이 도전은 받아들여졌고, 산신인 트몰로스가 심판으로 뽑혔다. 이 노인은 심판석에 앉자 귀를 기울였다. 먼저 판이 자기의 갈대피리를 불었다. 그는 자기의 음악에 완전히 젖어들어 매우 만족해했다. 이번에는 아폴론의 차례가 되었다. 아폴론은 벌떡 일어섰다. 머리에는 파르나소스 산의 월계수를 쓰고, 왼손에 악기를 들고 오른손으로는 줄을 퉁기기 시작했다. 이 아름다운 소리에 마음을 빼앗긴 트몰로스는 곧 아폴론에게 승리를 주었다.

사람들은 모두 이 판정에 동의했다. 그러나 미다스만은 판정에 반대하며 심판이 엉터리라고 주장했다. 그러자 아폴론은 그런 괘씸한 귀를 더 이상 인간의 귀 모양으로 둘 수는 없다고 생각했다. 그래서 그 귀를 길게 늘이고 안팎으로 털이 나도록 하여 당나귀의 귀와 똑같이 만들어 버렸다.

미다스 왕은 이 불행한 사건에 자만심이 완전히 꺾였으나 이 불행만은 감출 수 있으리라고 생각하며 스스로를 달랬다. 그는 커다란 터번이나 두건을 머리에 둘러 남의 눈에 띄지 않도록 귀를 감추었다.

그런데 미다스 왕의 이발사가 이 비밀을 알게 되었다. 미다스는 그에게 그 비밀을 절대로 지켜야 하며, 만일 남에게 발설하면 엄벌에 처하겠다고 엄포를 놓았다. 그러나 이발사는 도저히 이 비밀을 혼자 간직할 수 없었다. 그는 마침내 병이 나고야 말았다. 그래서 생각 끝에 들판으로 나가서 땅에 구멍을 판 다음 쪼그리고 앉아 소리쳤다.

"임금님 귀는 당나귀 귀! 임금님 귀는 당나귀 귀!"

그리고는 다시 흙을 덮어두었다. 그런데 얼마 후 그 들판에 갈대가 나기 시작했고 그 갈대가 자라나자 곧,

"임금님 귀는 당나귀 귀!"

이렇게 소곤거리기 시작했다.

미다스는 프리기아의 왕이었다. 그의 부친은 고르디아스라는 가난한 농부였는데 사람들의 추대로 왕이 되었다. 사람들은 신탁의 계시에 따라 그를 선출한 것인데, 이 신탁에 따르면 미래의 왕은 짐마차를 타고 온다는 것이었다. 그리고 모든 사람이 신탁의 뜻을 곰곰이 생각하고 있을 때, 고르디아스가 아내와 아들을 데리고 짐마차를 타고 온 것이다.

고르디아스는 왕으로 추대되자 그의 짐마차를 신탁을 내린 신에게 바치고, 단단한 매듭으로 그 자리에 마차를 매어두었다. 이것이 유명한 '고르디아스의 매듭'으로서, 이 매듭을 풀 수 있는 자는 모든 아시아의 왕이 되리라는 말이 전해졌다. 그래서 많은 사람들이 이 매듭을 풀려고 시도했으나 한 사람도 성공한 자가 없었다. 그러다가 알렉산더 대왕이 원정 도중에 이 프리기아에 들렀다. 대왕도 역시 이 매듭을 풀어 보려 했으나 성공하지 못했다. 그러자 대왕은 화가 난 끝에 느닷없이 칼을 빼어 그 매듭을 잘라 버렸다.

그 후 알렉산더 대왕이 아시아 전토를 지배하게 되자 사람들은 그제서야 이 대왕이야말로 신탁의 말에, 그 참된 뜻에 따른 사람이었다고 깨닫기 시작했다.

두 그루의 보리수

프리기아의 어느 언덕 위, 그곳에는 한 그루의 보리수와 한 그루의 떡갈나무가 낮은 벽에 둘러싸여 서 있었다. 그리고 그리 멀지 않은 곳에 늪이 하나 있었다. 전에 이곳은 살기 좋은 고장이었으나, 이제는 땅은 움푹 꺼져 물이 고이고 새끼오리나 가마우지 같은 새만 모여들었다.

옛날, 제우스가 인간으로 변장하여 이 고장을 찾은 일이 있었다. 제우스와 함께 아들 헤르메스(로 : 메르쿠리우스, 영 : 머큐리)도 날개를 거두고 지팡이를 들고 동행했다. 그들은 지친 나그네로 가장하여 이집 저집의 문 앞에 서서 밤이슬을 피해 쉴 곳을 청했다. 그러나 어느 집도 문을 굳게 잠그고 대문을 열어 주지 않았다. 밤도 이슥했고, 게다가 불친절한 마을사람들은 일부러 일어나서 대문을 열어 나그네를 맞아들이고 싶은 생각이 없었던 것이다. 그런데 한 오막살이에서 그들을 따뜻이 맞아들였다. 그 작은 오두막에는 바우키스라는 신앙심이 두터운 노파와 남편 필레몬이 단출하게 살고 있었다.

이 늙은 부부는 젊었을 때 맺어진 이래 줄곧 이곳에서 살아왔다. 그들은 가난을 부끄러워하지 않았고, 분수에 맞는 소망과 친절한 마음씨로 가난을 견디어 왔다. 그래서 이 집에는 주인과 하인이 따로 없었다. 늙은 부부 두 사람이 가족의 전부였고, 서로가 주인인 동시에 하인이기도 했던 것이다.

하늘에서 찾아온 두 나그네가 이 집의 초라한 대문을 지나 몸을 굽히고 낮은 문을 들어서자 노인은 곧 자리를 권했다. 부지런하고 사려 깊은 바우키스는 깔개를 내놓으며 앉으라고 권했다. 그리고 재 속에서 불씨를 찾아내자 낙엽이며 마른 장작을 지펴 가냘픈 입김으로 열심히 불을 일으키는 것이었다. 남편이 뜰에 심은 야채를 뜯어오자 노파는 그것을 잘게 썰어 솥에 넣어 찔 준비를 했다. 남편은 두 갈래로 된 막대기로 화로 안에 매달아 둔 베이컨 덩어리를 끄집어 내렸다. 그리고는 한 조각 잘라 그것을 야채와 같이 찌기 위해 솥 안에 넣고 나머지는 다음에 쓰려고 남겨놓았다. 너도밤나무로 만든 대야에는 손님들을 위해 따뜻한 물을 가득 떠놓았다. 이런 준비를 하고 있는 사이에도 늙은 부부는 이런저런 말을 건네면서 길손들의 지루함을 덜어주었다.

손님을 위해 준비된 의자 위에는 해초를 넣어 만든 방석이 깔렸다. 그리고 그 위에는 낡기는 했으나 특별한 때만 사용하는 한 장의 덮개를 얹어놓았다. 앞치마를 두른 노파는 떨리는 손으로 음식을 날라 왔다. 그 식탁의 다리는 한쪽이 다른 쪽보다 짧았기 때문에 그곳에 얇은 나뭇조각을 받쳐 평평하게 만들었다.

그렇게 한 후, 노파는 향기 짙은 약초로 식탁을 닦아냈다. 그리고 그 위에 순결의 처녀 아르테미스 여신의 성스러운 나무인 올리브 열매와 식초에 절인 열매를 놓고, 무와 치즈, 그리고 재 속에서 살짝 익힌 계란을 올렸다. 그 옆에는 흙으로 만든 주전자가 나무컵과 나란히 놓였다. 준비가 다 되자 뜨거운 김이 무럭무럭 나는 스튜가 식탁으로 운반되었다. 그리 오래된 것은 아니지만 술도 곁들여졌다. 디저트는 사과와 벌꿀이었다. 이런 것들과 함께 친절한 두 노인의 밝은 표정과 소박하나 진심 어린 환대까지 갖추어진 것이다.

그런데 식사 도중에 노부부가 깜짝 놀란 것은 눈앞에 있는 술병의 술을 아무리 따라도 여전히 새 술이 채워진다는 사실이었다. 바우키스와 필레몬은 이 손님들이 신이라는 사실을 알자, 혼비백산하여 땅에 무릎을 꿇고 두 손을 마주잡고는 자기들의 빈약한 접대를 용서해 달라고 빌었다.

이 집에는 노부부가 집의 수호신처럼 기르는 거위 한 마리가 있었는데, 노부부는 그것을 잡아 이 귀한 손님들에게 대접하려고 했다. 그러자 거위는 노부부를 피해 도망쳐 하필이면 손님 앞으로 숨었다. 이 광경을 지켜보던 손님들은 거위를 죽이지 말라고 하며 이렇게 말했다.

"우리는 하늘의 신이다. 우리는 이제 신에게 불경한 이 마을에 벌을 내리겠다. 그렇지만 너희들만은 그 벌을 면하게 해줄 테니 이 집을 나서서 우리와 함께 저 산 위로 오르도록 하라."

늙은 부부는 이 명령에 따라 지팡이를 짚고 험한 산길을 올라갔다. 그리고 산마루에 못미처 뒤를 돌아보니 그들의 집만 빼놓고 마을은 이미 호수가 되어 잠겨버렸다. 그들이 이 광경에 놀라 눈이 휘둥그레지면서 이웃사람들의 운명을 슬퍼하고 있는 사이에 그들이 살던 낡은 집은 어느새 신전으로 변해 갔다. 헐어빠진 기둥 대신 커다란 원주가 서고, 지붕은 황금빛이 되었으며, 바닥은 대리석으로, 대문은 조각과 황금장식으로 아름답게 빛났다.

이윽고 제우스는 자비롭게 말했다.

"훌륭한 덕을 가진 노인이여, 그리고 그 남편에 못지않은 노파여. 자, 무엇이든 소원을 말해 보시오. 어떤 은총이 필요한지 말해보시오."

필레몬은 잠시 바우키스와 상의하더니 이윽고 두 사람의 소원을 말했다.

"저희는 사제가 되어 이 신전을 지키고 싶습니다. 그리고 저희는 이제까지 이 세상에서 줄곧 사이좋게 지내왔으니 이 세상을 떠날 때도 둘이 같이 떠날 수 있도록 해 주십시오. 그러면 저 혼자 살아남아 아내의 무덤을 돌보거나 또 아내에게 제 무덤을 파는 슬픈 일을 안 시켜도 되니까요."

그들의 소원은 이루어져 남은 여생 동안 이 신전을 지켰다. 그러던 어느 날 신전 계단 앞에 서서 옛날이야기를 나누다 바우키스는 필레몬의 몸에서 나뭇잎이 돋아나는 것을 보았다. 또한 필레몬도 바우키스의 몸이 자기와 마찬가지로 변해 가는 것을 보았다. 그리고 다음 순간 그들의 머리 위에는 나뭇잎이 무성해졌다.

그들은 말을 할 수 있는 동안 언제까지나 작별인사를 나누었다.

"잘 가오, 그리운 사람아."

두 사람은 똑같이 말했다. 그러자 그 순간 나무줄기가 그들의 입까지 뒤덮어 사람의 모습을 감춰 버렸다.

티니아 지방의 양치기는 지금도 우리를 이 선량한 노부부가 변신한 두 그루의 보리수가 있는 곳으로 안내해 준다.

페르세우스의 모험

페르세우스와 메두사

페르세우스는 제우스와 다나에 사이에서 태어난 아들이었다. 그의 외조부인 아크리시오스는 외손자에게 살해될 것이라는 신탁을 받자, 다나에와 페르세우스를 궤짝에 넣어 바다로 떠내려 보냈다.

이 궤짝이 세리포스 섬에 닿았을 때, 한 어부가 이들을 발견하고 섬의 왕인 폴리덱테스에게 데려갔다. 왕은 이 모자를 따뜻이 맞았다. 페르세우스가 자라나 어른이 되자 폴리덱테스는 전부터 이 섬을 괴롭히고 있는 무서운 괴물 메두사를 퇴치하게 했다.

메두사는 본래 아름다운 처녀로, 특히 그 머리카락은 그녀의 자랑이었다. 그러나 감히 아테나(로 : 미네르바)와 아름다움을 비교하다가 여신의 노여움을 사서 아름다운 머리카락이 뱀으로 변하고 말았던 것이다. 그래서 메두사는 잔인한 괴물이 되었는데, 그 얼굴이 너무나 무섭기 때문에 인간이건 짐승이건 그녀를 보기만 하면 곧 돌로 변했다. 그녀가 살고 있는 동굴 근처에는 인간이나 동물의 석상들이 있었는데, 그것은 그녀의 모습을 보다가 돌로 변한 것들이었다.

페르세우스는 아테나와 헤르메스의 호의로 아테나에게서는 방패를, 그리고 헤르메스에게서는 날개 달린 신발을 빌려서 메두사가 잠들어 있는 틈에 몰래 그녀에게 다가갔다. 그리고 그녀의 모습을 정면에서 보지 않도록 조심하면서 손에 들고 있던 빛나는 방패에 비친 그녀의 모습을 보고 목을 잘라 버렸다. 페르세우스가 메두사의 목을 아테나에게 바치자 여신은 그것을 자기의 방패인 아이기스 한가운데에 붙였다.

페르세우스와 아틀라스

메두사를 퇴치한 페르세우스는 그 머리를 들고 육지와 바다를 건너 세계의 구석구석까지 날아갔다. 그리고 밤이 찾아올 무렵 대지의 서쪽 끝, 즉 태양이 가라앉은 곳에 이르렀다. 그는 그곳에서 아침까지 쉬려고 했다. 그곳은 아틀라스 왕의 나라로, 이 왕은 누구에게도 지지 않는 큰 몸집의 인간이었다. 이 나라는 양이나 소를 매우 많이 가지고 있었으나 이 나라를 노리는 나라는 하나도 없었다. 아틀라스 왕이 가장 자랑하는 것은 정원이었으며, 그곳에서 열리는 과일은 황금으로 되어 있었고 금빛 잎사귀에 반쯤 가려진 채 금빛 가지에 달려 있었다.

페르세우스는 왕에게 말했다.

"나는 이곳에 손님으로 왔소. 당신이 만일 빛나는 혈통을 중히 여기는 분이라면, 제우스가 내 아버지라고 말씀드리겠소. 또한 만일 위대한 공적을 중히 여기는 분이라면, 나는 고르곤(메두사)을 퇴치한 사람이라고 말씀드리겠소. 내게 하룻밤의 잠자리와 식사를 제공해 주시오."

그러자 아틀라스는 옛날에 신탁을 통해, 제우스의 아들이 언젠가는 자기의 황금사과를 빼앗으러 올 것이라는 경고를 받은 사실을 떠올리고는 이렇게 대답했다.

"잔소리 말고 꺼져! 그렇지 않으면 그 엉터리 명예도, 부친의 얘기도 네게 아무런 도움이 되지 못하게 해 줄 테니까!"

그러면서 그는 페르세우스를 밖으로 끌어내려고 했다. 페르세우스는 이 거인이 자기보다 훨씬 강하다는 사실을 알고 있었기에 이렇게 말했다.

"내 우정을 그렇듯 낮게 평가한다면, 어디 내 선물을 하나 받으시오."

그리고는 자기 얼굴을 돌리면서 고르곤의 목을 내밀었다. 그러자 아틀라스는 그 거대한 몸이 순식간에 돌로 변하고 말았다. 수염과 머리는 숲이 되고, 팔과 머리카락은 절벽으로, 어깨는 산마루로, 그리고 뼈는 바위가 되었다. 온몸은 점점 부풀어 올라 드디어 하나의 산으로 변했고, 그 후부터 지금까지 하늘은 그 모든 별들과 더불어 그의 어깨로 받쳐지고 있는 것이다.

바다의 괴물

페르세우스는 다시 비행을 계속하여 에티오피아 사람들의 나라인 케페우스 왕국에 닿았다. 케페우스의 아내 카시오페이아는 자기의 아름다움을 자만하여 바다의 님프들과 아름다움을 다투었다. 이 사실에 님프들은 매우 화를 냈고, 드디어 거대한 바다의 괴물을 보내 이 나라의 바닷가를 뒤흔들었다. 케페우스는 이 님프들의 노여움을 풀기 위해 신탁의 말에 따라 자기의 딸 안드로메다를 그 괴물의 먹이로 바치기로 했다.

페르세우스가 하늘에서 내려다보니 그 처녀는 사슬로 바위에 묶여 괴물에게 바쳐지기만 기다리고 있었다. 그는 그녀의 머리 위를 날면서 말했다.

"오, 처녀여. 아무래도 당신에겐 그런 쇠사슬이 어울리지 않소. 오히려 서로 사랑하는 애인들을 맺어주는 사슬이 필요할 거요. 말해 보시오. 당신의 나라 이름과, 그리고 당신이 그렇게 묶여 있는 까닭을."

처음에 그녀는 수줍어서 잠자코 있었다. 그러나 다시 질문을 받자 자기 나라의 이름과 어머니가 아름다움을 자랑한 이야기를 했다.

그러나 그 이야기가 미처 끝나기도 전에 바다 저쪽이 마구 출렁이더니 뱀처럼 생긴 괴물이 나타나 물 위로 머리를 내밀고는 파도를 헤치며 다가왔다. 처녀는 비명을 질렀다. 그녀의 부모가 그곳으로 달려왔다. 그러나 구원의 손길은 뻗칠 수도 없었고, 그저 발을 구르기만 할 뿐이었다.

그때 페르세우스가 말했다.

"눈물이라면 나중에 천천히 흘리시오. 지금은 한시바삐 공주를 구해야 하오. 제우스의 아들로서의 신분과 고르곤의 정복자로서의 내 명성이 공주의 구혼자로서의 자격으로 충분할지도 모르나, 만일 신들의 자비만 얻을 수 있다면 나는 훈공을 쌓아 공주를 아내로 맞고 싶소. 내가 공주를 구한다면, 상으로 공주를 주셨으면 좋겠소."

부모는 곧 동의하여 딸과 함께 왕국도 지참금으로 내주겠다고 약속했다. 그 사이에 괴물은, 투석의 명수라면 그 던진 돌이 닿을 만한 거리까지 접근해 왔다. 페르세우스는 곧 땅을 차고 하늘 높이 날아올랐다. 그리고는 괴물에게 덤벼들어 그 어깨를 칼로 찔렀다. 괴물은 마치 사냥개에 둘러싸인 산짐승처럼 몸을 좌우로 뒤틀면서 덤벼들었다. 그러나 페르세우스는 날개로 그 공격을 민첩하게 피했고, 괴물의 비늘 사이에 칼이 들어갈 수 있는 틈을 발견하자 마구 찔러 중상을 입혔다. 마침내 괴물은 피가 섞인 바닷물을 내뿜었고, 그 때문에 페르세우스의 날개가 젖어 더 이상 날 수 없게 되었다. 그는 파도 사이에 머리를 내민 암초 위로 뛰어내려, 몸을 지탱하면서 근처에 떠오른 괴물에게 마지막 일격을 가했다.

바닷가에 모여 있던 군중들은 온산이 울리도록 환성을 올렸다. 딸의 부모는 기쁨에 넘쳐 장래의 사위를 끌어안고 구세주라고 외쳤다. 그리고 처녀는 쇠사슬에서 풀려나 바위에서 내려오게 되었다.

돌이 된 피네우스

왕은 페르세우스와 안드로메다를 데리고 궁전으로 돌아왔다. 그곳에는 이미 잔치가 준비되어 있고 모두 기쁨과 축제기분으로 들떠 있었다. 그런데 갑자기 공주의 약혼자였던 피네우스(케페우스의 형제)가 나타나 전쟁이라도 난 듯이 소란을 피우며 일당을 거느리고 뛰어들어와서 그 처녀는 자기의 것이라고 주장했다.

이렇게 되자 케페우스는 그를 타일렀다.

"네가 내 딸을 요구하려면 이 애가 괴물의 제물로 바위에 묶여 있을 때 했어야 했다. 신들이 딸의 운명을 그렇게 정했을 때 너와의 약속은 이미 무효가 된 것이다. 그런데 이제 와서 뻔뻔스럽게 요구를 하다니 될 법이나 한 말이냐?"

그러자 피네우스는 한마디 대꾸도 하지 않고 손에 들고 있던 창을 페르세우스에게 던졌다. 그러나 창은 페르세우스를 지나쳐 떨어졌다. 페르세우스가 창을 던지려고 하자 비겁한 침입자는 도망쳐서 제단 밑으로 숨었다. 그러나 그의 그런 행동은 부하들에게 케페우스의 손님들을 공격하라는 신호였다. 연회석은 순식간에 수라장이 되었다. 나이든 왕은 아무리 말려도 소용이 없자, 신들에게 저지른 이런 모욕도 자기의 죄는 아니라고 맹세하면서 그 자리에서 물러나왔다.

페르세우스 쪽은 부하들의 수가 적어 불리했기 때문에 일방적으로 밀려 패망은 부득이하게 되었다. 그때 페르세우스는 생각했다. '그렇지! 나의 적이었던 고르곤의 머리로 이들을 격퇴하자.'

그래서 그는 큰 소리로 외쳤다.

"내 편은 얼굴을 돌리고 있으라!"

그리고는 고르곤의 목을 들어올렸다.

"그따위 말로 우리를 속이려 해봤자 소용없어."

테스켈로스가 말했다. 그러자 창을 던지려고 겨눈 채 곧 돌이 되어버렸다. 그리고 고르곤을 본 피네우스의 부하들은 모두 돌이 되고 말았다. 결국 피네우스는 페르세우스에게 무릎을 꿇고 얼굴을 돌린 채 용서를 빌었다.

"모든 것을 뜻대로 차지하시고 목숨만은 살려주십시오."

그러자 페르세우스는 말했다.

"비겁한 놈아, 네 뜻대로는 해줄 수 없지. 그렇지만 네놈의 몸은 어떤 무기에도 다치지 않게 해 주마. 그리고 네놈을 이 사건의 기념으로 우리 집에 소중히 보관해 두마."

그리고는 고르곤의 목을 피네우스의 얼굴 쪽으로 내밀었다. 그래서 피네우스는 무릎을 꿇고 얼굴을 외면한 채 그대로 굳어 커다란 돌덩어리가 되었다.

파에톤, 태양마차를 몰다

파에톤은 아폴론과 님프인 클리메네 사이에서 태어났다. 어느 날 한 친구가, 네가 아폴론의 아들이라는 말은 아무래도 수상하다면서 비웃었다. 파에톤은 분하고 부끄러운 나머지 어머니에게 말했다.

"어머니! 내가 정말로 신의 아들이라면 그 증거를 보여 주십시오. 그리고 신의 아들이라고 주장할 권리를 주십시오."

이 말을 들은 클리메네는 하늘을 향해 두 손을 들고 이렇게 말했다.

"우리를 내려다보고 계시는 저 태양의 신을 두고 맹세하지만, 지금껏 네게 말한 것은 모두 사실이다. 만일 내가 거짓말을 하고 있다면, 당장 햇빛을 못 보게 돼도 괜찮다. 그리고 네가 직접 아버지께 묻고 싶다면 그것도 그리 어려운 일은 아니다. 가서 아버지께 너를 아들로 인정하시느냐고 여쭤보아라."

파에톤은 이 말을 듣고 매우 기뻐했다. 그리고 마침내 해가 뜨는 지방인 인도를 향해 부지런히 길을 떠났다.

아폴론의 궁전은 원기둥이 하늘 높이 솟아 있었고, 황금과 보석으로 빛났다. 천장은 상아로 되어 있고, 문은 은으로 되어 있었다. 벽에는 헤파이스토스가 뭍과 바다와 하늘과 주민들을 그려놓았다. 클리메네의 아들은 험한 길을 올라 부친이 사는 궁전으로 들어갔다. 그는 부친 앞으로 나아가기는 했으나 약간 떨어진 곳에서 발을 멈췄다. 부친이 내뿜는 강렬한 빛에 견딜 수 없었기 때문이다. 빛나는 태양신은 진홍빛 옷을 입고 다이아몬드가 박힌 눈부신 왕좌에 앉아 있었다. 그 양 옆으로 하루의 신과 달의 신, 그리고 해의 신이 서 있고, 또한 일정한 간격으로 시간의 신들이 늘어서 있었다.

이런 신들에게 둘러싸인 아폴론은 모든 것을 볼 수 있었으므로 곧 주위의 광경에 넋을 잃고 있는 젊은이의 모습을 보고 무슨 일로 왔느냐고 물었다. 젊은이는 대답했다.

"오, 끝없는 세계의 빛, 빛나는 태양의 신이신 나의 아버님. 만일 아버님이라고 부르는 것을 용서해 주신다면 부디 제가 당신의 아들임을 인정할 만한 증거를 보여 주십시오. 부탁입니다."

그러자 부친은 빛나는 왕관을 벗어 곁에 놓고 젊은이에게 좀 더 가까이 오라고 명했다. 그리고 그를 포옹하면서 말했다.

"아들아, 네가 내 아들이 아니라는 사실은 있을 수 없다. 네 어머니의 말은 틀림이 없느니라. 네 의심을 풀어주기 위해서라면 무엇이든 들어주마. 어디 말해 보아라. 나는 저 무서운 스틱스강(저승을 흐르는 강)을 두고 맹세하마."

그러자 파에톤은 곧 태양마차를 탈 수 있게 해 달라고 부탁했다. 순간,

부친은 자신의 약속을 뉘우쳤다. 그리고 몇 번이나 그 빛나는 머리를 가로저으면서 타일렀다.

"그 소원만은 도저히 들어줄 수 없다. 제발 그것만은 단념해다오. 그 부탁은 인간으로 태어난 네게는 너무나 힘겨운 것이다. 너는 아무것도 모르기 때문에 그런 것을 바라고 있지만, 그것은 신들조차 할 수 없는 일이다. 나 외에는 저 불타는 태양마차를 움직일 수가 없단 말이다. 그것은 제우스 신일지라도 불가능한 일이다. 마차가 나아가는 길은 언제나 험하고, 아침에는 기운차던 말조차 금방 지쳐버리기 때문이지. 만약 태양마차를 빌려주면 어떻게 할 셈이냐? 불덩어리가 밑에서 돌고 있는데 제대로 나아갈 수 있을 것 같으냐? 아들아, 더 늦기 전에 그 소망을 버리거라. 네가 바라고 있는 것은, 네가 내 피를 이어받은 자식이라는 증거가 아니겠느냐? 그렇다면 이렇게 내가 너를 위해 근심하고 있는 것이 그 증거이다. 자, 내 얼굴을 보아라. 그러면 부모의 근심이 환히 보일 게다."

그리고 아폴론은 다시 말했다.

"온 세계에서 네가 필요한 것이 있다면 무엇이건 골라보아라. 다만 태양마차를 타겠다는 생각만은 취소해다오. 네가 바라고 있는 것은 분명히 명예가 아니고 파멸이다. 어째서 그렇게 어린애처럼 보채느냐?"

그러나 파에톤은 이런 타이름에도 아랑곳없이 여전히 고집을 부렸다. 이렇게 되자, 빛나는 태양신도 어쩔 수 없이 태양마차가 있는 곳으로 아들을 데리고 갔다. 그 이륜마차는 황금으로 만들어졌는데 헤파이스토스가 보내온 것이었다. 파에톤이 감탄하며 그것을 바라보고 있는 사이에, 이윽고 새벽의 여신은 동쪽의 진홍빛 문을 열고 장미꽃이 깔린 길을 보여 주었다. 아버지 아폴론은 달의 여신이 물러가려고 하는 것을 보자 시간의 여신에게 마차에 말을 채우게 했다. 여신들은 명령대로 하늘의 마구간에서 암브로시아를 배불리 먹은 말을 끌어내어 고삐를 맸다. 준비가 되자 부친은 아들의 얼굴에다 약을 발라 불길에 견딜 수 있게 해 주고 머리에 태양관을 씌워주었다. 그리곤 한숨을 쉬며 말했다.

"아들아, 네가 끝내 이 말을 몰아야겠다면 이 충고만은 들어둬라. 안장은 느슨하게 하고 고삐는 꼭 잡고 있어야 한다. 말은 제멋대로 달리기 때문에 그것을 다루는 것만도 힘든 일이다. 내가 전에 지나다니던 마차의 자취가 있을 것이니 그 길을 따라가거라. 그리고 하늘과 땅이 똑같은 열을 받을 수 있도록 너무 높이 오르지 않도록 해야 한다. 그렇지 않으면 하늘에 있는 신들의 궁전을 태워버리게 되니까. 또 너무 낮은 곳으로 달려도 땅을 태우게 되니까 조심하여라. 중간 길이 제일 안전하고 좋은 길이다. 그럼, 이제 모든 것은 운명에 맡기기로 하자. 밤의 여신이 벌써 서쪽 문으로 모습을 감추려 하는구나. 더 이상 우물쭈물할 시간이 없다. 어서 고삐를 잡거라. 그렇지만 무서운 생각이 든다면 지금이라도 말에서 내리도록 해라."

그러나 성급한 젊은이는 마차에 올라타자 가슴을 펴고 고삐를 잡으면서 얼굴을 빛냈다. 그러는 사이에 말도 조급한 듯이 땅을 차고 있었다.

이윽고 말은 힘껏 돌진하여 앞길을 막는 구름을 헤쳐 나갔다. 말은 곧 자기가 끌고 있는 짐이 여느 때보다 가볍다는 사실을 깨닫자 함부로 달려 평소에 다니던 길에서 벗어났다. 파에톤은 깜짝 놀랐으나 고삐를 어떻게 다루어야 할지 몰랐다. 설령 그것을 알고 있었더라도 그의 힘으로는 어쩔 수 없는 일이었다. 불운한 파에톤은 아래의 땅을 내려다보자 눈이 아찔해서 아무것도 보이지 않았고 무릎이 떨려왔다. 그제서야 그는 자신의 경솔한 행동을 뉘우쳤다. 그러나 때는 이미 늦었고, 그는 폭풍에 흔들려 떠내려가는 배처럼 무조건 끌려갔다. 그가 갈 길은 아직 까마득했으나, 그는 완전히 자제심을 잃었고 마냥 끌려갈 뿐이었다. 말은 등에서 고삐가 느슨해진 것을 알자, 속력을 더해 공중의 낯선 곳으로 돌입하여 별들 사이를 달리면서 이륜마차를 제멋대로 끌었다.

달의 여신은 오빠의 이륜마차가 자기의 마차보다 밑으로 달리고 있는 것을 보고 깜짝 놀랐다.

구름은 연기를 토하기 시작했고 산꼭대기도 타기 시작했다. 들판도 타고 나무도 타들어갔다. 몇 개의 큰 도시가 불타버렸다. 순식간에 모든 나라가 잿더미가 되었다. 아이트나 산은 연기를 뿜어냈고, 파르나소스 산과 올림포스 산도 탄 것이다. 하늘 높이 솟은 알프스 산맥도 탔다.

파에톤은 온 세계가 불에 휩싸인 것을 보았고, 그 열로 자신도 견딜 수 없게 되었다. 그는 연기 속을 정처 없이 달려갔다. 훗날 에티오피아 사람들은 이때의 열 때문에 몸 안의 검은 피가 겉으로 밀려나와 피부색이 검어졌고, 리비아 사막도 바로 이 열 때문에 모두 말라버려 오늘날의 상태가 된 것이라고 믿게 되었다.

대지는 크게 갈라져 그 틈으로 저승인 타르타로스까지 빛이 스며들어 명계의 여왕을 깜짝 놀라게 했다. 바다도 말라버렸다. 바다의 신 네레우스와 그의 아내 도리스까지도 바닷속 깊은 동굴로 피신했고, 포세이돈은 세 번이나 머리를 물 위로 내밀다가 열 때문에 물속으로 다시 들어갔다.

대지의 여신은 물에 잠겨 있기는 했으나 머리와 어깨는 내놓고 있었으므로 손으로 얼굴을 가리면서 하늘을 올려다보고 제우스에게 호소했다.

"오, 신들의 지배자시여, 이것이 나의 풍요에 대한 보답입니까? 인간에게는 과일을 주고, 당신의 제단에는 젖을 바쳐왔는데 그 보답이 이것입니까? 부디 자비를 베푸소서. 저기 당신의 궁전을 떠받들고 있는 두 개의 기둥이 연기를 토하고 있는 것을 보십시오. 저것이 타버리면 궁전은 무너져 내릴 것이 분명합니다. 만일 바다와 땅과 하늘이 멸망해 버린다면 우리는 옛날의 카오스(Khaos : 혼돈)에 빠지고 맙니다. 부디 우리에게 남겨져 있는 것이나마 이 불에서 건져주십시오."

전능한 제우스 신은 모든 신들을 증인으로 불러 모으고, 파에톤에게 이륜마차를 빌려준 아폴론도 그 중에 포함시켜 높은 탑으로 올라갔다. 그러나 그때에는 땅 위를 덮어 열을 막을 만한 구름은 한 점도 보이지 않았고 비 한 방울도 남아 있지 않았다.

제우스는 벼락을 울리고 오른손에 움켜잡은 번개를 흔들어 이륜마차를 향해 던졌다. 그리고 순식간에 파에톤을 안장에서, 그리고 이 세상에서 몰아내 버렸다. 파에톤은 머리카락을 불태우면서 거꾸로 떨어졌다. 그것은 마치 하늘에서 빛의 꼬리를 끌고 떨어지는 유성과도 같았다. 커다란 강의 신 에리다노스는 떨어지는 그를 받아 불타고 있는 그의 몸을 식혀 주었다.

파에톤의 여동생 헤리아스는 오빠의 운명을 한탄하며 슬퍼하고 있는 사이에 강가의 포플러 나무로 변했다. 그리고 끊임없이 흐르는 그녀의 눈물은 강가에 떨어지면서 호박으로 변했다.

아키스강의 유래

스킬라는 옛날 시칠리아에 살고 있던 아름다운 처녀로, 님프들이 모두 좋아했다. 그래서 많은 구혼자가 있었으나 그녀는 매번 그들을 거절했다. 그리고 바다의 님프인 갈라테이아의 동굴로 찾아가서는 귀찮아 죽겠다고 호소하는 것이었다. 어느 날, 갈라테이아(젖빛의 여인)는 스킬라에게 머리를 빗기게 하면서 그 이야기를 듣고 있더니, 잠시 후 이렇게 대답했다.

"하지만 스킬라, 너한테 귀찮게 구는 사내들은 인간 가운데에서도 가문이 좋지 않은 사람들이니까 네 마음대로 거절할 수도 있어. 그런데 나는 네레우스의 딸이고, 게다가 많은 형제들이 있는데도 바다 밑으로 도망치는 외엔 그 외눈박이 거인의 폴리페모스(키클로페스족)의 사랑을 피할 길이 없었어."

그리고는 눈물을 흘리면서 목이 메는 것이었다. 스킬라는 희고 아름다운 손가락으로 그 눈물을 닦아주고 갈라테이아를 위로하며 말했다.

"여신님, 그 슬픈 사연을 좀 들려주세요."

그러자 갈라테이아는 이렇게 말했다.

"내가 사랑했던 사람은 아키스였는데, 그는 파우누스와 어떤 나이아데스(샘·냇물·호수 등의 님프들) 사이에서 태어났어. 그의 아버지도 어머니도 그 아들을 매우 사랑하고 있었지. 하지만 그들의 애정보다는 내 사랑이 훨씬 더 강했어. 그 아름다운 젊은이도 나한테만 자기 마음을 기울여 줬거든. 그 사람은 열다섯 살이었어. 내가 아키스하고 결혼하고 싶다고 생각하면 할수록 그 외눈박이 거인 키클로페스가 나를 못살게 구는 거야. 만약 아키스를 사모하는 심정과 키클로페스를 미워하는 심정 중 어느 쪽이 강하냐고 묻는다면 난 대답할 수가 없을 거야. 양쪽 다 똑같으니까. 오, 아프로디테여, 당신의 힘은 얼마나 위대한지요! 숲에서도 두려움의 대상이고 지나가는 나그네를 하나도 살려둔 일이 없고, 제우스 신조차도 모욕하는 그 사나운 거인이 사랑에 빠지게 되자 나에 대한 정열에 쫓겨 매사를 잊어버릴 정도였으니… 이 짐승 같은 사내가 글쎄 멋까지 내더라니까. 질긴 머리털을 갈퀴로 빗고, 수염은 낫으로 깎고, 그 사나운 얼굴을 물에 비춰보며 다듬는 꼴이라니. 살생을 좋아하는 마음도, 사나움도, 피를 찾는 목마름도 전 같지 않게 되어, 그 덕분에 이 섬에 들르는 배도 무사히 출항할 수 있게 됐을 정도니까. 키클로페스는 둔한 발걸음으로 바닷가를 어슬렁거리다가 피곤해지면 동굴로 들어가서 조용히 몸을 눕히는 것이었어."

갈라테이아는 조용히 한숨을 내쉬고 말을 이었다.

"그가 사는 동굴 근처엔 바다로 튀어나온 절벽이 있는데, 어느 날 그 외눈박이 거인은 그곳에 올라앉아 있었지. 그 사나이는 배의 돛을 받칠 수 있을 만한 지팡이를 주위에 늘어놓고 갈대피리를 꺼내 불고 있었어. 나는 사랑하는 아키스와 어떤 바위 그늘에서 함께 있다가 멀리서 들려오는 그 소리에 귀를 기울였어. 그것은 내 아름다움을 칭찬하는 동시에 냉정함을 꾸짖는 것이었지. 그 거인은 피리를 불다가 벌떡 일어서더니 미쳐 날뛰는 수소처럼 숲속으로 뛰어들었어. 나와 아키스는 그 거인을 까맣게 잊고 있었는데 갑자기 우리가 앉아 있는 곳으로 와서는 '이제 잡았다!' 하며 소리치는 거야. '이것이 너희들의 마지막 밀회가 될 것이다!' 그 목소리는 미쳐 날뛰는 외눈박이 거인이 아니면 낼 수 없는 무서운 소리였지. 아이트나 산도 그 목소리에는 떨었어. 난 어찌나 무서운지 바닷속으로 뛰어들었어. 그런데 아키스는 뒤돌아서서 마구 도망치면서 외쳤어. '살려줘, 갈라테이아. 살려주세요, 아버지, 어머니!' 하지만 거인은 그 사람의 뒤를 쫓아가서 산 끄트머리에서 커다란 바위를 잡아떼더니 그 사람을 향해 던졌고 바위는 순식간에 그 사람을 죽이고 말았어. 나는 운명의 여신이 내게 남겨준 것 외에는 아키스를 위해 아무것도 해줄 수가 없었지. 결국 나는 그 사람한테 그의 할아버지인 강의 신과 똑같은 영예를 줬어. 새빨간 피가 그 바위 밑에서 흘러내려왔지만, 그 빛깔은 점점 연해져 흙탕물처럼 되더니 나중엔 그것도 맑아졌지. 그리고 아키스를 짓눌렀던 그 바위는 둘로 갈라져, 그 틈에서 물이 솟아날 때는 즐거운 속삭임 소리를 냈어."

이렇게 아키스는 그 몸이 강으로 변했고, 그 강은 지금도 아키스의 이름으로 불리고 있는 것이다.

거미가 된 아라크네

지혜의 여신 아테나는 제우스의 딸이었다. 그리고 아테나이(로 : 아테네)는 그녀가 선택한 고장으로, 그녀 자신의 도시였다. 그것은 그녀와 마찬가지로 이 거리를 원하고 있던 포세이돈과의 경쟁에서 승리해 얻은 것이다.

그때의 이야기는 이렇게 전해지고 있다. 즉, 아테네 최초의 왕 케크롭스 시대에 아테나와 포세이돈(로 : 넵투누스, 영 : 넵튠)이 이 도시를 차지하려고 다투었다. 신들은 인간들에게 가장 유익한 선물을 준 쪽에다 이 고장을 상으로 주기로 했다. 그래서 포세이돈은 말을 선사하고 아테나는 올리브를 선사했다. 신들은 말과 올리브 중에서는 올리브가 유익하다고 판정하여 이 고장을 아테나에게 주었다. 그리고 이곳은 그녀의 이름을 따서 아테네라고 불렀다.

그런데 아테나에게는 또 하나의 경쟁이 있었고, 이 싸움에는 용감하게도 한 인간이 아테나와 겨루었다. 그 인간은 아라크네라는 처녀였다. 그녀는 자수와 천을 짜는 기술이 매우 뛰어났기 때문에 님프들조차 숲이나 샘을 빠져나와 그녀의 일에 정신을 팔 정도였다. 그 솜씨는 아테나가 직접 가르쳐 준 것이 아닐까 생각될 정도였다. 그러나 아라크네는 이를 극구 부정했고, 여신의 제자라고 생각되는 것을 몹시 싫어했다. 그녀는 마침내 이런 말을 하고 말았다.

"아테나하고 한번 솜씨를 겨뤄 보았으면 좋겠어. 그 내기에서 만일 내가 진다면 어떤 벌이라도 달게 받겠어."

아테나는 이 말을 듣자 비위가 몹시 상했다. 그래서 노파로 변장해 아라크네를 찾아가서 상냥하게 타일렀다.

"나는 숱한 경험을 했어요. 그러니 내 말을 무시하지는 않을 테죠? 당신은 인간하고는 얼마든지 경쟁을 해도 좋아요. 하지만 여신하고 다투어선 안 되지요. 그리고 당신이 했던 말을 용서해 달라고 여신께 부탁해요. 여신은 자비로우신 분이니까 아마 용서해 주실 거예요."

아라크네는 천을 짜던 손을 멈추고 화를 내면서 말했다.

"그런 충고는 당신 딸이나 하인한테 하는 게 어때요? 난 그따위 여신 같은 것은 조금도 무섭지 않으니까."

"여신은 곧 이리 옵니다."

아테나는 이렇게 말하며 변장을 풀자 자기 본래의 모습으로 돌아갔다. 님프들은 몸을 굽혔다. 그러나 아라크네만은 조금도 두려워하지 않았다. 그녀는 끝내 뜻을 굽히지 않았으며 어리석게도 자기의 솜씨를 믿고 파멸의 길을 서두른 것이다. 아테나도 그 이상 참고 있지는 않았다. 마침내 두 사람은 경쟁을 시작했다. 그들은 굉장한 속도로 천을 짜 나아갔다. 익숙한 손이 눈부시게 움직였고, 경쟁의 긴장된 흥분이 이 힘든 일을 오히려 경쾌하게 만들었다.

아테나는 자기의 천 위에 그 포세이돈과 경쟁했을 때의 광경을 짜넣었다. 하늘의 열두 신(神)이 그려지고, 제우스가 당당한 위엄으로 그 한가운데에 자리하고 있었다. 바다의 지배자 포세이돈은 삼지창을 들고 있었는데, 당장 그것으로 대지를 쳐서 그곳에서 말이 튀어나오게 할 그런 모습이었다. 그리고 아테나 자신은 머리에 투구를 쓰고 가슴을 방패로 지키고 있는 모습으로 그렸다. 그것은 신들과 감히 경쟁을 하려는 불손한 인간들에 대한 신들의 노여움을 그림으로 가르치려고 한 것이다. 이 그림은 더 늦기 전에 속히 이 경쟁을 포기하라는 뜻으로 그린 것이었다.

그런데 아라크네는 신들의 실패나 잘못을 보란 듯이 나타내는 그림을 짜넣기 시작했다. 어떤 그림은 레다가 백조를 끌어안고 있는 그림이었는데, 그 백조는 바로 제우스였다. 또 다른 그림은 황소로 변한 제우스에게 속은 에우로페를 그리고 있었다. 아라크네는 그 밖에도 여러 가지 같은 그림을 짜넣었다. 그것은 모두 훌륭한 솜씨였으나 그녀의 불손한 마음과 불경한 마음이 강렬하게 나타나 있었다.

아테나는 아라크네의 솜씨에 감탄하지 않을 수 없었으나 이런 모욕에는 심한 분노를 느꼈다. 그래서 손에 들고 있던 막대기로 그 직물을 치고는 갈기갈기 찢어버렸다. 그리고는 아라크네의 이마에 손을 얹고 그녀의 죄와 부끄러움을 깨닫게 했다. 그러나 아라크네는 그것을 견디지 못하고 목을 매어 죽었다. 아테나는 밧줄에 매달려 있는 그녀의 모습을 보고 불쌍하게 여기며 이렇게 말했다.

"되살아나거라, 죄 많은 여인아. 이 교훈의 추억을 언제까지나 간직하도록 너도 그리고 네 자손도 영원히 매달려 있거라."

여신은 말을 끝내자 아라크네의 몸에 바곳 즙을 뿌렸다. 그러자 순식간에 아라크네의 머리카락이 빠지고 코도 귀도 없어져 버렸다. 그리고 몸 전체가 움츠러들어 머리는 더욱 작아졌다. 또한 손가락은 옆구리에 달라붙어 발이 되었다. 결국 몸뚱이만 남은 그녀는 그 몸뚱이에서 끌어낸 실에 매달리면서 실을 잣는 것이었다. 이렇게 해서 아라크네는 거미의 시조(始祖)가 되었다.

니오베의 자식들

아라크네의 운명은 나라에서 나라로 널리 전해졌다. 그것은 모든 불손한 인간들에게 하나의 경고가 된 까닭에 신들과 자기들을 비교해 보려는 사람은 없어졌다.

그러나 단 한 사람, 남편이 있는 몸이면서도 이 진리를 깨닫지 못한 여인이 있었다. 그것은 테베의 여왕 니오베였다. 그녀는 자랑거리를 아주 많이 갖고 있었다. 그러나 그녀의 마음을 교만하게 만든 것은 남편의 명성도 그녀 자신의 아름다움도, 또한 왕국의 위력도 아니었다. 그것은 바로 그녀의 아들이었다. 그리고 실상 니오베는 세상의 모친 가운데에서 가장 행복한 어머니가 되었을 것이었으나, 그만 자만심 때문에 몸을 망치게 된 것이다.

그것은 레토(로 : 라토나)와 그 아이들인 아폴론과 아르테미스를 축하하는 축제 때의 일이었다. 이 축제에는 테베 사람들이 월계관을 쓰고 모여들어 제단에 유향(乳香)을 바치며 맹세를 하는 것이었는데, 니오베도 그 군중들 틈에 섞여 있었다. 그녀의 옷은 황금과 보석으로 빛났다. 하지만 그 얼굴은 분노에 불타고 있었으나 참으로 아름답게 보였다.

그녀는 거만한 태도로 사람들을 둘러보고 나서 말했다.

"이게 무슨 바보 같은 짓들이람! 너희들은 눈앞에 서 있는 나보다도 아직 본 적도 없는 자가 좋단 말이냐? 어째서 레토는 숭배되고, 나는 조금도 숭배되고 있지 않지? 나의 아버지는 탄탈로스로서 신들의 식탁에 귀한 손님으로 대접받은 분이었고, 어머니는 여신이었다. 내 남편은 이 테베를 세웠고 이 나라의 왕이다. 게다가 내 모습은 신과 견주어 조금도 뒤지지 않아. 그뿐인가! 내게는 일곱이나 되는 아들과 일곱이나 되는 딸이 있다. 이렇듯 자랑스러운 나보다도 레토가, 티탄의 딸이고 아이가 둘밖에 없는 여자가 좋단 말이냐? 나는 정말 행복한 여자다. 내 많은 아이들이 그 증거다. 그러니 이 따위 축제는 집어치우고 떠나도록 해라. 너희 이마에서 속히 월계관을 벗어버려라. 이런 예배 따위는 당장 집어치워라!"

군중들은 그 말에 따라 모두들 축제를 중단하고 돌아갔다.

레토는 몹시 분개했다. 그리고 자기가 살고 있는 킨토스 산마루에 서서 아들과 딸에게 이렇게 말했다.

"얘들아, 나는 오늘까지 너희 둘을 대단히 자랑스럽게 생각해 왔고,

또 나 자신에 대해서도 헤라 님을 빼놓고는 어떤 여신에게도 뒤지지 않는 존재라고 생각해 왔다. 그런 내가 이젠 여신인지 아닌지도 의심받게 되었다. 너희가 지켜주지 않으면 이 엄마는 모든 숭배를 니오베한테 빼앗기게 될 것이다."

이런 식으로 레토가 말을 계속하려고 하자 아들 아폴론이 가로막았다.

"더 이상 말씀하시지 마세요, 어머니. 처벌만 늦어질 뿐이니까요."

딸 아르테미스도 역시 그렇게 말했다. 그들은 공중을 화살처럼 날아 구름의 베일을 쓰고 테베 시가의 탑 위로 올라갔다. 성문 앞에는 넓은 평야가 펼쳐져 있고, 그 들판에서 여러 젊은이들이 전쟁놀이를 하고 있었다. 그 중에는 니오베의 아들들도 섞여 있었다. 큰아들 이스메노스는 말고삐를 잡고 있었는데, 갑자기 하늘에서 날아온 화살을 맞고 쓰러졌다. 또 한 아들은 화살소리를 듣자 말들을 몰아 이륜전차를 타고 도망치려고 했으나 재빨리 피하지 못하고 활에 맞고 말았다.

다른 두 아들은 나이가 어린 아이들이었는데, 마침 공부를 마치고 운동장으로 가서 레슬링을 하는 중이었다. 그때 두 사람이 가슴과 가슴을 맞대고 있는 순간 화살이 날아와 둘을 한꺼번에 꿰뚫었다. 또 다른 형인 알페노르는 두 사람이 쓰러진 것을 보고 달려가서 구하려다가 역시 화살을 맞고 쓰러졌다.

이제는 리오네스 한 사람만이 남게 되었다. 그는 두 팔을 하늘로 향해 들고 열심히 기도를 올렸다.

"신들이여, 저를 살려주십시오."

그는 모든 신들에게 애원했다. 아폴론은 그를 살려주고 싶었으나, 화살은 이미 시위를 떠난 후라 어쩔 수가 없었다.

민중의 공포와 시종들의 슬픔으로 니오베는 무슨 일이 일어났는가를 깨달았다. 그녀는 그런 일이 일어날 수 있으리라고는 추호도 생각지 않았었다. 그리고 신들이 감히 그런 수단으로 나온 것을 분개하기도 하고, 또한 신들의 능력에 놀라기도 했다.

남편인 암피온은 이 타격에 너무 놀라 스스로 목숨을 끊고 말았다. 니오베는 쓰러져 있는 자식들의 시신에 입을 맞추었다. 그리고 창백한 얼굴로 하늘을 향해 외쳤다.

"잔인한 레토! 내 고통으로써 너의 노여운 창자를 채우려무나! 네 잔인한 마음을 만족시키려무나. 나도 곧 일곱 명의 아들을 따라 죽을 테니까. 그렇다면 너의 승리는 어디에 있단 말이냐? 내게는 아직 승리자인 너보다도 더 많은 자식이 있단 말이다."

그녀가 이렇게 말을 마치자마자, 화살소리가 들리고 그 소리는 여러 사람의 가슴에 공포의 화살을 쏘아 넣었다. 그러나 니오베만은 태연했다. 너무나 슬픈 나머지 오히려 두려움을 모르게 된 것이다. 그때 딸들은 상복을 입고 죽은 형제들의 관 앞에 서 있었다. 그런데 갑자기 그 중의 하나가 화살을 맞고 쓰러졌다. 또 한 딸은 모친을 위로하고 있었는데 갑자기 말문이 막히더니 쓰러지고 말았다. 셋째 딸은 황급히 도망치려고 했다. 넷째는 몸을 숨기려 했고, 또 하나는 어찌할 바를 몰라 그 자리에 서서 떨고 있었다. 그러나 결국 여섯 명 모두 살해되고 하나만이 남았다. 니오베는 그 딸을 끌어안고 자기의 몸으로 가리며 말했다.

"하나만은, 제일 나이가 어린 이 애만은 살려주십시오! 오오, 소원입니다. 그렇게 많은 아이들 중에서 단 하나만이라도 살려주십시오!"

그녀는 부르짖었다. 그러나 이렇게 말하고 있는 사이에 그 마지막 딸마저 죽고 말았다. 그녀는 오직 혼자 남겨져 죽은 자식들 가운데로 주저앉아 버렸다.

그녀는 슬픔에 지쳐 신경이 마비된 것 같았다. 바람이 불어도 머리카락 하나 움직이지 않았으며, 눈은 허공을 응시할 뿐 살아 있는 기색은 전혀 없었다. 그녀의 혀는 위턱에 붙어버렸고 혈관도 생명의 피를 운반하지 않았다. 목은 굽혀지지 않았고 팔다리도 움직이지 않게 되었다. 그녀의 몸 전체가 돌로 변해버린 것이다. 그런데도 눈물만은 끊임없이 흘러내렸다. 그리고 그대로 회오리바람에 실려 고향의 산으로 운반되었으며, 지금도 큰 바위로 그곳에 남아 있다.

헤라클레스의 열두 가지 모험

헤라클레스는 제우스와 알크메네 사이에서 태어났다. 헤라는 인간과의 사이에서 태어난 남편의 아이에 대해서는 언제나 적의를 품고 있었으므로, 헤라클레스가 태어나자 곧 선전포고를 했다. 그리고 두 마리의 독사를 보내 헤라클레스가 요람 속에서 자고 있는 사이에 죽이려고 했는데, 이 조숙한 어린애는 두 손에 뱀을 한 마리씩 잡고 눌러 죽였다. 그러나 그는 장성하자 헤라의 간계로 에우리스테우스의 부하가 되어 그의 명령에 절대 복종해야 했다. 에우리스테우스는 그에게 결사적인 모험을 연달아 시켰다. 열두 가지나 되는 '헤라클레스의 모험'이 바로 그것이다.

우선 첫째는, 네메아의 사자와의 싸움이었다. 네메아 골짜기에는 한 마리의 무서운 사자가 출몰하고 있었는데, 에우리스테우스는 헤라클레스에게 이 사자의 가죽을 가져오라고 명했다. 헤라클레스는 곤봉과 활을 써서 사자에게 덤벼들다가 그런 것이 아무 효과도 없다는 사실을 알자, 두 손으로 목을 조여 죽였다. 그리고 죽은 사자를 어깨에 짊어지고 돌아왔다. 에우리스테우스는 그 사자를 보자 헤라클레스의 엄청난 힘에 두려움을 느끼고 앞으로는 시내에 들어오지 말고 밖에서 보고하라고 일렀다.

헤라클레스의 두 번째 모험은 히드라(물뱀 괴물) 퇴치였다. 이 괴물은 아르고스 지방을 어지럽히면서 아미모네 샘 근처에 있는 늪에 살고 있었다. 이 샘은 이 고장에 가뭄이 들었을 때 아미모네가 발견한 것이었다. 그것은 이 아미모네를 사랑하고 있던 포세이돈이 그의 삼지창으로 그곳 바위를 치도록 그녀에게 허락하자 물이 샘솟게 된 것이다.

히드라는 아홉 개의 머리를 가지고 있었으며 그 중 한가운데의 머리는 결코 죽지 않는 머리였다. 헤라클레스가 그 머리를 차례차례 곤봉으로 쳐서 떨어뜨리자 그때마다 떨어져나간 곳에서는 새로운 머리가 두 개씩 생겨나는 것이었다. 마침내 그는 이올라오스라는 충실한 부하의 힘을 빌려 히드라의 머리를 모조리 불태우고 죽지 않는 머리는 큰 바위 밑에 묻었다.

세 번째 모험은 아우게이아스의 축사 청소였다. 엘리스의 왕 아우게이아스는 3천 마리의 소를 기르고 있었는데, 그 축사는 30년 동안이나 청소를 한 적이 없었다. 그러나 헤라클레스는 알페이오스와 페네이오스의 두 강물을 이 축사로 끌어들여 단 하루 만에 깨끗이 닦아냈다.

다음은 좀 더 까다로운 것이었다. 즉, 에우리스테우스의 딸인 아도메테가 아마존 여왕의 허리띠를 갖고 싶다고 말했기 때문에 에우리스테우스는 그것을 가져오라고 명령한 것이다. 아마존 족은 여자들만 사는 종족인데, 전쟁을 매우 좋아했고 풍요한 나라를 가지고 있었다. 그리고 여자 아이만을 키우는 것이 그녀들의 관습이어서 사내아이가 태어나면 이웃나라로 추방하거나 죽여버리거나 했다.

헤라클레스는 많은 지원병을 거느리고 갖가지 어려움을 겪은 끝에 아마존에 닿았다. 그러자 여왕 히폴리테는 그를 따뜻이 맞이하고는 자기의 허리띠를 주겠다고 승낙했다. 그러나 헤라가 아마존 족 사람으로 변장을 하고는 온 나라를 돌아다니며 외국인이 자기들의 여왕을 납치해 가려 한다는 소문을 퍼뜨렸다. 이 말을 들은 아마존 족의 여인들은 곧 무장을 갖추어 헤라클레스의 배로 몰려왔다. 헤라클레스는 히폴리테의 계략인 줄로만 알고, 그녀를 죽이고서 허리띠를 빼앗아 배에 돛을 올리고 돌아왔다.

헤라클레스에게 부과된 또 하나의 모험은 게리온의 소 떼를 끌고 오는 일이었다. 게리온이란 세 개의 몸을 가진 괴물로서 에리테이아 섬에 살고 있었다. 게리온은 이곳의 왕이었다. 헤라클레스는 여러 나라를 지나 리비아와 유럽의 국경에 이르렀다. 그리고 그 기념으로 이곳에 칼페와 아빌레라는 두 산을 만들어 세웠다. 그리고 이 두 산을 헤라클레스의 기둥이라 부르고 있다.

게리온의 소들은 에우리티온이라는 거인과 그 거인이 데리고 있는 머리 둘 달린 개가 지키고 있었는데, 헤라클레스는 그 거인과 개를 죽이고 소들을 무사히 에우리스테우스에게 데리고 돌아왔다.

열두 가지의 모험 가운데에서 가장 힘들었던 것은 헤스페리데스들이 지키고 있는 황금사과를 따오는 일이었다. 그러나 그 사과가 어디에 있는지조차 알 수가 없었다.

이 사과는 헤라가 결혼할 때 대지의 여신 가이아가 준 선물로서, 헤라는 그것을 헤스페리데스의 딸들에게 지키게 하고, 잠을 자지 않는 용까지 딸려둔 것이다.

헤라클레스는 갖은 모험을 겪으면서 아프리카의 아틀라스 산에 닿았다. 아틀라스는 신들에게 반항하여 싸웠던 그 티탄 족의 하나였는데, 싸움에 패한 후 그는 어깨로 하늘을 떠받치고 있으라는 벌을 받았다. 아틀라스는 헤스페리데스들의 부친이었다. 그래서 헤라클레스는 그 사과를 찾아내 자기에게 가져올 수 있는 자는 아틀라스밖에 없을 것이라고 생각했다. 그러나 어떻게 아틀라스를 그곳으로 보내며, 그가 없는 동안 어떻게 하늘을 받치고 있느냐 하는 것이 문제였다. 그래서 헤라클레스는 그 짐을 자기가 짊어지기로 하고, 아틀라스를 보내 사과를 찾게 했다. 이윽고 아틀라스는 사과를 가지고 왔다. 그리고 약간 망설이다가 짐을 다시 자기의 어깨에 얹고는 그 사과를 헤라클레스에게 내주었다.

헤라클레스의 유명한 모험에 안타이오스와 싸워 승리를 거둔 일이 있다. 안타이오스는 대지의 여신 가이아의 아들로서 힘센 거인인 데다가 격투의 명수였다. 그 힘은 이 사나이가 그의 어머니인 대지에 발을 딛고 있는 한 아무도 당해낼 수가 없었다. 그는 자기 나라로 오는 사람에게 무조건 자기와 격투를 하도록 강요하여 만일 자기에게 지면 죽여버리는 것이었다. 또 사실 모두 지고 말았다. 헤라클레스는 이 안타이오스와 싸웠다. 그러나 아무리 집어던져도 소용이 없자 그를 땅 위에서 들어올려 공중에서 조여 죽였다.

카쿠스는 아벤티누스 산의 동굴에 살고 있는 거인으로서 근처의 여러 고장을 괴롭히고 있었다. 카쿠스는 헤라클레스가 그 게리온의 소들을 몰고 오다가 잠들었을 때 그 중의 몇 마리를 훔쳐냈다. 그리고 소의 발자국으로 도망간 방향을 찾지 못하도록 소를 거꾸로 끌면서 동굴로 몰고 갔다. 헤라클레스는 이 계략에 속아넘어가 잃은 소를 찾지 못했는데, 그가 나머지 소를 몰고 우연히 카쿠스의 동굴 앞을 지날 때 굴 속에 있는 소가 울기 시작했기 때문에 그제서야 발견하게 되었다. 결국 카쿠스는 헤라클레스에게 살해되었다.

헤라클레스의 마지막 모험은 명계에서 케르베로스(명계 입구를 지키는 개)를 데리고 오는 것이었다. 그는 헤르메스와 아테나의 안내를 받아 하데스의 나라로 내려갔다. 그리고 하데스에게서, 만일 무기를 쓰지 않고 케르베로스를 데리고 갈 수 있다면 지상으로 데려가도 좋다는 허가를 얻었다. 그래서 그는 이 괴물의 결사적인 반항에도 불구하고 사로잡아 에우리스테우스에게 끌고 갔다가 다시 명계로 데려다 주었다.

헤라클레스는 하데스의 나라에 갔을 때 평소 자기를 숭배하던 테세우스를 구해 주었다. 테세우스는 페르세포네를 구해 내려다가 이곳에 잡혀 있었던 것이다.

헤라클레스는 어느 날 발광하여 친구인 이피토스를 죽여버렸다. 그리고 그는 이 죄로 3년 동안 여왕 옴팔레의 노예가 되었다. 이 부역을 하는 동안 그렇듯 용감했던 영웅도 성질이 변해버린 것 같았다. 그는 우울한 나날을 보냈다. 그리고 부역이 끝나자 데이아네이라와 결혼하여 3년 동안 평화롭게 살고 있었다. 어느 날 그는 아내를 데리고 여행을 하다가 어느 강가에 이르렀다. 그곳은 켄타우로스족인 네소스가 요금을 받고 나그네를 건네주는 곳이었다. 헤라클레스는 자기는 혼자 강을 건너기로 하고, 데이아네이라는 네소스에게 맡겨 건너게 했다. 그러자 네소스는 몰래 그녀를 납치해서 도망가려고 했다. 아내의 비명을 들은 헤라클레스는 네소스의 가슴에 화살을 쏘았다. 죽음을 눈앞에 둔 네소스는 데이아네이라에게 자기의 피를 조금 받아두면 남편의 사랑을 영원히 지닐 수 있으리라고 했다. 데이아네이라는 시키는 대로 했다. 그리고 얼마 안 가서 그것을 써먹을 때가 왔다. 헤라클레스가 그 숱한 정복 가운데에서 이올레라는 아름다운 처녀를 사로잡아 왔는데, 아내인 데이아네이라보다 더 한층 사랑하고 있는 것 같았다.

헤라클레스가 자기의 승리를 감사하여 신들에게 제물을 바치려고 했을 때, 그는 그 의식에 입을 흰 옷을 가지고 오도록 아내에게 하인을 보냈다. 데이아네이라는 이제야말로 그 사랑의 시험을 해 보는 좋은 기회라고 생각하고 그 옷에 네소스의 피를 적셨다. 그녀는 피의 흔적이 남지 않게 조심해서 잘 빨았지만 마력만은 그대로 남아 있었다. 헤라클레스가 그 옷을 받아 입자, 순식간에 독이 그의 온몸에 퍼져 들어가 형용할 수 없는 고통을 주었다. 정신이 아찔해진 헤라클레스는 이 무서운 옷을 가져온 리카스를 잡아 바다로 집어던졌다. 그리고 옷을 벗어버리려고 했으나 그것은 몸에 달라붙어 떨어지지를 않았다. 그는 하는 수 없이 온몸의 살점과 함께 그것을 벗었다.

그리고 그 모습으로 배를 타고 집으로 갔다. 데이아네이라는 이 뜻밖의 결과를 보자 목을 매어 스스로 목숨을 끊었다.

헤라클레스는 죽을 각오를 하고 오이테 산으로 올라가서 활과 화살을 필록테테스에게 넘겨주었다. 그리고 화장할 장작더미를 쌓게 했다. 그는 장작 위에 눕자 애용하던 곤봉을 베고 사자 가죽을 몸에 덮었다. 그리고 마치 축제 때의 식탁을 대하는 것 같은 침착한 표정으로 필록테테스에게 불을 당기라고 일렀다. 불길은 순식간에 퍼져 모든 것을 덮어버렸다. 신들은 지상의 용사가 이렇게 일생을 마치는 것을 보고 마음 아파했다. 그러나 제우스만은 명랑한 얼굴로 신들에게 말했다.

"나는 그대들이 그 애한테 깊은 관심을 쏟는 것을 기쁘게 생각하오. 그렇지만 근심할 필요는 없소. 모든 것을 정복한 그가, 그대들이 보는 저 오이테 산에서 타오르는 불길에 정복될 수는 없지. 그 애가 어머니한테 받은 부분(육체)만이 탈 뿐이오. 나는 지상에서 죽은 그를 이 천상으로 데리고 오겠소. 그러니 그대들도 모두 그 애를 따뜻이 맞아 주시오. 물론 그가 이만한 명예를 받을 만한 가치가 있겠느냐고 말할 자가 있을지 모르지만, 그에게 그만한 명예가 있다는 것은 아마 부정할 수 없을 거요."

신들은 모두 찬성했다. 다만 헤라만은 이 말을 불쾌하게 듣고 있었다. 자기를 꼬집어 말한 것이라고 생각한 까닭이었다. 그러나 그녀도 남편의 이런 뜻을 아주 못마땅하게 생각할 정도는 아니었다.

오이테 산의 불길이 헤라클레스의 육체를 태워버리자, 그의 신성한 부분은 불길에 휩싸이지 않고 새로운 생명력을 지니고 뛰어나와 전보다도 훨씬 고귀한 모습과 장엄한 위풍을 갖추게 되었다.

제우스는 그를 구름 속에 싸서 네 마리의 말이 끄는 마차에 태워 데리고 와서 별들 사이에 살게 했다. 헤라클레스가 하늘에 자리를 잡자 아틀라스는 이 새로운 별의 무게를 온몸에 무겁게 느껴야 했다.

꿀벌지기 아리스타이오스

아리스타이오스는 물의 님프 키레네의 아들이었다. 어느 날 그가 키우던 꿀벌들이 모조리 죽어버렸다. 그래서 그는 모친에게 도움을 청하려고 급히 달려갔다. 그리고 강가에 서서 이렇게 말했다.

"오오, 어머니, 나는 이 세상에서의 자랑거리를 빼앗겨 버렸어요. 소중한 꿀벌들이 모두 죽어버렸답니다. 내 모처럼의 솜씨도 보람이 없어졌어요. 그런데도 어머니는 이 불행을 막아 주시지 않았습니다."

그의 어머니는 물속 궁전에서 그녀를 섬기고 있는 님프들에게 둘러싸여 있었다. 그때 님프들은 실을 잣거나 길쌈을 하고 있었다. 아리스타이오스의 슬픈 목소리가 들려오자 그들은 일손을 멈추고 그 중의 한 님프가 물 위로 얼굴을 내밀었다. 그리고 아리스타이오스의 모습을 보자 다시 돌아와서 그의 모친에게 보고했다. 모친은 그를 데려오라고 일렀다. 강은 명령에 따라 입을 벌려 그를 들여보내 주었다. 아리스타이오스는 큰 강줄기가 몇 개씩 있는 강의 나라로 내려갔다. 그는 커다란 저수지를 보았다. 이윽고 모친의 궁전에 닿자 키레네와 그 시녀인 님프들이 따뜻이 맞아들였다. 그녀들은 온갖 맛있는 음식으로 식탁을 차렸다. 그들은 먼저 포세이돈에게 의식을 올린 후 갖가지 음식을 먹었다. 식사가 끝나자 키레네는 아리스타이오스에게 말했다.

"프로테우스라는 늙은 예언자가 있느니라. 바다에 살고 있으며, 포세이돈의 마음에 들어 수달피를 지키고 있는 사람이다. 우리 님프는 이 노인을 매우 존경하고 있다. 아리스타이오스야, 이 노인이라면 네가 키우고 있는 꿀벌이 죽은 원인도 또 구제법도 가르쳐 줄 것이다. 하지만 네가 아무리 부탁해도 그 사람은 절대로 자진해서 가르쳐 주려고는 하지 않을 거야. 힘으로 강요해야 된다. 붙잡아서 사슬로 단단히 묶어버리면 네 질문에 대답할 것이다. 이제 너를 그의 동굴로 데리고 가주마. 낮이 되면 그는 그곳으로 와서 낮잠을 잔단다. 그때라면 손쉽게 잡을 수가 있을 거야. 하지만 그는 잡힌 줄 알면 별의별 둔갑술을 써서 산돼지나 호랑이, 또 용이 되기도 한다. 그렇지만 너는 그저 그 쇠사슬을 꼭 잡고만 있으면 된다. 그러면 네 명령에 따르게 될 테니까."

그런 다음 모친은 향기로운 넥타르를 아들의 몸에 뿌렸다. 그러자 갑자기 이제껏 없던 힘이 그의 온몸을 채우고 용기가 그의 가슴을 채웠다. 키레네는 아리스타이오스를 데리고 예언자의 동굴로 갔다. 그리고 아들은 바위 곁에 숨겨두고 자신은 구름 그늘에 숨었다. 이윽고 낮이 되어, 인간도 짐승도 눈부신 햇빛을 피해 조용한 잠에 잠길 무렵이 되자 프로테우스가 물 속에서 그 모습을 나타냈다. 그의 뒤에는 수달피들이 따르고 있었다. 프로테우스는 바위 위에 앉자 수달피의 수를 헤아려 보았다. 그리고는 동굴 바닥에 누워 낮잠을 자기 시작했다. 아리스타이오스는 노인이 미처 잠에 빠지기도 전에 그 발을 사슬로 묶고 큰 소리로 외쳤다. 프로테우스는 눈을 뜨고 자기가 잡힌 것을 알자, 순식간에 둔갑술로써 처음에는 불이 되고 그리고는 무서운 짐승이 되었다. 그러나 무슨 짓을 해도 소용이 없다는 것을 알자 원래의 모습으로 되돌아와 성난 어조로 말했다.

"대담한 젊은이로군. 대체 이런 식으로 내 집에 들어온 너는 누구냐? 대체 내게 무슨 볼일이 있단 말이냐."

그래서 아리스타이오스는 대답했다.

"프로테우스, 당신은 이미 알고 있을 거요. 내게서 벗어날 수 있으리라곤 생각지 마시오. 내가 여기로 온 것은 신의 도움이고, 내 불행의 원인과 구제방법을 당신한테 듣기 위한 거요."

이 말을 듣자, 예언자는 잿빛 눈으로 젊은이를 바라보며 날카로운 얼굴로 이렇게 말했다.

"너는 네 잘못에 대한 대가를 받고 있을 뿐이다. 너 때문에 에우리디케가 죽었으니까. 그녀는 너를 피하려다가 독사를 밟아 발을 물려 죽었다. 그 죽음을 갚으려고 친구인 님프들이 그런 재난을 네 꿀벌한테로 보낸 거지. 그러니 너는 그녀들의 노여움을 달래지 않으면 안 된다. 그러면 이렇게 하라. 즉, 잘생긴 황소를 네 마리, 그리고 역시 잘생긴 암소를 네 마리 골라 님프들을 위해 네 개의 제단을 만들어 이 짐승들을 바쳤다가 그 시체를 나무가 우거진 숲속에 놓아두어라. 그런 다음 오르페우스와 에우리디케에 대한 그 원한을 풀 수 있도록 위로해야 한다. 그리고 아흐레가 지나거든 다시 한번 가서 제물로 바친 동물의 시체를 조사해서 무슨 일이 일어났는지 보도록 하라."

아리스타이오스는 시키는 대로 따랐다. 소를 제물로 바쳐 그 시체를 숲속에 놓아두고 오르페우스와 에우리디케의 망령을 달랬다. 그리고는 9일째가 되자 다시 가서 동물의 시체를 조사해 보았다. 그런데 참으로 이상한 일이었다. 그 시체 하나를 꿀벌 떼가 점령하고, 그곳에서 벌집 속과 마찬가지로 부지런히 일을 하고 있었던 것이다.

페가수스와 키마이라

페르세우스가 메두사의 목을 잘랐을 때, 피가 땅에 스며들자 그곳에서 날개 달린 페가수스가 나왔다. 아테나는 이 페가수스를 잘 길들여서 무사(영 : 뮤즈) 여신들에게 보냈다. 무사들이 사는 헬리콘 산 위에는 히포크레네(말의 샘이라는 뜻)라는 샘이 있는데, 이것은 페가수스가 말굽으로 차서 솟아난 샘이다.

한편, 키마이라(영 : 키메라)는 불을 뿜는 무서운 괴물이었다. 몸의 앞부분은 사자와 산양을 합친 것 같고, 꼬리는 용의 꼬리 같았다. 이 키마이라는 리키아 마을을 크게 휩쓸어대고 있었기 때문에 왕 이오바테스는 이 괴물을 퇴치할 용사를 찾고 있었다. 마침 그때 그의 궁전에 벨레로폰이라는 용감한 젊은 무사가 도착했다. 이 젊은이는 이오바테스의 사위인 프로이토스의 편지를 가지고 왔다. 그 편지에는 벨레로폰을 다시없는 진실한 글로써 추천하여 무적의 용사라고 적혀 있었는데, 편지의 끝에는 이 사나이를 죽여 달라는 뜻밖의 내용이 적혀 있었다. 그 이유는, 그의 아내 안티아가 이 젊은 용사를 필요 이상으로 좋게 보고 있어 아무래도 심상치 않게 여겼기 때문이다. 그는 벨레로폰을 질투하고 있었다.

벨레로폰이 자기도 모르는 새 자기의 사형집행영장의 지참인이 된 이 고사(故事)에서 '벨레로폰의 편지'라는 유명한 말이 유래하였다. 자기에게 불리한 내용의 편지를 본인도 모르고 지참하는 경우에 이 말을 쓰게 되었다.

이오바테스는 이 편지를 보고 어찌해야 좋을지 몰라 망설였다. 귀빈을 환대하지 않을 수도 없고, 그렇다고 사위의 부탁을 안 들어줄 수도 없었다. 그러다가 그에게 좋은 생각이 떠올랐다. 즉, 벨레로폰을 보내어 키마이라를 퇴치하기로 한 것이다. 벨레로폰은 이 부탁을 승낙했는데, 출발하기 전에 예언자 폴리도스에게 상의를 했다. 예언자는 가능하면 페가수스를 얻어 가지고 가라고 일렀다. 그러기 위해서는 아테나 신전에서 그날 밤을 지새우는 것이 좋다고 덧붙였다.

벨레로폰은 이 지시에 따라 아테나 신전에서 잠을 자고 있었다. 그런데 꿈에 아테나 여신이 나타나 그에게 황금고삐를 주었다. 잠에서 깨어보니 그 고삐가 그의 손에 남아 있었다. 아테나는 또한 페가수스가 페이레네 샘에서 물을 마시고 있다는 것도 가르쳐 주었다. 그 날개 돋친 페가수스는 황금고삐를 보자 스스로 따라와서 얌전히 고삐를 목에 받았다. 그래서 벨레로폰은 페가수스를 타고 하늘로 날아올라 곧 키마이라를 찾아냈으며, 싸움 끝에 손쉽게 이 괴물을 퇴치했다. 벨레로폰은 키마이라를 물리친 뒤에도 적의를 품은 그의 주인 때문에 몇 가지 시련을 겪었는데, 그때마다 페가수스의 도움으로 승리를 얻었다.

마침내 이오바테스는 이 젊은이가 신들의 특별한 총애를 받은 자라고 생각하고, 사위로 삼아 그를 왕위 계승자로 정했다. 그러나 그 후 이 벨레로폰도 자만심 때문에 신들의 노여움을 사게 되었다. 페가수스를 타고 하늘에까지 올라가려고 한 것이다. 그가 이렇듯 불손한 행동을 취하자 제우스는 말파리를 보내 페가수스를 찌르게 했으며, 그 바람에 말 안장에서 굴러떨어진 벨레로폰은 발이 부러지고 장님이 되어버렸다. 그 후 벨레로폰은 알레이온의 들판을 혼자 쓸쓸히 헤매다가 비참한 최후를 마쳤다.

오이디푸스 왕의 비극

테베 왕 라이오스는, 만일 새로 태어나는 아들을 그대로 키운다면 자기의 왕위와 생명이 위태로울 것이라는 신탁의 계시를 받았다. 그래서 왕은 아이가 태어나자 그 아이를 양치기에게 맡겨 죽여버리라고 명했다. 양치기는 어린아이가 불쌍한 생각이 들었으나, 그렇다고 명령을 어길 수도 없고 해서 어린아이의 다리를 잡아매어 나무에 매달아 놓았다.

어린아이는 곧 어떤 농부에게 발견되었고, 그 농부의 집으로 가게 되었다. 부부는 이 아이를 키우기로 작정하고 오이디푸스, 즉 '부어오른 발'이라고 이름 지었다.

그 후 몇 년이 지나, 라이오스는 신하 한 사람만 데리고 델포이로 향하던 도중 어떤 좁은 길에서 한 젊은이를 만났다. 그쪽도 역시 이륜차에 타고 있었다. 그 젊은이는 길을 비키라는 그들의 명령을 듣지 않았다. 그러자 왕의 신하는 상대방의 말 한 마리를 죽이고 말았다. 화가 머리끝까지 치민 그 낯선 젊은이는 라이오스와 그의 신하를 모두 죽이고 말았다. 이 젊은이가 바로 오이디푸스였으며, 그는 이렇게 하여 자기도 모르게 부친의 살해자가 된 것이다.

이 사건이 있은 지 얼마 안 되어 테베 사람들은 이상한 괴물한테 시달리게 되었다. 그것은 스핑크스라는 이름의 괴물이었다. 몸뚱이는 사자의 형상에 얼굴은 여인의 모습이었다. 이 괴물은 바위 꼭대기에 앉아 지나가는 사람들을 남김없이 붙잡아서 수수께끼를 내고는 그것을 푼 사람은 보내주지만 풀지 못하면 죽이겠다고 위협을 했다. 이제까지 아무도 그 수수께끼를 제대로 풀지 못해 모두 죽고 말았다. 오이디푸스는 이런 무서운 이야기에 조금도 겁내지 않고 용감하게 시험하러 갔다. 스핑크스가 그에게 물었다.

"아침에는 네 발, 낮에는 두 발, 저녁에는 세 발로 걷는 것은 무슨 짐승이지?"

그러자 오이디푸스는 대답했다.

"그것은 인간이다. 인간은 어렸을 때에는 두 손과 두 무릎으로 기고, 성인이 된 뒤로는 두 발로 걸으며, 나이가 많아지면 지팡이에 의지해서 걷기 때문이다."

스핑크스는 이 수수께끼가 풀린 것을 매우 분하게 생각하여 바위에서 몸을 던져 죽어버렸다. 사람들은 무서운 괴물의 재난에서 구원된 것을 기뻐하여 오이디푸스를 자기들의 왕으로 삼아 여왕 이오카스테와 살게 했다. 오이디푸스는 부모의 내력에 대해서는 아무것도 몰랐기 때문에 아버지를 죽였고, 이제는 여왕과 결혼함으로써 자기 어머니의 남편이 된 것이었다.

이런 무서운 사실은 그 후에도 알려지지 않은 채 오랜 세월이 흘렀다. 그러다가 이윽고 테베가 가뭄과 질병에 시달리게 되었을 때, 신탁을 들어보니 오이디푸스의 두 가지 죄가 드러나게 되었다. 이를 안 이오카스테는 스스로 목숨을 끊었고, 오이디푸스는 미쳐서 자기의 두 눈을 도려내고 그대로 테베의 거리를 방랑했다. 사람들은 모두 그를 두려워하여 거들떠보지 않았으나, 딸들만은 극진히 부친을 보살폈다. 그리고 오랜 비참한 방랑 끝에 오이디푸스는 불운한 생애를 마쳤다.

오이디푸스 왕이 죽자, 테베는 그의 아들들인 에테오클레스와 폴리네이케스 형제가 1년씩 번갈아 다스리기로 했다. 그래서 처음 1년은 에테오클레스가 다스리게 되었다. 그런데 그는 1년이라는 기한이 지나도 왕국을 동생에게 넘겨주려고 하지 않았다. 그래서 폴리네이케스는 아르고스의 왕 아드라스토스에게로 도망쳐 갔다. 왕은 그를 자기의 딸과 결혼시키고 군대를 주어 왕위를 빼앗도록 했다.

그러나 아드라스토스 왕의 매부인 암피아라오스는 이 계획에 반대했다. 그는 예언자였기 때문에, 아드라스토스 이외의 장군은 누구 하나 살아서 돌아올 수 없다는 것을 알고 있었던 것이다. 그런데 암피아라오스는 왕의 동생 에리필레와 결혼할 때, 자기와 아드라스토스 사이에 의견차이가 생길 경우에는 그 결정을 반드시 에리필레에게 맡긴다는 약정을 하고 있었다. 폴리네이케스는 이런 사실을 알고 있었으므로 에리필레에게 하르모니아의 목걸이를 주고 그녀를 자기 편으로 끌어들이려고 했다. 이 목걸이는 하르모니아와 카드모스가 결혼할 때 헤파이스토스가 축하선물로 보내준 것이었는데, 폴리네이케스는 테베의 왕국에서 도망칠 때 그것을 가지고 온 것이다. 에리필레는 너무나 유혹적인 선물을 뿌리칠 수가 없었다. 마침내 그녀의 결정으로 전쟁이 시작되었고, 암피아라오스는 자기의 피치 못할 운명을 향해 나아가게 되었다. 그는 다른 장군들과 함께 용감하게 싸웠으나 자기의 운명을 피할 수는 없었다. 적에 쫓겨 도망치다 제우스가 던진 벼락을 맞고 죽은 것이다.

전쟁 초, 에테오클레스는 티레시아스라는 예언자에게 전쟁의 결과를 물었다. 이 티레시아스는 젊었을 때 우연히 목욕하고 있는 아테나를 보고 말았다. 아테나 여신은 노하여 그를 장님으로 만들었는데, 후에 그것을 불쌍히 여겨 그에게 미래의 일을 예언하는 힘을 준 것이다. 에테오클레스가 물었을 때 그는, 만일 크레온의 아들인 메노이케우스가 자진해서 희생한다면 승리는 테베의 것이 되리라고 예언했다. 용감한 젊은이였던 메노이케우스는 이 예언을 알자 최초의 싸움에서 스스로 목숨을 던졌다. 포위는 오랫동안 계속되었고 승패는 좀처럼 판가름 나지 않았다. 마침내 양군의 결의에 따라 당사자인 형제끼리 맞상대를 해서 이 전쟁을 매듭짓기로 했다. 두 사람은 서로 싸웠으나 결국 모두 죽고 말았다. 그래서 양군은 다시 전투를 시작했는데 이윽고 침략자측이 굴복하게 되었다.

서로 찔러 죽인 두 왕자의 백부 크레온은 테베의 국왕이 되어 에테오클레스의 시체를 정중히 묻어 주었다. 그러나 폴리네이케스의 시체는 쓰러진 장소에 그대로 방치시켜 누구에게도 그 매장을 금지시켰다.

폴리네이케스의 여동생 안티고네는 이 사실에 분개했다. 오빠의 장례조차 허락받지 못했기 때문이었다. 그녀는 위험을 무릅쓰고 자기의 손으로 직접 시체를 매장하기로 결심했다. 그러나 매장하고 있는 것이 발각되자 크레온은 그녀를 생매장하라고 명했다.

안티고네의 약혼자 하이몬은 크레온의 아들이었는데, 그녀의 이런 운명을 알자 살아 있으면 무엇하랴 하고 스스로 목숨을 끊고 말았다. 그래서 그 유명한 '테베를 공격하는 일곱 장군'의 싸움은 이렇게 막을 내렸다.

천체에 얽힌 신화

오리온과 아르테미스

오리온은 포세이돈의 아들이었다. 그는 아름다운 거인이었고, 힘센 사냥꾼이었다. 그의 부친은 아들에게 바다 속을, 또는 바다 위를 걷는 힘을 주었다고도 한다.

오리온은 키오스 섬의 왕 오이노피온의 딸 메로페를 사랑하여 그녀를 아내로 삼고 싶다고 말했다. 그는 이 섬의 짐승을 사냥하여 사랑하는 사람에게 선물로 가져갔다. 그런데 그녀의 부친 오이노피온은 이러쿵저러쿵 이유를 들어 결혼 승낙을 지연시켰으므로 오리온은 마침내 우격다짐으로 이 처녀를 자기 것으로 만들려고 했다. 그의 행동에 화가 난 그녀의 부친은 오리온에게 술을 먹여 취하게 만든 다음, 그 두 눈을 도려내어 그를 바닷가에 던져버렸다.

장님이 된 오리온은 키클로페스(외눈박이 거인)의 망치소리를 따라 렘노스 섬에 닿자, 헤파이스토스의 대장간으로 갔다. 헤파이스토스는 그를 불쌍히 여겨 케달리온이라는 직공을 딸려 그를 아폴론의 궁전으로 안내하도록 했다. 그리하여 오리온은 이 케달리온을 어깨에 메고 동쪽을 향해 나아갔다. 그리고 태양신 아폴론을 만나 그의 빛으로 시력을 되찾게 되었다.

그 후 그는 사냥꾼으로서 아르테미스와 함께 살았다. 그는 여신의 마음에 쏙 들었다. 그래서 여신이 그와 결혼하려고 한다는 소문까지 나돌게 되었다. 이 말을 들은 여신의 오빠 아폴론은 기분이 몹시 상해 여신을 여러 번 꾸짖었으나 아무 소용이 없었다. 어느 날 오리온이 머리만 물 위로 내밀고 바다를 건너는 것을 본 아폴론은 여동생에게 그것을 가리키며, 아무리 네 솜씨가 좋아도 저기 저 바다에 떠 있는 검은 것을 쏘아 맞추지는 못하리라고 말했다. 활의 명수이기도 한 여신은 운명을 겨냥하여 화살을 쏘았다. 그러자 파도가 오리온의 시체를 강가로 밀어올렸다. 아르테미스는 눈물을 흘리면서 자기의 잘못을 슬퍼하고, 그를 별자리 가운데에 놓아 주었다. 오리온은 지금도 성좌 안에 거인의 모습으로 나타나며, 허리띠를 매고 칼을 차고 사자 가죽을 두르고 곤봉을 손에 들고 있다. 그리고 사냥개인 세이리오스가 그의 뒤를 따르고, 또한 플레이아데스가 그의 앞으로 달아나고 있다.

이 플레이아데스란 아틀라스의 딸들을 가리키며, 아르테미스의 시녀인 님프들이었다. 어느 날 오리온은 그녀들을 보고 마음을 빼앗겨 뒤를 쫓았다. 그러자 처녀들은 자기들의 모습을 바꾸어 달라고 신들에게 빌었다. 가엾이 여긴 제우스는 처녀들을 비둘기로 바꾸어 하늘의 별자리로 옮겨두었다. 그 수는 처음에는 일곱 개였는데 지금은 여섯 개밖에 보이지 않는다. 그것은 그 중의 하나인 엘렉트라가 트로이의 함락을 보다 못해 그 자리를 떠났기 때문이라고 한다. 트로이는 그녀의 아들인 다르다노스가 세운 것이었기 때문이다.

셀레네와 엔디미온

엔디미온은 아름다운 젊은이로서 라트모스 산 위에서 양을 기르며 살고 있었다.

어느 고요하고 맑게 갠 날 밤, 달의 여신 셀레네는 세상을 내려다보다가 이 젊은이가 잠들어 있는 모습을 보았다. 차가운 셀레네는 그 젊은이의 빼어난 아름다움에 마음이 따뜻해졌다. 그리고는 하늘에서 내려와 그에게 키스를 하고 잠들어 있는 동안 그를 지켜주었다.

또 다른 전설에 의하면, 제우스가 영원한 젊음과 영원한 잠을 그에게 주었다고도 한다. 그러나 엔디미온에 대해서는 이렇다 할 만한 이야깃거리가 없다. 어쨌든 엔디미온에게 반해버린 여신은 매일 밤 라트모스 산으로 아름다운 애인을 찾아가서 키스로 달래곤 했다. 청년의 몸은 따뜻하게 살아서 숨 쉬고 있었지만 마치 죽은 듯이 누운 채 몸을 움직이는 일도 없었으며 여신의 애무에 응하는 일도 없었다.

달의 여신은 애인을 자기의 뜻대로는 했으나, 이것은 다만 그녀를 괴롭힐 뿐이어서 무거운 한숨이 끊일 날이 없었다.

신의 노여움

시시포스가 받은 벌

시시포스는 데우칼리온의 손자이며 코린토스의 왕이었는데, 인간 가운데에서도 가장 지혜가 뛰어난 인물로서 죽음의 신마저 속인 일이 있었다. 그가 지옥에 떨어져 바위를 영원히 굴리는 벌을 받게 된 것은 대략 다음과 같은 이유에서였다.

어느 날 그가 무심코 하늘을 올려다보고 있으려니, 굉장히 큰 독수리 한 마리가 처녀를 낚아채서 멀리 바다 위에 보이는 섬 쪽으로 날아가는 것이었다. 현명한 시시포스는 그 새가 아무래도 보통 새가 아니라고 생각했다. '아무래도 제우스 신이 독수리로 모습을 바꾸어 장난을 하고 있는 모양이군.' 그는 속으로 이렇게 생각했다. 그때 개울의 신 아소포스가 찾아와서, 자기의 딸 아이기나가 갑자기 없어졌는데 어찌된 일인지 모르겠다고 호소했다. 시시포스는 자기가 본 독수리 이야기를 한 다음, 아이기나를 납치해 간 자는 아무래도 제우스인 것 같다고 말하고 독수리가 날아간 섬을 가르쳐 주었다.

아소포스는 딸을 찾아 그 섬으로 갔으나 제우스가 벼락을 던지는 바람에 쫓겨오고 말았다. 제우스는 이 비밀을 가르쳐 준 것이 시시포스라는 사실을 알자 노하여 그를 지옥으로 던져 넣고 영원한 고통을 짊어지게 했다.

그의 형벌은 무거운 바위를 산 위로 굴려 올리는 것이었다. 시시포스가 온힘을 기울여 가까스로 바위를 산 위로 밀어올렸는가 싶으면, 바위는 순식간에 무서운 힘으로 굴러떨어졌기 때문에 시시포스의 중노동은 영원히 반복되는 끝이 없는 것이었다.

탄탈로스의 고통

역시 지옥에 떨어져 영원한 고통을 짊어지고 있는 것으로 이름난 탄탈로스는 제우스의 아들로, 소아시아 리디아의 왕이었다.

그는 신들의 총애를 한몸에 받아 올림포스 산 위에서 베풀어지는 신들의 식탁에도 초대될 정도였으며, 죽어야 할 인간으로는 절대 맛볼 수 없는 넥타르와 역시 신들만 먹게 되어 있는 암브로시아를 맛볼 수도 있었다. 그래서 그는 죽지 않는 생명을 받았는데, 그것이 오히려 화가 되어 훗날 지옥에 떨어져서도 죽지를 못하고 영원한 고통을 겪어야 했던 것이다.

그가 어찌하여 지옥에 떨어졌는가에 대해서는 여러 가지 설이 있으나, 다음과 같은 이유가 가장 타당성이 있다. 어느 날 신들은 그의 초대를 받고 그의 왕궁에서 식사를 하게 되었다. 그런데 탄탈로스는 신들에게 가장 훌륭한 음식을 대접할 작정이었는지, 아니면 신들을 시험해 볼 작정이었는지, 어쨌든 끔찍하게도 외아들 펠롭스를 죽여서 큰 냄비에 찐 요리를 신들의 식탁에 내놓은 것이었다.

그러나 신들은 속지 않았다. 그들은 공포와 혐오로 접시를 밀어젖히고는 앞으로 다시는 신들을 시험하는 인간이 존재할 수 없도록 그를 하데스의 연못에 던져 넣어 영원한 굶주림과 갈증에 시달리게 만들었다. 탄탈로스는 그 연못에서 목까지 물에 잠겨 있었다. 그러나 그가 그 물을 마시려고 하면 물은 순식간에 줄어들어 갈증을 풀 도리가 없었다. 또한 머리 위에는 사과와 배가 탐스럽게 열려 있었으나 손을 뻗쳐 그것을 따먹으려 하면 그때마다 나뭇가지가 튀어올라 손이 닿지 않는 것이다.

살해된 그의 아들 펠롭스는 신들이 다시 살려주었는데, 딸을 잃고 슬픔에 잠겨 있던 데메테르(로 : 케레스) 여신이 그만 고기를 한 입 베어물었기 때문에 어깨뼈의 일부가 부서지고 말았다. 그래서 신들은 상아로 뼈를 만들어 그 부분을 보충해 주었다. 펠롭스는 되살아나자 전보다도 훨씬 우아해졌으며, 신들 중에서 특히 포세이돈의 사랑을 받았고 히포다메이아라는 미녀를 아내로 맞아 행복한 생애를 보냈다.

그러나 이 탄탈로스 일족은 자만심이 지나쳐 신들의 저주가 끊이지를 않았다. 뒤에 그리스 군대의 총지휘관이 되어 트로이 성을 함락시키고 개선했으나 자기의 아내인 클리타임네스트라에게 살해된 아가멤논, 그 아들인 오레스테스나 엘렉트라, 또한 트로이 전쟁의 원인이 된 미녀 헬레네가 모두 이 집안 출신이다. 그리고 이 중에서도 가장 비참한 운명을 겪은 것은 펠롭스의 누이인 니오베였다.

오르페우스와 지하의 나라

오르페우스는 아폴론과 무사(영 : 뮤즈) 칼리오페의 아들이었다. 그는 부친에게 악기를 선물 받고 연주법을 배웠는데, 어찌나 잘 타는지 그의 음악을 듣고 매료되지 않는 자가 없었다.

인간뿐만 아니라 야수조차 그 소리에 넋을 잃었고, 주위에 모여들어 그 거친 천성을 버리고 그의 노래에 황홀해 하는 것이었다. 심지어 나무나 바위조차도 그 매력에 빠져들었다.

히메나이오스(결혼을 관장하는 남자신)는 오르페우스와 에우리디케의 결혼식에 그들의 결혼을 축복해 달라는 초대를 받았다. 그는 두 사람의 결혼식에 참석은 했으나 행복이라고는 단 하나도 가져오지를 않았다. 그가 손에 든 관솔불마저 제대로 타지를 않아, 연기가 그들의 눈에 들어가 눈물만 나오게 했다.

이런 조짐을 맞추기나 하려는 듯, 에우리디케는 결혼한 지 얼마 안 되어 친구인 님프와 산책을 하다가 아리스타이오스라는 양치기의 눈에 띄었다. 양치기는 그녀의 아름다움에 반해 곧 덤벼들었다. 에우리디케는 도망치다가 풀숲에 있던 독사를 밟아 발을 물려 죽었다.

오르페우스는 아내를 잃은 슬픔을 노래하며 신들은 물론이고, 무릇 지상의 공기로 숨 쉬는 모든 것에 호소했다. 그러나 그것이 아무런 보람이 없음을 알자 이번에는 지하의 나라로 가서 아내를 찾기로 결심했다.

그는 타이나로스 섬 끝에 있는 동굴로 내려가, 이윽고 스틱스의 나라에 도착했다. 그는 망령들이 우글거리는 곳을 지나 하데스와 페르세포네가 앉아 있는 옥좌 앞으로 나아갔다. 그리고 노래에 맞추어 악기를 타면서 이렇게 호소했다.

"오오, 명계의 신들이시여, 우리들 살아 있는 자가 언젠가는 모두 오지 않으면 안 되는 명계의 신들이시여, 부디 제 노래를 들어주십시오. 제가 이곳으로 온 것은 타르타로스(지옥)의 비밀을 엿보기 위해서도 아니고, 또한 입구를 지키는 저 뱀 머리 모양의 개하고 힘을 겨루기 위해서도 아닙니다. 저는 아내를 찾으러 온 것입니다.

에로스 신이 저를 이곳으로 인도해 주었습니다. 에로스는 지상에 사는 저희들에게 있어서는 전능하신 신입니다. 제 아내는 독사에 물려 갑자기 죽었습니다. 저는 이 침묵과 아직 창조되지 않은 나라에 부탁드립니다. 부디 에우리디케의 생명의 줄을 다시 한번 이어주십시오. 부디 아내를 제게 주십시오. 저의 운명은 모두 당신들에게 달려 있습니다. 그리고 조만간 당신들의 나라로 오지 않을 수 없을 것입니다."

그가 이런 노래를 연주하고 있자 망령들도 눈물을 흘렸다. 탄탈로스는 목이 말라 죽을 지경인데도 물을 마시려는 노력조차 잊었고, 익시온의 수레바퀴는 회전을 그쳤으며, 독수리는 프로메테우스의 간을 쪼는 일을 그쳤고, 시시포스는 바위 위에 앉아 귀를 기울였다. 그리고 복수의 여신들의 볼에 눈물이 흘러내린 것은 이때가 처음이었다고 한다. 페르세포네는 오르페우스의 소원을 거부할 수가 없었다. 하데스도 그 소원을 들어주었다.

그래서 에우리디케가 호출되었다. 그녀는 최근 새로 들어온 망령들 사이에서 걸어나왔는데, 그 발은 독사에 물린 상처 때문에 절룩거리고 있었다. 오르페우스는 아내를 데려가도 좋다는 허락을 받았는데, 단 한 가지 조건이 있었다. 두 사람이 지상에 완전히 닿기 전에는 오르페우스가 뒤를 돌아보고 아내의 모습을 확인하면 절대로 안 된다는 것이었다. 오르페우스는 그런 조건쯤이야 별것 아니라고 생각하고 기꺼이 승낙했다.

오르페우스가 앞서고 에우리디케가 뒤를 따라 어둡고 가파른 언덕길을 깊은 침묵에 싸여 올라갔다. 그런데 얼마 안 있으면 그들이 밝은 지상의 나라 출구에 닿으려는 그 순간, 오르페우스는 사랑하는 아내가 너무나 보고 싶어 그만 약속을 잊고 뒤를 돌아보고 말았다. 순식간에 그녀는 뒤로 끌려갔다. 두 사람은 서로 손을 뻗쳐 끌어안으려고 했으나 잡히는 것은 허공뿐이었다. 이렇게 다시 죽음의 나라로 되끌려가면서도 에우리디케는 남편을 원망할 수가 없었다. 아내의 모습을 한시바삐 보려는 남편의 애타는 심정을 어찌 나무랄 수가 있으랴.

"안녕, 이것이 마지막 작별입니다."

그녀는 말했다.

그러면서 그녀는 멀리 끌려가 버렸고 그 목소리조차 남편의 귀에는 들리지 않았다. 오르페우스는 그녀의 뒤를 좇아가려고 했다. 그리고 다시 한번 그녀를 데리러 명계로 내려가는 길을 허락해 달라고 탄원했다. 그러나 인정이 없는 명계의 뱃사공은 냉정하게 거절해 버렸다. 오르페우스는 이레 동안을 그 강가에 앉아 먹지도 않고 잠도 자지 않았다. 그리고 암흑의 신들의 몰인정을 원망하면서 자기의 심정을 노래에 담아 바위와 산에 호소했다. 호랑이가 이 노랫소리에 마음을 움직였고 떡갈나무도 그 굵은 줄기를 떨었다.

그 뒤 오르페우스는 언제나 그 슬픈 추억에 잠기면서 여자를 멀리하고 살았다. 트라티아의 처녀들은 그의 마음을 사로잡으려고 온갖 유혹을 다했으나 그는 모두 물리쳤다. 그의 행동을 그녀들은 오랫동안 견디고 있었다. 그러던 어느 날 어떤 일이 있어도 오르페우스의 마음이 변치 않을 것을 알자, 디오니소스 제전에 참석하여 흥분한 한 처녀가 마침내,

"저기 우리를 모욕한 남자가 있다!"

이렇게 외치면서 오르페우스를 향해 창을 던졌다. 그러나 그 창은 그가 연주하는 악기소리가 들리는 곳까지 날아오자 힘을 잃고 그의 발밑에 떨어졌다. 모여 섰던 여자들이 던진 돌 역시 마찬가지였다. 그러나 처녀들은 일제히 소리를 질러 악기소리를 지워버렸다. 마침내 창은 오르페우스를 꿰뚫었으며 그는 곧 피를 흘리며 쓰러졌다. 미쳐버린 처녀들은 그의 몸을 갈기갈기 찢어 머리와 악기를 헤브로스 강에다 던져버렸

다. 그러자 그것들은 슬픈 노래를 속삭이듯이 연주하면서 흘러갔으며, 강의 양쪽에서도 그에 맞추어 슬픈 노래를 부르는 것이었다.

음악의 여신 무사들은 강변에 흩어진 그의 몸을 모아 레이베토라에 장사지내 주었다. 악기는 제우스에 의해 별자리 가운데에 놓여졌다.

오르페우스는 망령이 되어 다시 타르타로스로 내려갔으며, 그곳에서 에우리디케를 찾아내자 두 팔로 와락 끌어안았다. 그들은 나란히 행복의 들판을 걸었다. 이제야 오르페우스는 마음 놓고 그녀의 모습을 바라보는 것이었다.

자기 몸을 먹게 된 에리식톤

에리식톤은 신앙심이 없는 인간으로서 신들을 경멸하기까지 하는 사나이였다. 언젠가 그는 데메테르에게 바쳐진 숲을 도끼로 잘라내려고 했다.

이 숲에는 해묵은 떡갈나무가 한 그루 서 있었다. 그 나무는 어찌나 큰지 그 한 그루만으로도 숲처럼 보였다. 오래된 나무줄기는 하늘을 향해 치솟아 있고, 줄기의 둘레에는 흔히 꽃다발이 걸려 있거나, 이 나무의 님프들에게 기원한 자가 감사의 표시로 새긴 패찰이 걸려 있기도 했다. 나무의 둘레는 몇 아름이나 되어 다른 나무들은 거의 볼품이 없을 정도였다. 에리식톤은 하인들에게 이 나무를 잘라버리라고 일렀다. 그리고 하인들이 망설이고 있는 것을 보자 그 중 한 사람에게서 도끼를 빼앗아 이렇게 외쳤다.

"이것이 여신이 사랑하고 있는 나무이건 아니건 상관없다. 설령 이 나무가 여신이더라도 내겐 방해가 되니까 잘라 버리겠다는 거야."

그는 이렇게 말하고 도끼를 들어올렸다. 그러자 그 떡갈나무는 떨면서 신음소리를 내는 것 같았다. 최초의 일격이 가해지자 그 상처에서는 피가 흘러나왔다. 곁에서 보고 있던 사람들은 모두 공포에 떨었는데, 그 중의 한 사람이 용감하게도 그를 말리려고 했다. 에리식톤은 비웃으면서 그에게 말했다.

"네놈의 신을 모시는 보답으로 이거나 먹어라!"

그는 도끼를 휘둘러 그 하인을 마구 찍고는 목을 잘라 버렸다. 그러자 떡갈나무 속에서 목소리가 들려왔다.

"이 나무에 살고 있는 나는 데메테르 님의 사랑을 받고 있는 님프이다. 네 손에 죽기 전에 예언해 두거니와, 네게는 이제 천벌이 기다리고 있다."

그러나 에리식톤은 아랑곳하지 않고 마침내 그 나무를 잘라 쓰러뜨리고 말았다. 숲의 님프들인 하마드리아스는 부모가 살해되고 숲의 자랑이기도 했던 이 나무가 쓰러지자 모두들 깜짝 놀라 상복을 입고 데메테르에게 달려갔다. 그리고 부디 에리식톤을 벌해 달라고 간청했다. 이 말에 여신은 고개를 끄덕이며 승낙했다. 그러자 그 머리의 움직임에 따라 논밭에 영근 곡식들도 함께 움직였다.

여신은 매우 무서운 형벌을 생각해 냈다. 그것은 에리식톤 같은 죄인이더라도 누구나 딱하게 여길 정도의 무서운 형벌이었다. 즉, 여신은 그를 굶주림의 여신의 손에 맡긴 것이다.

데메테르는 굶주림의 여신인 리모스에게 직접 갈 수가 없었는데, 그것은 운명의 여신들이 이 두 여신의 접근을 절대로 금했기 때문이었다. 그래서 데메테르는 산의 님프 오레이아스를 불러 이렇게 명했다.

"얼음에 뒤덮인 스키티아 끝에 한 고장이 있다. 쓸쓸한 불모의 땅으로서 나무도 없거니와 곡식도 없다. 그곳엔 추위만이 살고 있어, 공포와 굶주림만이 있을 뿐이다. 너는 즉시 그곳으로 가서 리모스한테 에리식톤의 뱃속에 들어가라고 전해라. 멀기는 하지만 조금도 걱정할 것은 없다. 내 이륜마차를 타고 가도록 해라. 이 차를 끄는 용은 하늘을 달릴 수 있으니 곧 닿을 수 있을 것이다."

데메테르는 오레이아스에게 고삐를 넘겨주었다. 오레이아스는 이륜차를 몰아 얼마 후 스키티아에 닿았다. 그녀는 코카서스(카프카스) 산에 이르자 곧 용을 멈추게 하고, 돌투성이 들판에 있는 리모스를 찾아냈다. 리모스는 그곳에 드문드문 나 있는 풀을 이빨과 손톱으로 뜯고 있었다. 머리카락은 뒤엉켜 있고 눈은 움푹 들어갔으며, 얼굴은 창백하고 피부는 뒤틀려 뼈가 드러나 보일 정도였다. 오레이아스는 도저히 가까이 다가갈 용기가 없었기 때문에 데메테르의 명령을 전달했다. 그리고는 급히 조금 떨어진 곳에서 테살리아로 돌아갔다.

리모스는 데메테르의 말에 따랐다. 그리고 하늘을 달려 에리식톤의 집에 닿자 그의 침실로 들어가 잠들어 있는 그를 찾아냈다. 날개가 달린 팔로 그를 끌어안아 그 몸에 배고픔을 불어넣고 혈관 속에 그 독을 불어넣었다. 에리식톤은 여전히 잠을 자고 있었는데 이미 꿈속에서도 먹을 것이 간절히 생각났으며, 무엇을 먹고 있기나 한 것처럼 입을 움직이는 것이었다. 그는 잠에서 깨어나 배가 고파 미칠 것 같았다. 그는 곧 먹을 것을 내놓으라고 일렀다. 그리고 먹으면서도 배고픔을 호소했다. 먹으면 먹을수록 굶주림은 더해 갔다. 그 배고픔은 강물을 모조리 삼켜도 차지 않는 바다 같았다. 그는 이미 미친 사람이었다. 그의 재산은 이런 끊임없는 식욕 때문에 순식간에 줄어들었으나 굶주림은 여전했다. 그는 마침내 전 재산을 탕진해 버렸고, 남은 것이라고는 외동딸 하나뿐이었다. 그녀는 부친과는 비교가 안 되는 훌륭한 처녀였다. 그런데 에리식톤은 이 딸마저 팔아버렸다.

그녀는 노예로 팔리는 것이 서러워 바닷가에 서서 포세이돈에게 빌었다. 포세이돈은 그 소원을 받아주었다. 그래서 그녀를 데리러 온 주인이 그녀의 모습을 본 순간, 그녀의 모습을 바꿔 물고기를 잡느라고 여념이 없는 어부의 모습으로 바꾸어 버렸다. 주인은 처녀를 찾다가 어부를 보자 그에게 물었다.

"여보시오, 혹시 처녀를 못 봤습니까? 방금 여기서 봤는데요, 당신이 있는 그 근처에 서 있었소. 어디 본 대로 가르쳐 주시오. 그러면 당신 운수도 좋아질 것이오."

처녀는 자기의 기도가 이루어진 것을 알았고, 또한 상대방이 자기에게 묻고 있는 것이 내심 우스웠다. 그래서 이렇게 대답했다.

"난 고기 잡는 데만 정신이 팔려 있어 아무것도 못 봤습니다. 아무리 생각해도 이곳엔 나밖에 아무도 없었는데."

주인은 이 말에 속아 자기의 노예는 도망친 것이라고 생각하고 돌아갔다. 그러나 처녀는 곧 제 모습으로 돌아왔다.

부친은 딸이 여전히 자기 곁에 남아 있고, 딸을 판 돈도 그대로 있는 것을 알고 매우 기뻐했다. 하지만 그는 또다시 딸을 팔아넘겼다. 그러나 딸은 팔릴 때마다 포세이돈의 도움으로 때로는 말로, 때로는 새로, 또 때로는 사슴이 되어 도망쳐 돌아왔다. 굶주린 부친은 이런 비열한 수단으로 계속하여 음식을 얻었다. 그러나 여전히 주린 배는 채워지지 않았고 마침내는 자기의 손발을 먹게 되었으며 자기의 몸뚱이까지 먹음으로써 자기 몸을 유지하려고 했다. 그의 고통은 죽음이 데메테르의 복수에서 그를 구할 때까지 계속되었다.

제우스의 쌍둥이 아들

카스토르와 폴리데우케스는 레다와 백조 사이에서 태어난 쌍둥이 형제였다. 그리고 그 백조는 제우스가 변신한 것이었다. 레다는 알을 한 개 낳았는데 그 속에서 이 쌍둥이 형제가 태어났다. 훗날 트로이 전쟁의 원인이 되었을 정도로 유명한 헬레네는 이 형제의 여동생이었다. 테세우스와 그의 친구인 페이리토스가 이 헬레네를 스파르타에서 납치해 갔을 때, 카스토르와 폴리데우케스는 부하를 거느리고 그녀를 구하러 갔다. 그리고 테세우스가 아티카를 비우고 있는 사이에 여동생을 구출해 돌아왔던 것이다.

카스토르는 거친 말을 길들이고 노련하게 다루는 것으로 유명했다. 그리고 폴리데우케스는 권투를 잘했다. 그들은 서로 우애가 깊어 무슨 일을 하건 항상 같이 했다. 그래서 아르고호의 원정에도 함께 참가했다. 그 항해 도중 폭풍이 일어났을 때 오르페우스가 사모트라키아 섬의 신들에게 빌면서 악기를 켜자, 순간 폭풍은 멈추고 별이 이 형제의 머리 위에 나타났다. 그 후부터 카스토르와 폴리데우케스는 선원이나 항해자들의 수호신으로 여겨졌다. 그리고 어떤 대기 상태에서 배의 돛이나 돛대 주위에 어른거리는 불빛이 보이거나 하면, 사람들은 그것을 이 형제의 이름으로 부르게 되었다.

아르고호의 원정 후 카스토르와 폴리데우케스는 이다스 형제를 상대로 싸웠다. 카스토르는 이 싸움에서 전사했는데, 폴리데우케스는 그 죽음을 깊이 슬퍼하여 자기의 목숨과 그의 목숨을 바꾸어 그를 다시 한번 살려달라고 제우스에게 빌었다. 그러자 제우스는 그의 소원을 일부 받아들여 이 형제가 생명을 번갈아 누릴 수 있게 해주었다. 즉, 하루를 지하의 나라에서 보내면 다음날은 하늘 위로 보내주었던 것이다. 제우스는 또 이 두 사람의 형제애를 갸륵히 생각하여 그들을 제미니, 즉 쌍둥이좌로서 별자리 안에 놓아두었다고도 한다. 그들은 디오스쿠로이(제우스의 아들들)라고 불렸으며, 신으로서의 인정과 대우를 받았다.

그리고 사람들이 믿는 바로는, 그 후 이 형제는 격전이 벌어지고 있는 전장에 이따금 나타나서는 어느 한쪽에 편을 들었다고 한다. 그리고 그 때마다 반드시 용감한 백마를 타고 왔다는 것이었다. 그런 까닭에 고대의 로마 사람들은 그들이 레길루스 호수의 싸움에서 로마 군을 도왔다고 믿었다. 그 후 전쟁이 승리로 끝나자 이 두 사람이 나타났던 곳에 그들을 기리는 신전을 세웠다.

아르고호의 영웅들

황금의 양털

옛날 테살리아에 아타마스 왕과 네펠레 왕비가 살고 있었다. 그들에게는 아들과 딸이 한 명씩 있었다. 그러나 아타마스는 아내에게 냉담해져 그녀와 이혼하고 다른 여자와 곧 결혼해 버렸다. 네펠레는 계모 밑에서 자라날 아이들을 염려하여, 계모의 손이 미치지 않는 곳에 아이들을 숨겨두기로 했다. 헤르메스는 이를 딱하게 여겨 네펠레에게 황금의 털이 달린 숫양을 딸려주었다.

그리하여 네펠레는 그 양에 두 아이를 태워 양이 어딘가 안전한 곳으로 아이들을 데려다 주기를 기대하면서 보냈다. 그러자 양은 아이들을 등에 태우고 공중으로 날아올라 동쪽으로 방향을 잡더니, 이윽고 유럽과 아시아를 사이에 둔 해협에 이르렀다. 그때 헬레라는 이름의 여자아이가 양의 등에서 바다로 떨어져 버렸다. 그래서 이 바다를 헬레스폰토스(헬레의 바다)라고 불렀는데, 바로 오늘날의 다르다넬스 해협이다.

양은 다시 하늘을 달려 흑해 동해안에 있는 콜키스라는 나라에 닿았다. 양은 여기에서 무사히 사내아이 프릭소스를 내려놓았고, 이 나라의 왕 아이에테스는 이 아이를 따뜻이 맞아들였다. 프릭소스는 그 양을 제우스에게 제물로 바치고 황금의 털은 아이에테스에게 선사했다. 그러자 왕은 그 털을 신에게 바친 숲속에 보관해 두고 사시사철 잠을 자지 않는 용에게 지키도록 했다.

테살리아에는 아타마스 왕국 근처에 또 하나의 나라가 있어, 그곳은 그의 친척이 다스리고 있었다. 그 나라의 국왕 아이손은 귀찮은 정치가 싫어져 아들인 이아손이 클 때까지라는 조건으로 왕위를 동생 펠리아스에게 넘겨주었다. 어느덧 이아손이 성인이 되어 숙부에게 와서 왕위를 요구하자, 펠리아스는 기꺼이 그것을 물려줄 것 같은 표정을 지었다. 그러나 그는 이 조카에게 그 황금털을 찾는 명예로운 모험을 떠나면 어떻겠느냐고 말했다. 콜키스 나라에 있는 황금털을 찾아와 우리 일족의 가보로 만들자는 것이었다.

이아손은 이 제안을 기꺼이 받아들여 곧 원정준비에 착수했다. 당시 그리스인들이 알고 있던 유일한 항해수단은 나무를 뚫어 만든 작은 배나 카누가 고작이었다. 그러므로 이아손이 아르고스라는 목수에게 50명이나 탈 수 있는 큰 배를 만들게 했을 때, 사람들은 그것이 불가능한 일이라고 생각했다. 그러나 그 배는 드디어 완성되었고, 배는 만든 사람의 이름을 따서 '아르고호'라고 불렀다. 이아손은 모험을 좋아하는 그리스의 젊은이들을 모아 곧 용감한 젊은이들의 총지휘관이 되었다. 이 중의 많은 사람은 그 뒤 그리스의 영웅으로 명성을 떨치게 된다. 헤라클레스·테세우스·오르페우스·네스토프 등도 그 안에 끼여 있었다. 그리고 그 무리는 배의 이름을 따서 오늘날도 아르고나우타이(아르고호의 승무원이라는 뜻)라고 불리고 있는 것이다.

이런 영웅들을 태운 아르고호는 테살리아를 떠났다. 그리고 렘노스섬에 기항하여 미시아를 지나 트라키아에 닿았다. 여기서 일행은 철학자 피네우스를 만나 그에게서 진로에 대한 지시를 들었다. 장님 예언자

이며 국왕인 피네우스에 의하면, 에욱세이노스 해의 입구는 두 개의 작은 바위섬이 있어 항해를 방해한다는 것이었다. 그 섬은 바다 위에 떠서 흔들리다가 가끔 서로 부딪치는데, 그때 그 사이에 끼이는 것은 무엇이든 가루가 된다는 것이었다. 그래서 이 섬은 심플레가데스, 즉 '서로 부딪치는 바위'라고 부르고 있었다. 피네우스는 아르고호의 승무원들에게 이 위험한 해협을 통과하는 방법을 가르쳐 주었다. 일행은 이 섬에 이르자 피네우스의 말대로 비둘기 한 마리를 날려 보냈다. 그러자 그 비둘기는 바위와 바위 사이를 날아 꽁지의 털을 약간 잃었을 뿐 무사히 그곳을 빠져나갔다. 이아손과 그 부하들은 부딪친 바위가 반동으로 열리는 순간을 포착해서 무사히 통과할 수 있었다. 다만 섬이 다시 맞부딪쳤기 때문에 배의 꼬리편이 약간 다쳤을 뿐이었다.

그들은 해안을 따라 나아가 이윽고 바다의 동쪽 끝에 닿았다. 그리고 드디어 목적지인 콜키스 왕국에 상륙했다. 이아손은 콜키스 왕 아이에테스에게 자기가 온 용건을 전했다. 그러자 왕은 황금의 양털을 내주겠다고 승낙했다. 다만 이아손이 청동의 발이 달리고 불을 뿜는 두 마리의 수소를 쟁기에 매어 땅을 갈고, 그 땅에 카드모스가 퇴치한 그 용의 이빨을 뿌린다면 내주겠다는 것이었다. 이미 알고 있듯이 그 이빨에서는 무장한 군인이 나타나고 그것을 뿌린 자에게 창끝을 겨누게 되어 있다. 이아손은 그 조건을 승낙하고 날짜를 정했다. 그러나 그전에 그는 여러 가지 수단을 강구하여 자기의 생각을 국왕의 딸 메데이아(로 : 메데아)에게 납득시켜 두고 있었다. 그리고 그녀에게 결혼약속을 하고, 또한 둘이 함께 헤카테의 제단 앞에서 이 여신에게도 굳게 약혼의 맹세를 했다. 메데이아도 마침내 그의 말을 믿게 되었다. 그리고 그는 뛰어난 마법사인 메데이아의 도움으로, 불을 뿜는 황소의 입김과 무장한 군인들의 창끝에 무사히 대항할 수 있는 마력을 얻었다.

마침내 그 날이 되자 사람들은 아레스(로 : 마르스)에게 바친 숲으로 모여들었다. 국왕은 옥좌에 앉고 민중들은 언덕 중턱을 뒤덮었다. 드디어 청동 발이 달린 황소들이 불을 내뿜으며 뛰어들자 그 지나간 길은 불길로 타올랐다. 이아손은 이를 맞아 용감하게 앞으로 나아갔다. 그의 동료들, 즉 역전의 용사들인 그리스의 영웅들도 그 모습을 보고 몸을 떨었다. 그러나 이아손은 불 따위는 아랑곳 않고, 소들의 노여움을 말로써 가라앉히고는 그 목덜미를 손으로 가볍게 두드리면서 노련하게 멍에에 쟁기를 매달아 끌게 했다. 이를 본 콜키스 사람들은 아연했고 그리스 사람들은 환성을 올렸다. 이아손은 이어 용의 이빨을 뿌리고 그 위에 흙을 덮기 시작했다. 그러자 얼마 후 한 떼의 무장 군대가 그 흙 속에서 나타났다. 그들은 땅 위로 나오자 무기를 휘두르며 이아손을 향해 덤벼들었다. 그리스 사람들은 친구의 신변을 염려했다. 그에게 호신술을 가르쳐 주고 그 사용법을 익혀준 메데이아조차도 공포에 질려 창백해졌다. 이아손은 한동안 자기의 칼과 방패로 적의 공격을 막기만 하고 있더니, 상대방의 압도적인 숫자에 도저히 대항할 수 없다는 사실을 깨닫고는 메데이아가 가르쳐준 마법을 써서 돌을 하나 집어 적의 한가운데로 던졌다. 그러자 그들은 곧 자기들끼리 싸우기 시작했으며 마침내 모조리 죽어버리고 말았다.

그리스 사람들은 그들의 영웅을 얼싸안았다. 메데이아도 할 수 있다면 그를 안아주고 싶었다. 이제 남은 일은 그 황금의 양털을 지키고 있는 용을 잠들게 하는 것이었다. 그리고 이것은 메데이아가 준 마법의 약을 이 용에게 서너 방울 떨어뜨리는 것으로서 손쉽게 이루어졌다. 용은 약 냄새를 맡자 노여움을 죽이고 잠시 우두커니 서 있더니 잠시 후, 그때까지 한 번도 닫은 적이 없는 그 크고 둥근 눈을 감고는 옆으로 쓰러져 그대로 잠들고 말았다.

이아손은 양털을 나무에서 끌어내려 손에 넣자 동료와 메데이아를 데리고 국왕 아이에테스의 추격을 받기 전에 황급히 배로 돌아갔다. 그리고는 서둘러 테살리아로 향했다. 일동이 무사히 도착하자 이아손은 양털을 펠리아스에게 넘겨주고, 아르고호는 포세이돈에게 바쳤다.

메데이아의 복수

황금의 양털을 되찾은 축하석상에서 이아손은 한 가지 일 때문에 심란했다. 그것은 부친인 아이손의 모습이 안 보였기 때문이었다. 부친은 워낙 나이가 든 데다 병이 있어 그 자리에 참석할 수가 없었던 것이다.

그래서 이아손은 메데이아에게 말했다.

"아내여, 나는 당신의 마력으로 도움을 많이 받아 왔는데, 그 마법을 다시 한번 나를 위해 써줄 수 없겠소? 내 목숨에서 몇 년을 떼어내 그것을 아버님 목숨에 보탰으면 하오."

그러자 메데이아는 대답했다.

"그런 것은 희생을 한다고 해서 될 일이 아닙니다. 내 마법이 잘만 들어맞으면 아버님의 수명은 당신 수명을 줄이지 않고도 연장할 수 있을 거예요."

그리고 그녀는 다음 보름날 밤, 만물이 잠들었을 때 살며시 빠져나갔다. 나뭇잎을 흔드는 바람 한 점도 없었고, 모든 것은 쥐죽은 듯 고요했다.

그녀는 먼저 별을 향해 주문을 외우고 달을 향해 외웠다. 또한 지옥의 여신 헤카테와 대지의 여신 테루스를 향해 주문을 외웠다. 그렇게 여신들의 힘을 빌리면 마법의 효과가 있는 약초가 생기기 때문이었다. 그녀는 숲과 동굴, 산과 골짜기, 호수와 강, 그리고 바람과 대기의 신들에게도 힘을 달라고 빌었다. 그녀가 이렇게 빌고 있자 별이 차츰 빛나고 이윽고 한 대의 이륜차가 날개 달린 뱀에 이끌려 내려왔다. 그녀는 그 수레를 타고 하늘 높이 날아올라 각지를 날아다니면서 그 고장에 나 있는 온갖 약초 가운데에서 필요한 것만을 모았다. 그녀는 9일 밤 9일 낮을 찾아 헤맸으며, 그동안에는 궁전에도 들어가지 않았고 인간과의 교섭도 일체 피했다.

이어 그녀는 제단을 두 개 만들었다. 하나는 헤카테의 것이고, 또 하나는 청춘의 여신 헤베의 것이었다. 그리고 검은 양 한 마리를 제물로 바치고 우유와 포도주를 뿌렸다. 또한 하데스와 그가 납치해 간 페르세포네에게 제발 그 노인의 생명을 급히 빼앗지 말아 달라고 간청했다. 그런 다음 아이손을 데려오자 주문을 외워 그를 깊은 잠에 빠뜨리고 죽은 사람처럼 약초 위에 눕혔다. 이아손이나 다른 사람들은 모두 그 자리에서 물러나게 했다. 부정한 눈이 그녀의 비법을 보아서는 안 되었기 때문이었다. 그런 다음 메데이아는 머리를 풀어헤치고, 불에 타고 있는 작은 나뭇가지를 제물의 피에 적시면서 제단 둘레를 세 번 돌고 나더니 그 가지를 제단에 쌓아놓고 태웠다. 그 사이에 솥 안에 있는 것이 끓었다. 그러자 그녀는 그 안에 온갖 약초를 넣고 동시에 씨앗, 꽃, 먼 동쪽 땅에서 가져온 돌, 모든 것을 둘러싸고 있는 대양의 기슭에서 가져온 모래, 달빛 아래에서 모은 흰 서리, 부엉이의 머리와 날개, 늑대의 창자 따위를 넣었다. 또한 거북이 등껍질과 수사슴의 간, 인간의 아홉 배나 살 수 있는 까마귀의 머리와 부리도 넣었다. 이렇게 모아진 것들을 시들어진 올리브 가지로 휘저으면서 끓였다.

그러자 놀라운 일이 일어났다. 그 가지를 솥에서 꺼낸 순간, 가지는 녹색이 되어 잎이 무성해지더니 싱싱한 올리브 열매가 영그는 것이었다. 그리고 솥의 국물이 부글부글 끓어 거품을 내며 흘러넘치자 그 국물이 닿은 곳의 풀은 봄풀처럼 녹색으로 변하는 것이었다.

이런 준비가 모두 갖추어지자 메데이아는 노인의 목을 따서 몸속의 피를 모두 꺼내고 입과 상처에다 솥의 국물을 부었다. 노인이 그 국물을 모두 마시자 그의 성성한 머리와 수염은 청춘의 검은 빛을 띠기 시작했다. 창백한 빛도 초췌한 빛도 사라지고, 혈관에는 피가 충만하여 수족은 활기와 우람스러움이 넘쳐흘렀다. 아이손은 깜짝 놀랐다. 그리고 현재의 자기 모습이 40년 전의 젊은 자기임을 알게 되었다.

이처럼 메데이아는 그녀의 마법을 선량한 목적을 위해 사용했으나, 한 번은 복수의 수단으로 쓴 적이 있었다. 그것은 이러하다. 펠리아스는 이아손의 숙부로서, 이아손에게 왕위를 넘겨주기가 싫어 그를 일부러 나라 밖으로 내쫓은 자였다. 그러나 그런 펠리아스에게도 좋은 점은 있었는지 그의 딸들은 효성이 지극하여, 메데이아가 아이손을 젊은이로 만든 것을 보자 자기들의 부친도 그렇게 해달라고 부탁했다. 메데이아는 겉으로 승낙하는 척하면서 전처럼 가마솥을 준비했다. 그녀는 늙은 양을 한 마리 가져오라고 하여 솥에 넣었다. 그리고 그 솥 안에서 울음소리가 들릴 때 뚜껑을 열어보니 새끼양 한 마리가 뛰어나와 근처의 목장으로 달아났다.

펠리아스의 딸들은 이 실험을 보고 부친이 수술받을 시간을 정했다. 그러나 메데이아는 그를 위한 솥은 다른 방법으로 준비했다. 솥에는 단지 물과 흔히 있는 풀만 약간 넣었을 뿐이었다. 그리고 밤이 되자 딸들과 함께 나이든 왕의 침실로 들어갔다. 그 사이 왕과 호위병들은 그녀의 마법에 걸려 깊이 잠들어 있었다. 딸들은 단도를 뽑아들고 침대 곁에 서 있었으나 왕의 몸에 칼을 대어야 하는 일에는 주저하는 빛을 보였다. 그러자 메데이아가 그들을 꾸짖었다. 딸들은 할 수 없이 얼굴을 옆으로 돌리고 부친의 몸에 칼질을 했다.

왕은 깜짝 놀라 눈을 뜨고 외쳤다.

"얘들아, 이게 무슨 짓이냐? 너희는 아비를 죽일 작정이냐!"

딸들은 이내 마음이 약해져 들고 있던 단도를 떨어뜨리고 말았다. 그 순간, 메데이아는 마지막 일격을 가해 왕을 죽여버렸다. 그런 다음 왕을 솥에 넣었다. 그리고 자기의 배반행위가 발각되기 전에 그녀는 뱀이 끄는 이륜차를 타고 그 자리를 떠나버렸다. 그러나 그녀는 이 나쁜 일의 결과에서는 아무런 이득을 얻지 못했다. 그녀가 이렇듯 봉사한 이아손이 코린토스의 왕녀인 크레우사와 결혼하기 위해 메데이아를 버린 것이다. 메데이아는 배은망덕한 남편의 행동에 격분하여 신들에게 복수를 내려달라고 빌고는, 그 신부에게 독을 바른 옷을 선물로 보냈다. 그러고 나서는 자기의 아이들을 죽이고 궁전에 불을 지른 다음, 뱀이 끄는 이륜차를 타고 아테네로 도망쳤다. 그리고 그곳에서 테세우스의 아버지 아이게우스 왕과 결혼했다.

테세우스와 괴물 미노타우로스

테세우스는 아테네의 왕 아이게우스와 트로이젠의 왕 피테우스의 딸인 아이트라 사이에서 태어난 아이였다. 그는 트로이젠에서 자랐고, 성인이 되면 아테네로 가서 부친과 상봉하기로 되어 있었다.

아이게우스는 아들 테세우스가 태어나기 전에 아이트라와 헤어져 아테네로 돌아갔다. 그때, 자기의 칼과 샌들을 커다란 바위 밑에 놓아두고 장차 아들이 이 돌을 들어내어 그 밑에 있는 것을 꺼낼 수 있을 만큼 강해지거든 자기에게 보내라는 말을 남겼다. 이윽고 아이트라는 그때가 왔다고 생각하고 테세우스를 바위가 있는 곳으로 데리고 갔다. 그러자 그는 조금도 힘들이지 않고 그 바위를 들어올려 칼과 샌들을 꺼냈다.

그 무렵 육로에는 강도가 흔히 출몰하고 있었기 때문에, 그의 할아버지는 아버지의 나라로 가는 데 배를 이용하라고 간곡히 타일렀다. 그러나 젊은 테세우스는 영웅 같은 용기와 기개를 지니고 있었고, 게다가 당시 그리스 전국에 명성을 떨치고 있던 헤라클레스처럼 자기도 악인이나 괴물을 퇴치하여 이름을 날리고 싶다고 생각하고 있었던 까닭에 오히려 이 위험이 많은 육로를 선택하기로 했다.

여행 첫날, 그는 에피다우로스에 닿았다. 이곳에는 헤파이스토스의 아들 펠리페테스가 살고 있었다. 그는 난폭한 야만인으로서 언제나 쇠망치를 들고 다니며 나그네들을 괴롭히고 있었다. 그는 테세우스가 가까이 오는 것을 보자 여느 때처럼 덤벼들었으나 금방 이 영웅에게 맞아 죽고 말았다. 테세우스는 이 사나이의 쇠망치를 빼앗자 그것을 승리의 기념으로 언제나 들고 다니기로 했다. 그 후에도 그는 숱한 악인들과 싸웠으며 그때마다 이겼다. 그런 악인들 중에 프로크루스테스, 즉 '잡아당겨 늘리는 사나이'라고 불리는 자가 있었다. 그는 쇠로 된 침대를 가지고 있었는데, 나그네가 오면 언제나 이 침대에 붙잡아맸다. 그리고 나그네의 몸이 그 침대보다 짧으면 팔다리를 잡아당겨 침대에 맞추고, 반대로 길면 그 부분을 잘라버리는 것이었다. 그러나 테세우스는 이 사나이를 그가 나그네에게 하던 그대로 갚아주었다.

이런 갖가지 위험을 겪은 끝에 테세우스는 드디어 아테네에 닿았다. 그러나 이곳에도 새로운 위험이 그를 기다리고 있었다. 마법사인 메데이아가 이아손과 헤어진 후 코린토스에서 도망쳐 와서 테세우스의 부친 아이게우스의 아내가 되어 있었던 것이다. 그녀는 마법의 힘으로 이 젊은이가 누구인가를 알았고, 만일 테세우스가 아이게우스의 아들로 인정받게 되면 남편에 대한 자기의 세력이 없어질 것을 두려워했다. 그래서 그녀는 남편 아이게우스의 마음을 의심으로 채워 충동질해서 이 젊은이에게 독이 든 술잔을 권하게 했다. 그러나 테세우스가 그것을 받아 마시려는 순간, 그가 차고 있던 칼을 본 부친은 곧 이 젊은이를 알아보고 운명의 술잔을 떨쳐버렸다. 메데이아는 자기의 죄가 드러나자 아시아로 달아났다. 그런 까닭에 이 지방은 그 후 그녀의 이름을 따서 '메데이아' 라고 부르게 된 것이다. 그리고 테세우스는 부친에게 인정되어 후계자가 되었다.

당시 아테네 사람들은 크레타의 왕 미노스에게 강제로 바쳐야 할 제물 때문에 깊은 수심에 차 있었다. 그들은 해마다 일곱 명의 청년과 일곱 명의 처녀를 인간의 몸뚱이와 암소의 머리 모습을 한 미노타우로스라는 괴물에게 제물로 바쳐야 했던 것이다. 이 괴물은 힘이 몹시 세고 성질도 거칠었기 때문에 다이달로스가 만든 미궁에 갇혀 있었다. 이 미궁은 매우 교묘하게 만들어졌기 때문에, 일단 그 속에 들어간 이상 혼자의 힘으로는 나올 수가 없었다. 미노타우로스는 이 안을 멋대로 돌아다니며 인간을 먹이로 삼고 있었다.

테세우스는 이런 재난에서 백성을 구해 주기로 결심했다. 그래서 제물을 바칠 때가 되자 그는 부친의 간곡한 만류도 뿌리치고 자진해서 그 제물의 한 사람이 되었다. 배는 전과 같이 검은 돛을 올리고 나아갔다. 테세우스는 부친에게 자기가 승리하고 돌아올 때에는 검은 돛 대신 흰 돛을 올리겠다고 약속했다. 일행이 크레타에 닿자 청년과 처녀들은 미노스 앞으로 끌려 나갔다. 그런데 그 자리에 있던 왕의 딸 아이아드네는 테세우스의 모습을 보고 사랑하게 되었고, 테세우스 역시 그 사랑에 응했다. 아리아드네는 그에게 칼 한 자루를 내주면서 그것으로 미노타우로스와 싸우라고 말하고, 또한 실타래를 주어 이것을 풀어나가면 미궁에서 나올 수가 있다고 말했다. 덕분으로 그는 손쉽게 미노타우로스를 죽이고 미궁에서 탈출하자, 아리아드네를 데리고 동료들과 함께 아테네를 향해 떠났다. 도중에 일행은 낙소스 섬에 들렀는데, 이곳에서 테세우스는 잠든 아리아드네를 남겨두고 떠나버렸다. 은인에 대한 그의 이런 배은망덕한 행위는 꿈속에 나타난 아테나 여신의 명령에 따른 것이었다.

그런데 아티카 해안에 닿았을 때, 테세우스는 부친과 약속한 사실을 깜빡 잊고 흰 돛을 올리지 않았다. 그래서 나이든 왕은 자기 아들이 죽은 줄 알고 스스로 목숨을 끊었다. 이리하여 테세우스는 아테네의 왕이 되었다.

테세우스의 모험 가운데에서도 가장 유명한 것은 아마존 족의 정벌이었다. 그는 이 종족을 습격하여 여왕 안티오페를 납치해 왔다. 그러자 이번에는 아마존 족이 아테네로 쳐들어왔다. 그리고 테세우스가 승리를 얻은 마지막 전투는 바로 아테네의 중심부에서 있었던 것이다.

테세우스와 페이리토스와의 우정은 매우 돈독했는데, 그 시작은 서로 무기를 들고 대적하고 있을 때였다. 페이리토스는 마라톤 들판으로 침입하여 이 아테네 왕이 소유하고 있는 소 떼들을 끌고 가려고 했다. 그래서 테세우스는 이 침략자들을 격퇴하러 갔다. 그런데 페이리토스는 테세우스의 모습을 보자마자 감복하고 말았다. 그리고 휴전의 표시로 오른손을 들고 이렇게 외쳤다.

"처분대로 하시오. 그대는 어떤 배상이 필요한가?"

아테네의 왕은 대답했다.

"자네의 우정일세."

그리고 두 사람은 두터운 신의를 맹세했다. 그들의 우정은 오랫동안 계속되었다. 그리고 두 사람은 각기 제우스의 딸을 아내로 삼고자 했다. 테세우스는 헬레네를 택했다. 헬레네는 당시 아직 어린애였으나 뒤에는 트로이 전쟁의 원인이 된 유명한 미인이었다. 테세우스는 친구의 도움을 빌려 이 헬레네를 납치해 갔다. 페이리토스는 암흑의 나라의 왕비 페르세포네를 원했다. 그래서 테세우스는 위험을 무릅쓰고 친구와 함께 명계로 내려갔다. 그러나 하데스는 이들을 잡아 궁전 문 앞에 있는 마법의 바위 위에 가두었다. 그때 헤라클레스가 와서 테세우스를 구해냈으나 페이리토스는 결국 운명에 맡길 수밖에 없었다.

안티오페가 죽은 뒤, 테세우스는 크레타의 왕 미노스의 딸인 파이도라와 결혼했다. 그녀는 테세우스의 아들 히폴리토스에게서 그의 부친을 닮은 매력과 자기와 같은 나이가 지니는 매력을 느끼고 있었다. 그녀는 곧 그를 사랑하게 되었다. 그러나 젊은이는 이 계모의 사랑을 단호히 뿌리쳤다. 그러자 그녀의 사랑은 증오로 변했다. 그녀는 마침내 남편이 자기에게 푹 빠져 있는 것을 미끼로 남편으로 하여금 그 아들을 질투하게 만들었다. 그러자 남편은 포세이돈에게 빌어 아들에게 복수를 하게 했다.

어느 날 히폴리토스가 바닷가에서 이륜차를 몰고 있을 때 바다의 괴물이 파도 사이에서 갑자기 모습을 나타냈다. 그 때문에 놀란 말은 함부로 달리기 시작했으며 이륜차를 산산조각으로 부수어 버렸다. 히폴리토스는 이렇게 해서 죽었는데, 아르테미스의 도움으로 아스클레피오스가 다시 그를 되살렸다. 아르테미스는 히폴리토스를 어리석은 부친과 부정한 계모 밑에서 구해내 이탈리아로 데리고 간 다음 에게리아라는 님프에게 보호시켰다.

테세우스도 마침내 국민의 지지를 잃어 스킬로스 왕 리코메데스의 궁전에서 은거했다. 왕은 처음에는 테세우스를 따뜻하게 맞았으나 얼마 안 가서 그를 배반하여 죽이고 말았다. 훗날, 아테네의 장군 키몬은 테세우스의 유해를 찾아 그것을 아테네로 옮겨갔다. 그리고 유해는 이 영웅을 위해 세워진 테세이온 신전에 안치되었다.

멜레아그로스의 죽음

아르고호 원정에 참가한 영웅 중에 멜레아그로스가 있었다. 칼리돈의 왕 오이네우스와 그의 아내 알타이아 사이에서 태어난 아들이었다. 알타이아는 아이가 태어났을 때 세 명의 모이라(운명의 여신)들을 보았다. 운명의 실을 잣는 이 여신들은, 이 아이는 지금 화덕 안에서 타고 있는 장작이 완전히 타버릴 때 죽게 될 것이라고 예언했다. 그래서 알타이아는 그 타다 남은 장작의 불을 꺼서 몇 년 동안 소중히 간직해 두었다. 멜레아그로스는 소년으로, 청년으로, 그리고 어느덧 장년이 되었다.

그러던 어느 날, 부친 오이네우스는 신들에게 제물을 바치다가 그만 아르테미스에게만은 그 예의를 잊었다. 여신은 자기를 소홀히 한 것에 노하여 한 마리의 큰 산돼지를 보내 칼리돈의 논밭을 모조리 황폐화시켰다. 그 산돼지의 눈은 피와 불에 이글이글 빛났고 털은 날이 잘 선 창처럼 뻣뻣하고 날카로웠으며, 이빨은 인도에 사는 코끼리의 이빨 같았다. 곡식은 짓밟히고 포도나 올리브 나무도 다 망가졌으며 양 떼도 소 떼도 이 사나운 짐승에게 쫓겼다.

멜레아그로스는 그리스의 영웅들에게 격문을 보내 이 괴물을 퇴치하는 용감한 사냥에 참가할 것을 호소했다. 그리고 테세우스와 그의 친구 페이리토스, 이아손, 뒤에 아킬레우스의 부친이 되는 펠레우스, 네스토르 등의 영웅들이 사냥에 모두 참가했다. 아르카디아의 왕 이아소스의 딸 아탈란테도 달려왔는데, 그녀의 얼굴은 여성이 지니는 아름다움과 용감한 청년이 지니는 매력을 겸비하고 있었다. 그 모습을 보자 멜레아그로스는 사랑에 빠졌다.

그 사이 일행은 이미 괴물이 사는 동굴 근처에 이르고 있었다. 그들은 강한 밧줄을 나무에 쳤다. 그리고 개를 풀어 산돼지의 발자국을 찾으려 했다. 숲에는 늪으로 내려가는 언덕이 있었다. 이곳에 산돼지가 숨어 있었는데, 개들이 짖어대는 소리를 듣자 산돼지는 갑자기 개들을 향해 훌쩍 뛰어나왔다.

이아손은 자기에게 승리를 달라고 아르테미스 여신에게 빌면서 들고 있던 창을 던졌다. 그 기도를 듣고 기분이 좋아진 여신은 그 창이 산돼지에게 맞도록 했다. 그러나 상처를 입히는 것은 허용치 않았다. 네스토르는 산돼지의 습격을 받자 근처의 나뭇가지 위로 뛰어올라 몸을 피했다. 드디어 아탈란테가 쏜 화살이 돼지에게 맞아 상처를 입혔다. 그것은 매우 가벼운 상처였지만, 멜레아그로스는 그것을 보자 기쁘게 그녀의 공적을 칭찬했다. 테세우스도 창을 던졌으나 빗나가고 말았다. 이아손이 던진 창도 과녁에서 빗나가 자기들의 사냥개를 죽이고 말았다. 이때 멜레아그로스가 날쌔게 달려들어 창으로 산돼지를 꿰뚫었다. 주위에서 환성이 올랐다. 일동은 승리자에게 축하의 말을 건네며 기뻐했다. 멜레아그로스는 이 산돼지의 머리와 털가죽을 아탈란테에게 선사했다. 그러자 질투심이 일어난 멜레아그로스의 외삼촌 프렉시포스와 톡세우스는 이 선물에 반대했다. 그리고 아탈란테의 전리품을 빼앗아 버렸다. 멜레아그로스는 자기에 대한 이 무례한 짓에 불같이 노하여 흥분 때문에 그들이 친척이라는 사실도 잊고 두 사람을 칼로 찔러 죽였다.

이런 사실을 꿈에도 모르는 알타이아는 아들의 승리를 감사하여 신전으로 제물을 바치러 갔다가 살해된 동생들의 시체를 보았다. 그녀는 울부짖으며 가슴을 치고 허둥지둥 상복으로 갈아입었다. 그러나 그 살해자가 바로 자기 아들이라는 사실을 알자, 슬픔은 사라지고 아들에 대한 불 같은 노여움이 치밀어 올랐다.

그녀는 자기가 그 옛날 불 속에서 꺼낸 그 타다 남은 운명의 장작을, 운명의 여신들이 멜레아그로스의 목숨과 결부시킨 그 장작을 꺼내어 불을 준비시켰다. 그리고 네 번이나 그 불 속에다 장작을 던져 넣으려다가는 그때마다 아들을 생각하고 몸을 떠는 것이었다. 모친으로서의 감정과 누이로서의 감정이 마음속에서 다투는 것이었다. 자기가 저지르려는 짓을 생각하고 얼굴이 창백해지는가 하면, 다음 순간에 아들의 소행에 대한 노여움으로 다시 흥분을 이기지 못했다. 그러나 잠시 후 누이로서의 감정이 모친으로서의 감정을 눌러버렸다. 그래서 그녀는 운명의 장작을 움켜쥐고 이렇게 말했다.

"보십시오, 복수의 여신님. 제가 바치는 제물을 보시옵소서! 죄에는 죄로 보상해야 합니다. 테스티오스 가문이 두 아들을 잃고 슬픔에 잠겨 있는데, 오이네우스만이 승리의 기쁨에 들떠 있어야 하겠습니까? 동생들아, 어머니로서의 내 나약함을 용서해다오. 이 손이 좀체 말을 듣지 않는구나. 물론 그 애가 한 짓은 천 번 죽어 마땅하다. 하지만 꼭 내 손에 죽어야 한다는 법은 없다. 그렇다고 그 애를 살려두어 이 칼리돈을 지배하게 만들 수야 없지. 안 돼, 안 돼요! 멜레아그로스야, 너는 내가 그 장작불을 꺼준 덕분으로 오늘까지 살아온 것이다. 이제 너는 죽음으로 네 죄를 씻어야 하느니라. 오오, 이렇게 될 줄 알았다면 차라리 그때 죽는 편이 좋았을 것을! 그러나 동생들아, 너희들이 승리한 것이다."

그녀는 말을 마치자, 고개를 돌리고 그 운명의 장작을 불 속에다 던져 넣었다. 장작은 무서운 신음소리를 냈다. 멜레아그로스는 영문도 모르고 갑자기 고통을 느끼기 시작했다. 그의 몸이 불에 타기 시작한 것이다. 그는 자기를 태워버리려는 그 불길에 용감한 긍지만으로 이기려고 했다. 피도 흘리지 않고 명예도 얻을 수 없는 그런 죽음에 의해 자기가 멸망해 가는 사실만을 안타까워했다. 그는 마지막 남은 힘을 다해 늙은 부친과 형과 상냥한 누이들의 이름을 부르고, 또한 사랑하는 아탈란테의 이름을, 그리고 또한 자기를 죽음으로 몰아넣은 당사자인 어머니의 이름을 애타게 부르는 것이었다. 불은 훨훨 타오르고 그의 고통도 더욱 심해졌다. 이윽고 그 불길도 고통도 약해지고 드디어 모두 사그라졌다. 장작은 재가 되고 멜레아그로스의 생명은 몰아치는 바람을 타고 그렇게 사라지고 말았다.

한편, 알타이아는 장작을 불 속에 던져 넣은 다음 스스로 목숨을 끊었다. 멜레아그로스의 누이들은 동생의 죽음을 슬퍼했는데 그 처절한 슬픔은 아무도 위로할 수 없을 정도였다. 그러자 아르테미스는 한때 자기를 화나게 만들었던 이 집안의 불행을 이제는 딱하게 생각하고 그녀들을 새로 변하게 했다.

사자로 변한 아탈란테

멜레아그로스의 슬픔의 원인은, 여자로서는 매우 보기 드문 아탈란테라는 처녀에게 있었다. 그녀는 언젠가 운명을 신탁에 물은 적이 있었는데, 그 내용은 다음과 같았다.

"아탈란테여, 그대는 결혼하지 말라. 결혼하면 멸망하리라."

그녀는 이 신탁의 계시가 겁이 나 남자들과의 교제를 피하고 사냥에만 열중했다. 그리고 모든 구혼자에게 하나의 조건을 내세워 성가신 청혼을 교묘하게 피하고 있었다. 그 조건이란 경주를 해서 자기한테 이기는 자에게 시집을 가기로 하되, 만일 그가 지면 그 벌로 죽어야 한다는 것이었다. 이와 같이 어려운 조건이었는데도 불구하고 위험한 도박을 해보려는 사람이 있었다. 히포메네스는 이 경주를 심판할 작정이었는데, 그는 이렇게 말했다.

"그까짓 여자 하나 때문에 그런 위험을 무릅쓰다니, 바보 같은 사람들도 다 있군."

그런데 막상 경주를 하려고 옷을 벗어던진 아탈란테의 모습을 보자, 그는 생각을 고쳐 이렇게 말했다.

"나의 비웃음을 용서하시오, 여러분. 나는 당신들이 다투고 있는 여인을 잘 모르고 있었소."

그는 젊은이들을 바라보면서 그들 모두가 경주에서 패배하기를 원했으며, 혹시 조금이라도 이길 가능성이 보이는 자에게는 불타는 질투가 끓어올랐다.

그가 이런 생각을 하고 있는 사이, 처녀는 날듯이 질주하기 시작했다. 그녀와 겨룬 젊은이들은 모두 졌으며 무자비하게 죽었다. 그러나 히포메네스는 이런 결과에 조금도 겁먹지 않고 처녀를 바라보면서 말해다.

"당신은 어째서 이런 굼벵이들한테 이겼다고 우쭐하는 겁니까? 이번엔 내가 당신을 상대해 드리겠소."

아탈란테는 불쌍하다는 듯이 그를 보면서 망설였다. '어떤 신이 이렇게 젊고 잘생긴 사람을 충동질해서 목숨을 버리게 만들려는 것일까? 이 사람이 불쌍하구나. 그것은 이 사람이 잘생겼기 때문만이 아니고, 젊기 때문이야. 이 사람이 경주를 포기했으면 좋으련만. 아니면 제발 나보다 빨리 달릴 수 있었으면 좋겠다.'

이런 생각으로 망설이고 있으려니 구경꾼들은 기다리다 지쳐 어서 경주를 시작하라고 아우성이었다.

그때 히포메네스는 아프로디테를 향해 기도를 드렸다.

"아프로디테 님, 저를 도와주십시오. 제가 이렇게 된 것도 사랑의 여신인 당신 때문입니다."

그러자 여신은 그의 소원을 받아들이고 자비를 베풀었다. 아프로디테에게 바쳐진 키프로스 섬의 신전 뜰에는 누런 잎과 가지, 금빛 열매가 달린 나무가 한 그루 있었다. 여신은 이 나무에서 세 개의 사과를 따서 아무도 몰래 히포메네스에게 주고 그 사용법을 가르쳐 주었다.

신호의 나팔이 울리자 두 사람은 출발하여 날 듯이 뛰어갔다. 관중들은 큰 소리로 히포메네스를 응원했다. 그러나 젊은이는 차츰 숨이 차고 목이 말라 왔다. 그러나 결승점은 아직도 멀었다. 그는 가지고 있던 황금 사과 한 개를 던졌다. 아탈란테는 그것을 보고 깜짝 놀랐다. 그리고 멈춰 서서 그것을 주웠다. 그 틈에 히포메네스는 그녀를 앞질렀다. 사방에서 환성이 올랐다. 그러나 아탈란테는 다시 힘차게 달려 순식간에 그를 따라갔다. 그는 또다시 사과를 던졌다. 그녀는 다시 발을 멈춰 사과를 줍더니 금세 그를 따랐다. 이제 결승점은 눈앞에 있었다. 남은 기회는 한 번 뿐이었다.

"여신님, 당신이 주신 물건에 힘을 주십시오."

그는 이렇게 말하면서 마지막 사과를 힘껏 던졌다. 아탈란테는 그것을 보자 망설였다. 그러나 아프로디테는 그녀가 그것을 줍지 않을 수 없게 만들었다. 마침내 아탈란테는 그것을 주우러 갔고 경주에 지고 말았다. 이리하여 젊은이는 아탈란테를 데리고 갔다.

그러나 이 두 사람은 너무나 자기들의 행복에만 빠져 그들을 맺어준 아프로디테에게 인사하는 일을 잊어버렸다. 여신은 은혜를 모르는 이 두 사람에게 화가 나서 그들로 하여금 키벨레의 노여움을 살 행동을 시켰다. 키벨레 여신이 이들의 무례를 눈감아 줄 리 없었다. 그녀는 이 두 사람에게서 인간의 모습을 박탈하고 그들을 그 성격에 닮은 짐승으로 만들어 버렸다. 구혼자들을 가차 없이 죽여온 아탈란테는 암사자로, 그리고 그녀의 주인이고 남편인 히포메네스는 수사자로 모습을 바꾸어 이 두 마리의 사자로 하여금 자기의 수레를 끌게 한 것이다. 오늘날에도 이 두 사람은 여신 키벨레를 그린 조각이나 그림 등의 작품에서 사자의 모습으로 나타나 있는 것을 볼 수 있다.

신화에 나오는 괴물들

신화에는 여러 가지 괴물들, 즉 사람도 아니고 짐승도 아닌 이상한 형상의 괴물들이 많이 등장한다. 페르세우스가 퇴치한 고르곤(머리카락이 모두 뱀으로 된 세 자매의 괴물), 오이디푸스가 추방한 스핑크스 등이 그 대표적인 예이다.

기간테스

기간테스(거인들)는 주로 몸의 크기가 인간과 다른 것을 말한다. 이 기간테스에도 여러 부류가 있다. 인간적인 기간테스, 예컨대 키클로페스·안타이오스·오리온 등은 인간과 아주 동떨어진 것이라고는 할 수 없다. 그들은 인간과 사랑하기도 하고 싸우기도 했기 때문이다. 그러나 신들과 전쟁을 한 초인적인 기간테스는 굉장히 큰 체구를 지니고 있었다. 티티오스는 몸을 풀밭에 눕히면 36m나 되었다고 하며, 엥케라도스는 신이 그를 눌러두기 위해 아이트나 산을 모두 올려놓았을 정도였다. 이런 기간테스가 신들을 상대로 한 전쟁에 대해서는 이미 말한 바 있거니와, 이런 전쟁이 계속되고 있는 동안 기간테스는 무시할 수 없는 적이었다. 그 중에는 브리아레오스처럼 백 개의 팔을 가진 것도 있었고, 티폰처럼 불을 내뿜는 것도 있었다.

한때는 이 기간테스를 두려워한 신들이 이집트까지 도망하여 여러 동물의 모습으로 변해 몸을 감추고 있었을 정도였다. 제우스는 황소로 모습을 바꾸었다. 그래서 그 후 이집트에서는 구부러진 뿔을 지닌 암몬 신으로서 제우스를 숭배했다. 아폴론은 까마귀로, 디오니소스는 염소로, 아르테미스는 고양이로, 헤라는 암소로, 아프로디테는 물고기로, 헤르메스는 새로 변신했다.

이 기간테스는 언젠가 하늘로 쳐들어가려고 옷사 산을 들어 올려 펠레온 산 위에 쌓은 적도 있었다. 그러나 그들도 결국 벼락에 의해 진압되었다. 이 벼락은 아테네가 제우스를 위해 발명한 것으로서, 여신은 그것을 헤파이스토스와 그의 키클로페스들에게 가르쳐서 만들게 한 것이다.

켄타우로스

이 괴물은 머리에서 허리까지가 사람이고, 나머지는 말의 형상이었다. 켄타우로스들은 인간과의 교제가 허용되어 있었기 때문에, 페이리토스와 히포다메이아가 결혼할 때에도 다른 손님과 같이 초대되었다. 그런데 이 축하연 자리에서 켄타우로스 족의 하나인 에우리티온이 술에 만취되어 신부에게 무례한 짓을 하려고 했다. 그러자 다른 켄타우로스들도 이에 합세하였기 때문에 무서운 싸움이 일어나 몇 명이 죽었다. 이것이 그 유명한 라피테스 족과 켄타우로스 족의 싸움이다.

그러나 켄타우로스들 모두가 거칠다는 것은 아니다. 케이론이라는 켄타우로스는 아폴론과 아르테미스에게 가르침을 받아 사냥·의술·음악에 대한 조예가 매우 깊었다. 아르고호를 타고 황금의 양털을 찾은 이아손이나 트로이 전쟁의 용사인 아킬레우스도 모두 이 케이론의 제자였다. 특히 나이 어린 아스클레피오스는 부친 아폴론에 의해 케이론에게 맡겨진 인물이었다. 케이론이 이 어린애를 집으로 데리고 오자 그의 딸 오키로에가 나와 그를 맞았는데, 어린애를 보자 그 애가 차지할 영광을 예언했다. 아스클레피오스는 장성하자 유명한 의사가 되어 죽은 자를 살려내기도 했다. 이렇게 되자 명계의 왕 하데스는 화를 냈으며, 제우스는 하데스의 소원을 받아들여 이 훌륭한 의사를 벼락으로 죽였는데, 죽은 뒤에는 딱하게 여겨 그를 신들의 자리에 끼워주었다.

케이론은 모든 켄타우로스 중에서 가장 현명하고 가장 공정하였으므로, 제우스는 그가 죽자 궁수자리라는 별자리 안에 그를 두었다.

피그마이오스

피그마이오스란 소인족을 가리키며, 이는 팔꿈치에서 가운뎃손가락까지의 길이가 13인치(약 33㎝)라는 것을 뜻하는, 그리스어에서 나온 말이다. 그것이 이 종족의 키였다.

그들은 네일로스 강(지금의 나일 강)의 수원지 근처에 살고 있었다. 해마다 겨울이 되면 이곳에 학이 모여들었는데, 이 작은 민족에게 학의 출현은 피 흘리는 전쟁의 신호였다. 그들은 무기를 들고 이 욕심스러운 학으로부터 그들의 논밭을 지키지 않으면 안 되었다.

피그마이오스의 군대는 언젠가 헤라클레스가 잠들어 있는 것을 보고, 마치 한 나라를 공격하기라도 하듯이 이 영웅을 습격할 준비를 했다. 그러나 헤라클레스는 잠에서 깨어나자 이 작은 군대들을 보고 웃으면서 사자 가죽에 싸가지고 돌아왔다.

그립스

그립스(그리핀 또는 그리폰)는 사자의 몸에 독수리의 머리와 날개를 달고 있고, 등은 깃털로 덮인 괴물이다. 그들은 새처럼 둥지를 짓는다. 그리고 유난히 긴 발톱을 가지고 있었는데, 그 크기는 그 나라 사람들이 술잔으로 만들 정도로 컸다.

인도가 이들의 고향이라고 하는데, 그들은 산에서 황금을 찾아내 그 황금으로 둥지를 만들었다. 그래서 그들의 둥지는 사냥꾼들이 매우 탐을 내며 호시탐탐 엿보고 있었으므로 밤에도 자지 않고 그것을 지켜야 했다. 그립스들은 본능적으로 보물이 매장되어 있는 곳을 알았다. 그리고 전력을 다해서 그들의 적인 약탈자들을 막았다.

다이달로스와 이카로스

테세우스가 아리아드네의 실타래를 이용하여 탈출한 그 미궁은 다이달로스라는 매우 솜씨 좋은 발명가가 만든 것이다. 그 건축물에는 헤아릴 수 없을 만큼 많은 꼬불꼬불한 길과 미로가 서로 연결되고 있었다. 어디가 처음이고 어디가 끝인지 분간할 길이 없었다. 마치 마이안드로스 강이 원류를 거슬러 올라가기도 하고, 어떤 때는 앞쪽으로 흐르고 있는가 싶으면, 다시 역류하여 바다로 나아가는 것과 비슷했다.

다이달로스는 이 미궁을 미노스 왕을 위해 만들었는데, 그 후 왕의 총애를 잃고 탑 안에 갇히게 되었다. 그는 그곳에서 도망치려고 했으나, 바다를 건너 그 섬을 빠져나갈 재주가 없었다. 왕이 모든 배를 엄중히 감시시키고 있어 탈출은 도저히 불가능했던 것이다.

다이달로스는 생각 끝에 이렇게 혼잣말을 했다.

"미노스가 육지와 바다를 지배할 수는 있어도 하늘을 지배할 수는 없을 것이다. 그러니 하늘로 도망쳐 보자."

그는 자기와 어린 아들 이카로스를 위해 날개를 만들기 시작했다. 새의 깃털을 이용해 가장 짧은 깃털부터 차츰 큰 깃털을 이어가 부채 모양으로 만들었다. 큰 날개는 실로 꿰매고 작은 날개는 초를 녹여 붙여 전체를 새의 날개처럼 가볍게 구부렸다. 이카로스는 곁에서 부친의 꼼꼼한 작업을 보고 있었는데, 이따금 날개를 모으러 뛰어다니기도 하고 초를 만지거나 그것을 고치거나 하면서 아버지의 일을 성가시게 방해했다.

일이 완성되자 다이달로스는 날개를 퍼덕여 보였다. 그러자 몸이 떠올라 그대로 공중에 머물렀다. 이어 그는 아들에게도 같은 날개를 달아주고 나는 법을 가르쳐 주었다. 그것은 어미새가 새끼새를 높은 둥지에서 하늘로 데리고 나가는 것과 비슷했다. 이렇게 모든 준비가 갖추어지자 그는 차분히 말했다.

"이카로스야, 반드시 한가운데를 날아야 한다. 알겠니? 너무 낮은 곳을 날면 파도의 습기로 날개가 무거워지고, 너무 높은 곳을 날면 햇빛으로 날개가 녹아버리니까 조심해야 한다. 내 곁에서 나란히 따라오너라."

거듭 주의를 주고 아들의 어깨에 날개를 달아주는 사이에도 그의 얼굴은 눈물에 젖었고 손은 떨렸다. 그는 아들에게 키스를 했는데, 설마 그것이 마지막 키스가 되리라고는 꿈에도 생각지 못했다. 이윽고 날개를 타고 공중으로 날아오르자 아들에게 자기의 뒤를 따르라고 일렀다. 그는 하늘을 날면서 계속 뒤돌아보며 아들이 나는 모습을 보고 있었다.

그들은 왼쪽으로 사모스 섬과 델로스 섬을, 오른쪽으로는 레빈토스 섬을 바라보면서 날아갔는데, 이때 소년은 자기가 날고 있다는 사실에 너무 기뻐서 아버지에게서 떨어져 하늘로 다가가려는 듯 높이 올라가기 시작했다. 그리고 불타는 태양 곁으로 다가갔는데, 그 때문에 날개를 붙이고 있던 초가 녹아 날개는 떨어져 나가고 말았다. 그는 두 손을 허우적거리며 아버지에게 도움을 청했으나 이내 바다로 떨어져 파도에 삼켜지고 말았다. 이 바다는 뒤에 그의 이름을 따서 '이카로스해'라고 부르게 되었다. 이카로스의 모습이 보이지 않자, 부친은 외쳤다.

"이카로스, 이카로스야, 어디로 갔느냐?"

다이달로스는 날개가 바다 위에 떠 있는 것을 보았다. 그는 자신의 기술을 한탄하면서 시체를 파묻고 그 고장을 이카리아라고 이름 붙였다. 다이달로스는 무사히 시켈리아(지금의 시칠리아) 섬에 닿았으며, 그곳에 아폴론 신전을 세우고 자기의 날개를 이 신에게 바쳤다.

다이달로스는 자기의 기술에 대단한 긍지를 품고 있었기 때문에 자기와 어깨를 겨눌 만한 사람이 있다는 것은 생각할 수도 없었다. 그의 누이는 아들인 페르딕스를 그에게 맡겨 기계기술을 가르쳤다. 페르딕스는 재주 있는 제자여서 연구 결과를 여러 형태로 실증해 보였다. 그는 바닷가를 걷다가 물고기의 등뼈를 주웠는데 그것을 본떠 철판 한쪽에 날을 만들어 톱을 발명했다. 또한 두 개의 쇠로 컴퍼스를 만들기도 했다. 다이달로스는 이런 조카의 재주를 몹시 시기하여, 어느 날 높은 탑을 걷고 있는 그를 떼밀어 버렸다. 그러나 발명의 재간을 사랑하는 아테나 여신은 그가 떨어지는 것을 보고 그 목숨을 구했으며, 그의 모습을 새로 바꾸어 주었다.

이 새는 그의 이름을 따서 페르딕스라고 불렀다. 이 새는 나무 위에 둥지를 짓지도, 높이 날지도 않았으며 울타리 속에 숨어 살면서 추락할까봐 두려워 높은 곳을 피해 다녔다.

조국을 배반한 스킬라

크레타의 왕 미노스는 메가라와 전쟁을 시작했다. 니소스는 메가라의 왕이었고, 스킬라는 그의 딸이었다.

포위공격은 이미 6개월이나 계속되어 메가라는 고전을 면치 못하고 있었다. 그럼에도 메가라는 여전히 그 공격에 견디고 있었는데, 거기에는 까닭이 있었다. 니소스 왕의 머리카락 속에 빛나고 있는 한 웅큼의 주홍빛 털이 그의 머리에 있는 이상 이 나라는 함락되지 않게 되어 있었기 때문이다.

이 도시의 성벽에는 탑이 하나 있었는데, 그곳에서 미노스와 그 군대가 진영을 치고 있는 들판이 내려다보였다. 스킬라는 종종 이 탑에 올라 적의 진영을 내려다보았다. 그리고 포위가 너무나 오래 계속되었기 때문에 스킬라는 적군의 장군들의 얼굴이나 이름을 하나하나 외우게 되었다.

미노스의 모습은 그녀의 마음을 사로잡았다. 투구를 쓰고 방패를 든 그의 우아한 풍채는 그녀의 마음을 뒤흔들어 놓았다. 그가 창을 던지면 그 순간에 모든 것이 얼어붙을 것만 같았다. 활시위를 당길 때면 아폴론이라도 그 이상 우아할 수는 없었을 것이다. 그가 투구를 벗고 화려한 백마에 올라탄 모습을 보았을 때, 니소스의 딸은 더 이상 자신을 억제할 수가 없었다. 그녀는 미노스에게 완전히 빠져 있었다. 당장이라도 적군 속을 뚫고 그에게 날아가고 싶었다. 그 탑 위에서 적의 진영 한복판으로 몸을 던지거나 그를 위해 성문을 활짝 열어주고도 싶었다. 미노스를 기쁘게 해줄 수 있다면 어떤 일이라도 다 해주고 싶은 충동을 느꼈다. 그녀는 탑에 앉아 혼잣말을 했다.

"나는 이 처참한 전쟁을 슬퍼해야 할지 기뻐해야 할지 모르겠구나. 미노스가 우리의 적이라는 사실은 원망스럽지만, 그분의 얼굴을 볼 수 있다면 이유야 어찌됐든 나는 기쁘다. 날개를 타고 그분의 진영으로 내려가 그에게 몸을 맡길 수 있다면… 하지만 그런 짓을 하면 아버님을 배반하는 것이다. 안 된다. 그보다는 차라리 내가 죽어 미노스를 다시 보지 않는 편이 낫다. 아아, 그렇기는 하지만 미노스한테 정의가 있음은 분명해. 그렇다면 어째서 사랑의 힘이 그분을 위해 성문을 열어서는 안 된다는 것인가? 어차피 무력으로 성문이 열릴 것은 분명하지 않은가! 그리고 만일 누군가가 미노스를 죽이거나 한다면! 설마 그렇게야 안 되겠지만, 만일이라는 것이 있다."

그녀는 계속해서 중얼거렸다.

"그럴 바에야 차라리 그분한테 몸을 맡기고 이 나라를 지참금으로 해서 이 전쟁을 끝내자. 하지만 어떻게? 문에는 문지기가 있고 그 열쇠는 아버님이 갖고 계시니. 아버님이 방해가 되는구나. 오오, 신들의 뜻으로 아버님을 데려가 주신다면 좋으련만! 하지만 안 될 말이다. 사랑을 위해 부모와 나라를 팔다니! 그렇지만 다른 여자였다면, 나처럼 이렇게 뜨거운 사랑을 하고 있다면, 자기 손으로 사랑의 방해물을, 설령 그것이 무엇이건 제거하리라. 아아, 이제 내게 필요한 것은 아버님의 주홍빛 머리카락이다. 내게는 황금보다 귀중한 것이지."

그녀가 이렇게 자신을 납득시키고 있는 사이에 어느덧 밤이 왔으며, 메가라의 성은 잠이 들었다.

스킬라는 결심을 굳히고 부친의 침실로 숨어들어가 그 운명의 머리카락을 잘랐다. 그리고는 성을 빠져나와 적의 진영으로 달려갔다. 그녀는 적병에게 자기를 미노스 왕에게 데려가 달라고 말했고, 왕 앞에 나가자 이렇게 말했다.

"저는 니소스의 딸 스킬라입니다. 저는 당신에게 이 나라와 아버지와 집을 바칩니다. 그 대가로는 당신 자신밖에는 아무런 것도 필요치 않습니다. 저는 당신을 사랑하는 까닭에 이런 짓을 저지른 것입니다. 이 주홍빛 머리카락을 보십시오. 이 머리카락과 함께 저는 부친과 이 왕국을 당신에게 드립니다."

그녀는 말을 마치자 운명의 약탈품을 내밀었다. 그러나 미노스는 뒷걸음질을 치면서 외쳤다.

"신들이 너를 멸망케 하셨으면 좋겠다, 이 간악한 여인아! 우리 시대의 수치다! 땅도 바다도 네게 안식처를 주지 않기를! 우리 크레타의 땅을, 그 제우스의 요람지를 이런 짐승 같은 여자로 더럽힐 수는 없다!"

스킬라는 미노스의 이 말을 듣자 앙칼지게 쏘아붙였다.

"이 배은망덕한 자여, 그래 나를 이렇게 버리고 간단 말이냐! 승리를 준 나를, 너를 위해 부모도 나라도 희생한 나를! 나는 죄를 지었으니 죽어 마땅하지만 네 손에 죽고 싶지는 않다."

미노스의 함대가 바닷가를 막 떠나가려고 하자, 그녀는 바다로 뛰어들더니 배에 매달려 따라갔다. 그러자 하늘 높이 날고 있던, 그녀의 부친이 변신한 물수리가 그녀를 발견하자 덤벼들어 부리와 발톱으로 그녀를 습격했다. 그녀는 무서움에 배에서 떨어져 바다 속으로 빠질 뻔했으나 어떤 자비로운 신이 그녀를 백로로 바꾸어 주었다.

물수리는 지금도 여전히 옛날의 원한을 품고 있다. 그래서 하늘 높이 날다가도 백로를 보면 반드시 부리와 발톱으로 쪼아대면서 그 옛날의 원한을 풀려고 하는 것이다.

에로스와 프시케

옛날 어떤 나라의 왕과 왕비 사이에 세 딸이 있었다. 두 언니도 인물이 뛰어났지만, 막내의 아름다움은 이 세상의 어떠한 말로도 도저히 형용할 수 없을 정도였다.

그녀의 아름다움은 이웃 나라에까지 소문이 퍼져 많은 사람들이 그 얼굴을 보려고 떼를 지어 몰려들었다. 사람들은 그녀의 모습에 넋을 잃고 바라보면서, 아프로디테에게만 보내야 할 경의를 이 왕녀에게 보내는 것이었다. 차츰 아프로디테의 제단은 아무도 돌보는 사람이 없게 되었고, 사람들은 모두 이 처녀를 숭배하였다. 신들에게 바쳐야 할 경의를 인간에게 바치자, 아름다움의 여신인 아프로디테는 노여움에 떨면서 외쳤다.

"나의 명예를 한낱 인간 처녀한테 빼앗기고 만단 말인가? 그따위 계집애한테 그렇게 손쉽게 내 명예를 빼앗길 수야 없지. 당장 그 뻔뻔스러운 계집애가 후회를 하도록 만들어 줄 테다!"

그녀는 곧 날개가 달린 아들 에로스를 불렀다. 그리고는 왕의 막내딸 프시케를 가리키며 이렇게 말했다.

"에로스야, 저 괘씸한 계집애를 혼내주어 엄마의 한을 풀어다오. 내가 받은 이 큰 상처에 못지않은 상처를 저 계집애한테 갚아 주거라."

에로스는 곧 준비했다. 아프로디테의 정원에는 샘이 두 개 있는데, 하나는 단 물이 솟아나오고 또 하나는 쓴 물이 솟아나오고 있었다. 에로스는 이 샘에서 두 개의 호박병에 따로따로 물을 떠서 그것을 화살통 끝에 매달고 프시케의 방으로 갔다.

그녀는 잠들어 있었다. 에로스는 쓴 샘물을 몇 방울 그녀의 입술에 뿌렸다. 그녀의 아리따운 모습을 보자 마음이 흔들려 불쌍한 생각이 들었으나, 마음을 굳게 먹고 해치운 것이다. 그리고는 처녀의 옆구리를 화살 끝으로 찔렀다. 처녀는 깜짝 놀라 눈을 뜨고 에로스 쪽을 우두커니 바라보았다. 그러나 에로스의 모습은 인간에게는 보이지 않았다. 처녀의 눈길에 에로스는 몹시 당황하여 우물쭈물하다가 자기도 모르게 손에 들고 있던 화살로 자신을 상처내고 말았다. 그러나 그는 상처에는 아랑곳없이 그녀의 비단결 같은 머리에 단 물을 뿌렸다.

프시케는 그 후 아프로디테의 노여움 때문에 아름다운 용모에도 불구하고 그 아름다움에서 아무런 이익을 얻을 수 없었다. 모든 사람들의 눈길은 그녀에게 쏠리고 누구나 그녀의 아름다움을 칭찬했으나, 국왕도 귀족도 또한 평민조차도 그녀와 결혼하겠다고 나서는 사람이 없었다. 두 언니는 그녀보다 인물이 훨씬 못했는데도 모두 다른 나라의 왕자와 결혼했다. 그러나 프시케만은 방에 틀어박힌 채 고독에 잠겨 있었다. 그녀의 부모는 자기들도 모르는 사이에 신들의 노여움을 산 것이나 아닐까 생각하고 아폴론의 신탁을 들었다. 그러자 그 신탁은 다음과 같은 놀라운 것이었다.

"그 애는 인간의 신부가 될 수 없는 운명이다. 미래의 남편은 산꼭대기에서 기다리고 있다. 그는 신들도 인간도 감히 거역할 수 없는 괴물이다."

이 무서운 신탁에 놀란 부모는 슬픔에 잠겼다. 그러자 프시케가 말했다.

"아버님 어머님, 왜 이제 와서 슬퍼하시나요? 모두들 입을 모아 저를 새로운 아프로디테라고 불렀을 때 슬퍼하셨어야 했을 거예요. 이제서야 알게 됐지만, 저는 아프로디테의 희생이 된 거예요. 이렇게 된 이상 할 수 없지요. 자아, 그 산꼭대기로 데려다 주세요."

준비가 갖추어지자 왕녀는 혼례행차 속에 들어갔다. 그러나 그것은 혼례행차라기보다는 오히려 장례행렬이라고 하는 편이 나았다. 그녀는 부모의 부축을 받고 친지들의 슬퍼하는 위로의 말을 들으면서 산으로 올라갔다.

산꼭대기에 이르자 모두들 그녀를 혼자 남겨두고 탄식하면서 집으로 돌아갔다. 프시케가 산에서 두려움에 떨고 있으려니 정다운 제피로스(서쪽 바람이라는 뜻)가 그녀를 꽃이 만발한 골짜기로 살며시 실어다 주었다. 차츰 마음이 가라앉게 된 그녀는 풀이 무성한 둑에 드러누워 잠이 들었다.

눈을 뜨자 바로 가까이에 나무가 우거진, 상쾌해 보이는 숲이 있었다. 그 속으로 들어가 보니 한가운데에 샘이 있고, 그 샘에서는 수정같이 맑은 물이 솟아나고 있었다. 그 곁에는 훌륭한 궁전이 서 있었다. 그녀는 궁전으로 다가가서 안으로 들어갔다. 눈에 띄는 물건마다 그녀에게 기쁨과 놀라움을 안겨 주었다. 프시케가 정신없이 둘러보고 있으려니 어디선가 이런 말이 들려왔다.

"여왕님, 지금 보고 계시는 것은 모두가 당신의 것입니다. 당신이 듣고 계시는 이 목소리는 당신의 하인인 저희들의 목소리입니다. 먼저 방으로 가셔서 잠시 솜털 침상에서 주무십시오. 그리고 적당한 시간에 목욕을 하십시오. 식사는 옆에 있는 작은 방에다 준비하겠습니다."

프시케는 목소리만 들리는 이 하인의 말을 따랐다. 한잠 자고 나서 목욕을 끝내자 작은 방으로 안내되었다. 그러자 곧 식탁이 저절로 차려지고, 맛있는 음식이 잔뜩 나왔다. 그리고 얼굴 없는 악사들이 연주하는 음악이 들려왔다.

프시케는 운명의 남편을 아직 보지 못했다. 남편은 밤중에만 찾아왔다가 날이 밝기 전에 가버리기 때문이었다. 그러나 그 목소리는 애정에 넘쳐 있고 행동은 상냥했다. 그녀는 그에게 제발 돌아가지 말고 모습을 보여 달라고 몇 번이나 부탁했으나 그는 듣지 않았다. 그는 그때마다 이렇게 말하는 것이었다.

"어째서 나를 보고 싶어하오? 내 사랑이 믿어지지 않는단 말이오? 그대가 내 모습을 보면 아마 나를 무서워하게 될 거요. 그대는 그저 나를 사랑해 주기만 하오."

그런 말에 프시케의 마음도 잠시 동안은 가라앉았다. 그러나 문득 부모가 생각나고, 언니들이 이 기쁨을 함께 나눌 수 없다는 생각이 들자 그 호화로운 궁전도 감옥으로만 느껴졌다. 그래서 어느 날 밤 남편이 찾아왔을 때, 그 슬픔을 호소하고 가까스로 남편의 승낙을 얻어 언니들을 이곳에서 만날 수가 있게 되었다.

프시케는 제피로스를 불러 남편의 명령을 전했다. 그러자 제피로스는 곧 두 언니를 궁전으로 데리고 왔다. 그녀들은 동생을 끌어안았다. 프시케는 언니들의 손을 이끌고 황금궁전을 안내했다. 그리고 목소리만 들리는 하인들에게 음식을 대접하게 하고, 또한 자기의 보물을 모두 보여주었다. 언니들은 하늘에서 내려온 듯한 이 기막힌 물건들을 보자 질투심이 일어났다. 동생이 자기들보다 훨씬 더 호화로운 생활을 하고 있는 것이 괘씸했다.

두 언니는 연거푸 질문을 퍼부었다. 그 결과 동생이 아직도 남편의 모습을 본 일이 없다는 사실을 알아냈다. 그들은 동생의 가슴을 어두운 의심으로 채워 놓았다.

"너도 생각나지? 아폴론의 신탁. 너는 무서운 괴물하고 결혼하게 된다고 그랬잖아? 아무래도 네 남편은 무서운 뱀일 거야. 너를 잔뜩 살찌워서 잡아먹으려는 게 분명하지. 그러니까 우리 충고를 들어라. 램프와 칼을 준비해 뒀다가 남편이 잠들거든 램프를 비춰 똑똑히 확인해 보라구. 만일 괴물이거든 망설이지 말고 목을 잘라버려."

프시케는 이런 설득에 대해 온갖 저항을 했으나 차츰 언니들이 짠 계획에 마음이 기울어졌다. 그래서 언니들이 돌아가자 몰래 램프와 칼을 준비해 두었다. 이윽고 남편이 깊은 잠에 빠졌을 때, 살며시 일어나 램프를 꺼내 남편의 모습을 보았다. 그러나 그것은 무서운 괴물은커녕 신들 가운데서도 가장 아름답고 매력적인 신이었다. 눈처럼 흰 목덜미와 볼에서 금빛 고수머리가 물결치고 어깨에는 두 개의 날개가 달려 있었다. 그녀는 좀 더 가까이 보려고 손에 들고 있던 램프를 기울였다. 그 순간, 타고 있던 기름이 한 방울 에로스의 어깨 위에 떨어지고 말았다. 그는 깜짝 놀라 눈을 뜨고 그녀를 보았다. 그리고는 한 마디 말도 하지 않고 새하얀 날개를 펼치고서 그대로 창 밖으로 날아가고 말았다.

프시케도 열심히 그 뒤를 쫓았으나 보람도 없이 창에서 땅으로 떨어졌다. 에로스는 땅에 쓰러져 있는 그녀를 보자 이렇게 말했다.

"오오, 어리석은 프시케여, 이것이 나의 사랑에 대한 보답이란 말인가? 나는 어머니의 명령을 어기고 그대를 아내로 삼았는데, 그런 나를 괴물이라 의심하고 내 목을 치려고 하다니! 나는 이제 그대 곁에서 영원히 떠나겠소. 사랑은 결코 의심과 함께는 살아갈 수 없기 때문이오."

그는 말을 마치자 가엾은 프시케가 땅에 쓰러져 흐느껴 울고 있는 것을 보고도 그대로 날아가 버렸다. 그녀는 잠시 후 주위를 돌아보았다. 그러나 그 호화로운 궁전은 간 곳이 없고, 그녀는 언니들이 사는 곳에서 그리 멀지 않은 들판에 있었다. 그녀는 언니들에게 가서 이 불행한 자초지종을 말했다. 그 말을 듣고 겉으로는 슬픈 척하면서도 이 심술궂은 언니들은 속으로 매우 기뻐했다.

'아마 이번에는 그분이 우리 둘 중에서 골라줄 거야.'

이런 생각을 품고 언니들은 다음날 아침 각기 일찍 일어나서 그 산으로 올라갔다. 꼭대기에 이르자 곧 제피로스를 불러 나를 너의 주인에게 데려가 달라고 부탁했다. 그리고 바위 위에서 몸을 날려 뛰어내렸는데, 제피로스가 그것을 받아주지 않아 그대로 낭떠러지에서 떨어져 죽고 말았다.

한편, 프시케는 밤낮없이 남편의 행방을 찾아 헤맸다. 어느 높은 산봉우리 근처에 이르자 훌륭한 궁전이 있는 것을 보고, 그녀는 한숨을 쉬면서 중얼거렸다.

"혹시 내 남편은 저기에 있는지도 몰라."

그녀는 그쪽으로 가 보았다. 신전으로 들어가려는데 많은 보리가 눈에 띄었다. 보리 더미는 사방에 흩어져 있었다. 프시케는 어지러이 널려 있는 보릿단을 차곡차곡 쌓아놓았다. 그곳은 여신 데메테르의 신전이었는데, 여신은 프시케의 이런 모습을 보고 그녀에게 말했다.

"오오, 프시케여, 진실로 우리의 동정을 받을 수 있는 자여. 나는 그대를 아프로디테의 노여움에서 풀리게 해줄 수는 없지만, 여신의 노여움을 가라앉힐 방법을 알고 있어요. 그대의 여왕 아프로디테에게 가서 스스로 몸을 맡기도록 해요. 그리고 경건한 태도로 섬기면 여신도 아마 기분이 풀려 그대의 남편을 돌려줄 거예요."

프시케는 데메테르의 말을 따라 아프로디테의 신전으로 갔다. 아프로디테는 성난 표정으로 프시케를 맞으며 말했다.

"하인들 중에서도 가장 불성실한 여인아, 너는 이제야 네게도 여주인이 있다는 것을 알았느냐? 네가 남편을 찾을 수 있는 길은 정성과 근면

밖에는 방법이 없다. 어디 네 솜씨를 한번 시험해 보자꾸나."

여신은 그 길로 프시케를 신전의 곳간으로 데리고 갔다. 그곳에는 보리·조·완두콩·팥 등이 저장되어 있었다. 여신은 말했다.

"이 곡식을 모조리 가려내 보아라. 저녁때까지 이 일을 모두 마쳐야 한다."

아프로디테가 나가자 프시케는 이 기막힌 일에 놀라 멍하니 앉아 있었다. 그녀가 넋을 잃고 앉아 있자, 에로스는 개미들의 마음을 움직여 그녀를 동정하게 만들었다. 개미들은 모조리 곡식 더미로 모여들어 부지런히 곡식을 가려놓았다. 일이 끝나자 개미들은 곧 모습을 감추었다. 아프로디테는 저녁때가 되자 신들의 향연에서 돌아왔다. 그리고 프시케가 시킨 일을 빈틈없이 해놓은 것을 보고 여신은 외쳤다.

"이것을 네가 했을 리 만무하다. 괘씸한 것 같으니라구! 이것은 에로스 그 애가 한 짓이 분명해. 너도 네 남편도 불행해질 거다!"

여신은 프시케에게 저녁식사로 빵 한 조각을 던져 주고는 그대로 가 버렸다. 이튿날 아침, 아프로디테는 하인을 시켜 프시케를 불러와 이렇게 말했다.

"저기 저 숲을 봐라. 저곳에 가면 양들이 풀을 뜯고 있는데, 모두 금빛으로 빛나는 털을 지니고 있다. 거기에 가서 한 마리씩 그 털을 모은 양털의 견본을 가져오너라."

프시케는 시키는 대로 숲으로 갔다. 그런데 개울의 신이 그곳에 나 있는 갈대를 불어 갈대들로 하여금 속삭이게 했다.

"아가씨, 무조건 그 위험한 냇물을 건너면 안 됩니다. 또 저 무서운 양들 속으로 들어가서도 안 됩니다. 양들은 솟아오르는 태양의 영향을 받고 있는 동안은 그 날카로운 뿔이나 이빨로 사람을 죽이려 들기 때문이지요. 그렇지만 낮이 되면 태양이 양들을 나무그늘로 몰아버리니까 안전하게 개울을 건너갈 수 있습니다."

자비로운 개울의 신은 프시케에게 그 밖에도 여러 가지 방법을 가르쳐 주었다. 그녀는 그 지시를 지켜 무사히 아프로디테에게 금빛 양털을 잔뜩 안고 돌아왔다. 그러나 아프로디테는 여전히 만족하지 않고 이렇게 말하는 것이었다.

"나는 이 일을 네가 한 것이 아니라는 것쯤은 벌써 알고 있어. 그러니까 네가 얼마나 재주가 있는지 아직 알 수가 없단 말이다. 또 하나 시킬 일이 있다. 이 상자를 들고 지하의 나라로 가거라. 이 상자를 페르세포네에게 주고 내가 화장품을 좀 나눠달라고 한다고 전해라. 우물쭈물하지 말고 속히 다녀와야 한다. 난 그 화장품으로 화장을 하고 신들의 향연에 참석해야 하니까."

프시케는 마침내 자기의 죽음이 가까이 온 것을 알았다. 어차피 죽을 운명이라면 차라리 스스로 목숨을 끊겠다고 높은 탑으로 올라가 뛰어내리려 했다. 그때 탑 안에서 목소리가 들려왔다.

"가엾은 처녀야, 그대는 어찌하여 스스로 목숨을 버리려 하느냐? 그대에게는 이제까지 기적이 있지 않았느냐?"

그리고 그 목소리는 어떤 동굴을 지나면 하데스의 나라로 갈 수 있는지 가르쳐 주었다. 프시케는 여러 가지 위험을 피해 머리가 세 개 달린 케르베로스(명계 입구를 지키고 있는 개) 곁을 지나고, 냇물을 지키는 카론(명계의 강을 건네주는 사공)을 설복하여 무사히 하데스의 나라에 닿았다. 그런데 목소리는 이렇게 덧붙인 바가 있었다.

"페르세포네가 그 상자에 화장품을 넣어주거든 절대로 그 안을 들여다보지 말라."

페르세포네의 궁전에 안내된 그녀는 의자에도 앉지 않고, 맛있는 음식에도 손을 안 대고 다만 빵만 몇 조각 먹고는 아프로디테의 말을 전했다. 이윽고 그 상자에 화장품을 받아 넣고 오던 길을 되돌아가게 되었다.

위험한 일이 뜻밖에 수월하게 이루어지자 그녀의 마음은 강한 욕망에 사로잡혀 상자 안의 것을 보고 싶어 견딜 수가 없었다. 그녀는 혼잣말을 했다.

"신의 화장품을 나르는 내가 그 화장품을 조금 쓴다고 해서 나쁠 거야 없지 않을까? 이것을 발라 거칠어진 피부를 다듬어야겠다."

그녀는 살며시 상자를 열어보았다. 그러나 안에는 지옥의 잠만이 들어 있을 뿐이었다. 그 잠은 갇혀 있는 곳에서 자유로운 몸이 되자 일순간에 그녀에게 덤벼들었다. 그래서 그녀는 길 한가운데에 쓰러져 잠이 들어버렸다.

그때 에로스는 이미 상처도 낫고, 또한 사랑하는 프시케와 떨어져 있는 사실이 견딜 수 없어 프시케가 쓰러져 있는 곳으로 날아갔다. 그리고 그녀의 몸에서 잠을 주워 모아 다시 상자에 담아 넣고 프시케를 일으켰다.

"그대는 또다시 호기심 때문에 몸을 망칠 뻔했구나. 그러나 어쨌든 어머님이 분부한 일만은 제대로 끝내도록 하라. 뒷일은 내가 처리할 테니까."

에로스는 하늘로 올라가 제우스 앞으로 나아가 애원했다. 제우스는 그 말을 듣고 이 연인들을 위해 간곡히 아프로디테를 타일렀으며 그녀도 간신히 승낙을 했다. 그리하여 제우스는 프시케를 천상의 회의에 참석할 수 있도록 하기 위해 헤르메스를 보냈다. 프시케가 도착하자, 제우스는 암브로시아를 권하면서 이렇게 말했다.

"이것을 마시거라, 프시케야. 그리고 불사의 몸이 되는 것이다. 그로써 에로스는 영원히 너의 남편이 되리라."

이리하여 프시케는 마침내 에로스와 맺어지게 되었다.

돌로 변한 여인

하마드리아스들은 숲의 님프들이었다. 포모나는 이 님프의 하나로서 누구보다도 더 과수원과 그 과실을 아끼고 있었다. 숲이나 개울에는 관심이 없고 사과나무만 사랑했다. 그녀의 오른손에는 창 대신 가지를 치는 칼이 들려 있었다. 그녀는 과일이 가뭄을 타지 않도록 나무뿌리 옆에 물을 끌어대어 목마른 뿌리가 그것을 마실 수 있게 해주었다. 이런 일이 그녀가 찾는 것이었고, 그녀의 정열이었다.

그런 까닭에 아프로디테가 불어넣는 사랑 따위에 그녀가 말려드는 일은 없었다. 그런데 이 고장에 사는 파우누스들이나 사티로스들은 자기의 모든 것을 바쳐서라도 포모나를 갖고 싶어 했다. 나이보다 젊어 보이는 실바누스 노인도, 솔잎을 쓴 판도 역시 마찬가지였다.

이 중에서도 계절의 신 베르툼누스는 누구보다도 그녀를 사랑했다. 그렇다고 그가 다른 사람보다 더 그녀의 환심을 사고 있었던 것은 아니었다. 그는 은근히 포모나를 사모하면서 인부들로 변장하여 그녀의 집에 자주 드나들고 있었다.

어느 날, 그는 노파로 변장해 잿빛머리에 모자를 쓰고 지팡이를 짚고 그녀를 찾아갔다. 그리고 과수원에 들어서자 그 과일을 칭찬했다.

"그것 참 훌륭하군요, 아가씨."

노파는 그녀에게 키스를 했다. 노파는 자리에 앉자 과일이 주렁주렁 열린 가지를 올려다보았다. 가지는 노파의 머리 위까지 늘어져 있었다. 맞은편에는 느릅나무가 한 그루 서 있었는데 거기에는 탐스러운 포도송이가 달린 포도넝쿨이 엉켜 있었다. 노파는 그 나무에 대해서도 칭찬을 아끼지 않았다.

"만일 이 나무가 혼자 서 있고 이 나무에 엉킨 포도넝쿨이 없었다면 이 나무는 아무 매력도 없고 단지 쓸모없는 잎사귀밖에는 우리한테 줄 것이 없을 거예요. 아가씨는 어째서 이 나무와 포도에서 교훈을 배워 결혼할 생각을 않지요? 나는 그러기를 바라요. 헬레네한테도 이렇게 많은 구혼자는 없었고, 그 기지에 뛰어난 오디세우스(로 : 울릭세스, 영 : 율리시즈)의 아내 페넬로페한테도 없었어요. 아가씨가 그렇게 무뚝뚝하게 거절하고 계실 때조차 모두들 아가씨를 차지하려고 야단들이랍니다. 만일 이 늙은이한테 중매를 부탁한다면 내 좋은 신랑감을 구해 드리지요. 다른 사람은 모두 거절하고, 내가 중신하는 베르툼누스를 고르도록 해요. 그분에 대해서라면 내 일처럼 잘 알고 있으니까요. 그분은 떠돌이 신이 아니고 이 고장 산에 집을 갖고 있어요. 게다가 요즘 젊은이들과 달라 여자라면 아무나 사랑하는 그런 남자는 아니지요. 그분은 오직 당신만을 사랑한답니다. 나이는 젊고 아름다우며, 게다가 자기 몸을 마음대로 바꾸는 술수도 알고 있어요. 그러니 아가씨가 명령하면 무엇으로도 모습을 바꿀 수가 있지요. 취미는 아가씨처럼 과수원을 사랑하는 일이고 사과를 다루는 솜씨도 제법이랍니다. 그렇지만 지금 그분이 관심을 갖고 있는 것은 과일이 아니고 아가씨뿐이지요. 그분을 딱하게 생각해 주시구려. 그리고 지금 그분이 말하고 있는 것이라고 생각해 주시구려. 그리고 저 아프로디테 님도 무정함에는 언젠가 벌을 주신다는 것을 생각해 봐요. 그것이 거짓말이 아니라는 증거로서 키프로스 섬에서 실제 있었던 유명한 얘기를 하나 해 드리지요. 이 얘기를 들으면 아가씨의 마음도 아마 훨씬 자비로워질 테니까요. 한번 들어보세요. 얘기는 이렇답니다."

노파는 이야기를 시작했다.

"이피스는 가난한 젊은이였는데, 테우크로스라는 유서 깊은 집안의 딸 아낙사레테라는 처녀를 아주 사랑하게 됐어요. 이피스는 오랫동안 이 사랑을 간직하고 있었는데 도저히 단념할 수 없다는 것을 깨닫자 이 처녀의 집으로 애원을 하러 갔지요. 처음엔 처녀의 유모한테 자기 생각을 말하고 도움을 청하기도 하고, 하인들을 자기 편으로 만들려고 애를 쓰기도 했어요. 그런데 처녀는 무정한 태도를 조금도 누그러뜨리지 않고 나중엔 이 젊은이를 비웃기까지 했지요. 이피스는 더 이상 견딜 수 없어 처녀의 집 대문 앞에 서서 이렇게 마지막 말을 했어요. '아낙사레테여, 당신이 이겼소. 이제는 내 귀찮은 부탁을 참고 들을 필요가 없소. 당신의 승리를 기뻐하시오. 당신은 이겼으니까. 나는 죽겠소. 돌 같은 마음아, 하지만 오오, 신들이시여, 인간의 슬픔을 외면하시는 신들이시여, 오래도록 내 기억이 사람들에게 남아 있도록 해주소서!' 젊은이는 이렇게 말했지요. 그리고 창백한 얼굴과 슬퍼 탄식하는 눈을 처녀의 집으로 향한 채 밧줄을 문기둥에, 젊은이가 이제껏 수없이 꽃다발을 걸었던 그 기둥에 매달았답니다. 그리고 자기의 목을 그 밧줄 고리에 넣고 이렇게 말했어요. '이 화환이라면 당신도 기뻐하리라, 무정한 처녀야!' 그런 다음 목을 매달고 말았어요. 하인들은 곧 젊은이의 시체를 발견했지요. 그들은 시체를 젊은이의 어머니한테 보내주었고, 모친은 슬픔에 젖어 그 시체를 가슴에 끌어안았어요."

잠시 후 노파는 다시 말을 이었다.

"며칠 뒤 슬픈 장례행렬이 거리를 지나가게 되었답니다. 아낙사레테의 집은 마침 그 도중에 있었기 때문에 이 처녀의 귀에도 사람들의 슬퍼하는 목소리가 들렸지요. 그때 이미 복수의 신은 이 처녀를 벌주려고 벼르고 있었지요. '어디 장례식 행렬을 구경해야지.' 처녀는 이렇게 말하고 탑에 올라가 내려다보았어요. 그런데 관에 누워 있는 이피스의 시체를 보자마자 그녀의 눈은 굳어지고 몸속에 흐르던 따뜻한 피도 식어갔답니다. 처녀는 놀라서 뒷걸음질쳤지만 발을 움직일 수도 없었지요. 처녀의 몸은 차츰 그 무정한 마음처럼 돌이 되어간 거랍니다. 지금도 그 돌이 남아 있지요. 그러니 아가씨도 잘 생각해서 사랑하는 사람의 소원을 들어주시구려. 신이시여, 봄 서리가 아가씨의 과일을 다치게 하거나 모진 바람이 아가씨의 꽃을 흐트러뜨리지 않게 해주소서!"

베르툼누스는 말을 마치자 노파의 변장을 버리고 원래의 자기인 아름다운 청년의 모습으로 포모나 앞에 섰다. 그 자태는 마치 구름을 뚫고 솟아나온 태양처럼 보였다.

그는 다시 한번 애원하려고 했다. 그러나 이미 그럴 필요가 없었다. 그의 이야기와 그 아름다운 모습이 승리를 차지했기 때문에 포모나는 다시는 그를 뿌리치는 일 없이 서로 사랑을 속삭이게 되었다.

새가 된 알키오네

케익스는 테살리아의 왕이었다. 그는 이 나라를 평화롭게 다스리고 있었다. 그는 금성 헤스페로스의 아들로서 그 아름다움은 부친을 상기시킬 정도였다. 그의 아내는 아이올로스(바람의 지배자)의 딸 알키오네였는데, 그녀는 남편을 매우 사랑했다.

그런데 케익스는 형의 죽음에 연이어 일어난 무서운 일들 때문에 신들이 자기에게 적의를 품고 있는 것이 아닐까 생각하게 되었다. 그리하여 배를 타고 이오니아에 있는 아폴론의 신탁소로 가서 신탁을 들어보아야겠다고 생각했다. 이 이야기를 아내에게 밝히자 그녀는 금방 얼굴이 창백해졌다.

"여보, 나를 그렇듯 사랑해 주시던 그 마음이 변하셨나요? 여태껏 만사를 제쳐놓고 저를 먼저 생각해 주시던 당신이었는데요."

그녀는 어떻게 해서라도 남편의 생각을 돌리게 하려고 바람의 무서운 위력을 들려주었다.

"바람이 서로 부딪칠 때에는 그 힘이 굉장하답니다. 그래도 당신이 꼭 가셔야겠다면 저도 같이 데려가 주세요."

이 말은 케익스의 마음을 무겁게 눌러왔다. 그러나 도저히 아내를 바다의 위험에 내놓을 수가 없었다. 그래서 아내를 달래면서 이렇게 약속했다.

"아버님의 빛을 두고 내 약속하리다. 운명이 허락한다면 두 달 안에 돌아오겠소."

그는 곧 부하들에게 배를 끌어내어 출발준비를 하라고 일렀다. 알키오네는 이런 준비를 보자 나쁜 예감에 쫓기기나 하듯 몸을 떨었다. 그리고 눈물과 오열 속에 작별인사를 하고는 그 자리에서 기절해 버렸다.

케익스는 배를 타고 떠났다. 배는 미끄러지듯 항구를 떠나 산들바람을 잔뜩 안고 앞으로 나아갔다. 이렇게 절반쯤 나아갔을 때 바다에는 파도가 일기 시작하며 동풍이 강해졌다. 폭풍이 기승을 부리더니 이윽고 비마저 쏟아지기 시작하는 것이었다. 배는 한낱 가랑잎처럼 떠돌 뿐이었다. 케익스는 갑자기 알키오네 생각을 떠올리고는 그녀가 이 배에 같이 타지 않은 사실을 기뻐했다. 떠돌던 배는 파도에 삼켜지고 케익스는 바다 속에 가라앉아 버렸다.

알키오네는 이런 무서운 사건을 전혀 모르고 남편이 돌아올 날만을 손꼽아 기다리고 있었다. 그녀는 모든 신들에게 몇 번씩 향을 올렸고, 특히 헤라에게는 향을 끊는 날이 없었다. 남편이 죽은 줄도 모르고 무사히 돌아오게 해달라고 빌었다. 헤라도 마침내 이미 죽은 자를 위해 부탁을 듣는 일이 안타까웠다. 그래서 이리스(무지개의 여신)를 불러 말했다.

"나의 충실한 사자 이리스야, 곧 히프노스(잠의 신)가 있는 잠의 집으로 가서 알키오네를 위해 케익스의 모습을 빌린 꿈을 보내라고 전해다오. 그래서 그 사건의 전말을 그녀에게 알려주라고 말이다."

이리스는 일곱 색깔의 옷을 입자 하늘을 무지개로 물들이면서 잠의 신이 있는 궁성으로 날아갔다.

키메리오스인이 사는 나라 근처에는 동굴이 있었는데, 그곳이 게으름뱅이 히프노스의 궁전이었다. 이곳에는 아폴론도 오려고 하지 않았다. 구름과 그림자가 땅에서 올라와 빛을 어렴풋이 명멸하고 있었다. 이곳에서는 머리에 볏을 단 새벽의 새(닭)가 에오스(새벽의 여신)에게 큰 소리로 부르는 일도 없었고, 짐승도, 가축도, 바람에 흔들리는 나뭇가지도 정적을 깨뜨리는 일이 없었다. 그러나 바위 밑에서는 레테 강(망각의 강)이 흐르고 있어 그 속삭임으로 모든 것을 잠으로 이끌었다. 동굴 입구에는 많은 양귀비와 약초가 돋아나 있으며, 이런 약초의 즙에서 밤의 여신은 잠을 모아 어두워진 땅 위로 뿌리는 것이다.

잠의 신은 집 한복판에 있는 시커먼 의자에 누워 사지를 늘어뜨린 채 자고 있었다. 그의 주변에는 헤아릴 수 없을 정도로 많은 온갖 모습의 꿈들이 누워 있었다.

이리스 여신이 들어가 자기 주위에 달라붙은 꿈들을 헤쳐버리자 순간, 그녀의 광휘가 동굴 구석구석까지 비추었다. 잠의 신은 가까스로 눈을 뜨기는 했으나 여전히 수염을 가슴에 늘어뜨리고는 꾸벅꾸벅 졸고 있더니 잠시 후 겨우 용건을 물었다. 그녀가 신들의 사자임을 알았기 때문이다. 그녀는 대답했다.

"신들 중에서 가장 조용한 신이여, 마음을 진정시키고 괴로운 가슴을 위로하는 신이여, 헤라 님의 명령입니다. 당신은 알키오네한테 꿈을 보내 그녀의 죽은 남편이 조난당한 사실을 알려주어야 합니다."

이리스는 명령을 전달하고 서둘러 돌아갔다. 히프노스는 여러 아들 가운데에서 모르페우스를 불렀다. 그는 사람의 모습으로 변신하는 데 명수였다. 히프노스는 그에게 이리스가 전한 명령을 즉시 실행하도록 일렀다.

모르페우스는 날개 소리 하나 없이 날아서 곧 하이모니아(테살리아의 옛 이름)로 왔다. 이곳에서 날개를 거두고 케익스의 모습으로 변신했다. 그리고 얼굴은 죽은 사람처럼 창백하게 하여 알키오네가 자고 있는 머리맡에 섰다. 수염은 물에 젖었고 머리에서는 물이 떨어져 내렸다. 그는 잠자리 위로 몸을 굽히고 눈물을 흘리면서 말했다.

"당신이 이 케익스를 알아볼 수 있겠소? 불행한 아내여, 나를 보오. 이것은 당신의 남편이 아니라 그 그림자요. 당신의 기도도 내겐 아무 도움을 못 주었소. 나는 죽었소. 폭풍이 배를 가라앉히고 만 것이오. 그러니 내가 돌아오리라는 헛된 희망은 버리시오. 자아, 일어나요! 그리고 나를 위해 눈물을 흘려주오. 나를 위해 슬퍼해 주오."

그는 케익스와 똑같은 목소리로 말했다. 알키오네는 꿈속에서 눈물을 흘리며 신음소리를 내고 남편의 몸을 끌어안으려고 했다. 그러나 잡히는 것은 허공뿐이었다. 그녀는 외쳤다.

"기다려 주세요! 당신은 어디로 가시려는 겁니까? 나도 같이 데려가 주세요."

그녀는 자기의 목소리에 눈을 뜨고 일어나자마자 남편을 찾으려고 두리번거렸다. 그리고는 가슴을 치고, 입고 있던 옷을 갈기갈기 찢었다. 유모가 슬퍼하는 이유를 묻자 그녀는 대답했다.

"알키오네는 이제 이 세상 사람이 아녜요. 남편 케익스와 함께 사라져 버렸어요. 위로 따위는 필요없어. 그분은 배가 뒤집혀 돌아가셨어. 난 봤어요. 그 분의 온몸은 물에 젖어 있었어요. 오오, 그때 나를 데려가 주셨으면 좋았을 것을! 불쌍한 케익스, 저는 절대로 당신 곁을 떨어져 살 수 없어요. 지금이라도 당신을 따라가겠어요."

그녀는 슬픔에 겨워 더 이상 말을 잇지 못했다.

아침이 되자, 그녀는 바닷가로 나가서 배가 떠날 때 남편을 배웅했던 곳을 찾았다.

"그분은 여기서 발을 멈추고 내게 마지막 키스를 해주셨지."

그녀는 걸음을 멈추고 그때의 추억을 곰곰이 되새기고 있었는데, 문득 물 위를 보니 뭔가 이상한 것이 떠 있었다. 처음에는 설마 하고 생각했으나 차츰 파도에 실려 가까이 온 것을 보니 그것은 역시 사람의 시체였다. 누구의 시체인지는 아직 몰랐으나 역시 난파한 사람이었으므로 그녀는 눈물을 흘리면서 말했다.

"오오, 딱하기도 해라. 당신한테 부인이 있다면 그 부인이 얼마나 애통하겠어요. 딱하기도 해라!"

시체는 파도에 실려 점점 가까이 왔다. 그러다가 마침내 바로 곁에 이르렀다. 그런데 그 시체는 남편이었다. 그녀는 떨리는 손을 뻗치며 외쳤다.

"오오, 그리운 당신. 돌아오신다는 게 이런 모습으로 오신다는 뜻이었나요?"

바닷가에는 둑이 튀어나와 있었다. 그녀는 이 방파제 위로 뛰어올랐다. 그 순간 그녀에게서 날개가 돋아났고 그녀는 퍼드덕거리며 불행한 새가 되어 바다 위를 날았다. 날면서도 그녀의 목은 슬픔에 잠긴 소리를 냈는데, 인간이 슬퍼하는 목소리 같았다. 그녀는 말 못하는 남편의 몸에 닿자 갓 생긴 날개로 감싸고 부리로 몇 번이나 키스하려고 했다. 이리하여 두 사람 모두 그들을 불쌍히 여긴 신들에 의해 똑같은 모습의 새로 변한 것이다.

그들은 지금도 같이 날아다니며 새끼를 낳고 있다. 겨울의 조용한 일주일 동안 알키오네는 바다에 떠도는 둥지에서 알을 품는다. 그 동안은 항해길이 안전하다. 이때는 아이올로스가 바람을 눌러 바다를 잠재우며, 그리고 바다 또한 그 사이에 손자들을 위해 얌전히 있기 때문이다.

트로이의 헬레네

파리스의 심판

아테나는 지혜의 여신이기는 했으나, 우연히 매우 어리석은 짓을 했다. 헤라나 아프로디테와 다투어 아름다움의 상품을 얻으려고 한 것이다.

펠레우스와 테티스의 결혼식 때 그 피로연에 모든 신들이 초대되었는데, 싸움의 여신인 에리스(로 : 디스코르디아, 영 : 퓨리즈)만 제외되었다. 여신은 자기만 푸대접을 받은 사실에 분개하여 피로연 자리에 황금사과를 하나 던졌는데, 그 사과에는 '가장 아름다운 여신에게'라고 씌어 있었다. 그러자 헤라와 아프로디테와 아테나는 제각기 그 사과를 자기의 것이라고 주장했다. 제우스는 이런 미묘한 문제에 대한 심판을 내리는 것이 내키지 않아 이 여신들을 이데 산으로 보냈다.

그 산에는 아름다운 양치기인 파리스가 양을 키우고 있었다. 여신들은 곧 그에게로 달려갔다. 헤라는 그에게 권력과 재물을 약속했고, 아테나는 전쟁에서의 영예와 명성을, 그리고 아프로디테는 인간 가운데에서 가장 아름다운 여성을 아내로 삼게 해주겠다고 약속했다.

파리스는 아프로디테의 편을 들어 이 여신에게 황금사과를 주었다. 파리스는 아프로디테의 보호로 그리스로 건너가 스파르타 왕 메넬라오스에게 환대를 받았다. 그런데 이 메넬라오스의 아내인 헬레네(로 : 헬레나, 영 : 헬렌)가 바로 세상에서 가장 아름다운 여인으로서, 아프로디테가 파리스에게 약속한 여성이었다.

헬레네에게는 구혼자들이 많았으나 그녀의 결심이 설 때까지 구혼자들은 모두 그 중의 한 사람이었던 오디세우스의 제안에 따라 그녀를 온갖 위험에서 보호하기로 맹세했었다. 그리고 그녀가 메넬라오스를 선택하여 행복하게 살고 있을 때 파리스가 나타난 것이다. 파리스는 아프로디테의 도움으로 헬레네를 설득하여 트로이로 데리고 가버렸다. 이 일로 그 유명한 트로이 전쟁이 일어난 것이다.

메넬라오스는 그리스 안의 왕후들에게 그때의 서약에 따라 아내를 되찾는 데 협조해 달라고 부탁했다. 왕후들은 대부분 그 요청을 받아들였는데, 오디세우스는 그 무렵 페넬로페와 결혼하여 매우 즐거운 나날을 보내고 있었으므로 이 일에 적극적으로 개입하려고 하지 않았다. 그래서 팔라메데스가 그를 설득하기 위해 사자로 떠났다. 팔라메데스가 오디세우스의 영지인 이타케에 도착하자 오디세우스는 미친 척하고 농부처럼 밭을 갈기 시작했다. 팔라메데스는 그를 시험하고자 오디세우스의 어린 아들 텔레마코스를 쟁기 앞에 놓았다. 오디세우스는 아이를 비켜서 지나갔고, 미치광이가 아니라는 사실을 스스로 드러내게 되어 할 수 없이 가담하게 되었다.

그는 이렇게 되자 이번에는 자진해서 망설이고 있는 왕후들을, 그 중에서도 특히 아킬레우스(로 : 아킬레스)를 참가시키고자 했다. 이 영웅 아킬레우스의 모친이 바로 다름 아닌 테티스로서, 그녀의 결혼식 때에 황금의 사과가 여신들에게 던져진 것이다. 테티스는 신들 중의 하나로서 바다의 님프였다. 그녀는 아들이 이 원정에 참가하면 트로이 성을 앞에 두고 죽어버릴 운명임을 알고 있었기 때문에 아들의 참전을 막으려고 했다. 그래서 그를 처녀로 변장시켜 리코메데스 왕의 궁전으로 보내 공주들 사이에 몸을 숨기게 했다.

오디세우스는 아킬레우스가 그 궁전에 있다는 말을 듣자 장사꾼으로 가장해서 그곳으로 갔다. 그리고 장신구를 팔려고 내놓았는데 그 속에는 무기도 섞여 있었다. 공주들이 모두 장신구에 열중하고 있는데 아킬레우스만은 자기도 모르게 무기를 만져 정체를 드러내고 말았다. 그리하여 오디세우스는 아킬레우스를 설득시켜 이 전쟁에 참가시켰다.

프리아모스는 트로이의 왕이었고, 헬레네를 유괴해 간 파리스는 이 프리아모스의 아들이었다. 파리스가 양치기 같은 천한 환경 속에서 자라게 된 것도 사실은, 그가 이 나라의 멸망의 원인이 되리라는 불길한 예언이 있었기 때문이었다.

그리스 군대의 전쟁준비는 전에 없이 대대적인 규모였고, 미케네 왕이며 또한 아내를 빼앗긴 메넬라오스의 형인 아가멤논이 총지휘관으로 선출되었다. 아킬레우스는 전군을 통틀어 가장 뛰어난 무장이었다. 그 다음이 아이아스(로 : 아이막스, 영 : 에이잭스)로서 거대한 체구와 용감한 정신의 소유자였다. 그리고 오디세우스는 현명한 무장으로서 유명했다.

그러나 트로이 쪽도 결코 약한 상대는 아니었다. 왕인 프리아모스는 이미 상당한 나이였으나 옛날부터 현명한 군주로 알려져 있었고, 아들인 헥토르는 용장으로 소문난 인물이었다. 이 밖에도 아이네이아스 · 데이포보스 · 글라우코스 등이 있었다.

2년간에 걸친 전쟁준비가 끝나자 그리스의 함대와 군대는 보이오티아의 아울리스 항에 집결했다. 이곳에서 아가멤논은 사냥을 했는데, 그때 아르테미스 여신에게 바쳐진 수사슴을 죽인 보복으로, 그녀는 군대에 질병을 퍼뜨리고 또한 바람을 멈추어 함대의 출항을 방해했다. 그때 예언자 칼카스는, 처녀신의 노여움을 달래는 유일한 방법은 그 제단에 처녀를 바치는 것이며, 제물로 바쳐지는 처녀는 죄를 범한 자의 딸이라야만 된다고 알렸다. 아가멤논은 마음이 내키지 않았으나 할 수 없이 승낙했다. 그리고 그의 딸 이피게네이아를 아킬레우스와 결혼시킨다는 구실로 불러왔다. 그런데 막상 그녀가 제물로 바쳐지려는 순간, 여신은 불쌍히 여겨 그녀를 몰래 데리고 가서 자기 신전의 사제로 삼았다.

고전하는 그리스 군대

이윽고 순풍이 불기 시작하자 함대는 출범하여 트로이 해안으로 속속 상륙해 들어갔다. 트로이 군대는 상륙을 저지하려고 밀려왔고, 이 최초의 공격으로 프로테실라오스는 헥토르의 손에 죽었다. 전쟁은 결정적인 승패도 없이 9년이나 계속되었다.

그러던 어느 날 그리스 군대에세 치명적인 사선이 일어났다. 그것은 아킬레우스와 아가멤논과의 불화였다. 그리스 군대는 트로이 성을 함락시키지는 못했으나 그 이웃의 동맹국을 몇이나 점령하고 있었다. 그리고 그 전리품을 분배할 때, 아폴론의 사제인 크리세스의 딸 크리세이스라는 처녀가 포로로 아가멤논의 수중으로 넘어갔다. 그녀의 부친은 그리스 군대의 진영으로 찾아와서 딸을 돌려달라고 간청했다. 그러나 아가멤논은 뿌리쳤다. 크리세스는 아폴론에게, 그리스 군대가 딸을 내놓을 때까지 그들을 괴롭혀 달라고 빌었다. 아폴론은 곧 그 소원을 받아들여 그리스 군대의 진영에 질병을 보냈다.

그리하여 그리스 군대에서는 회의가 소집되고 대책이 토의되었다. 아킬레우스는 이 재난은 아가멤논이 크리세이스를 돌려주지 않았기 때문에 일어난 것이라고 말했다. 아가멤논은 화를 내면서도 그녀를 돌려주기로 했는데, 그 대신 프리세이스를 달라고 아킬레우스에게 요구했다. 그녀는 전리품을 분배할 때 아킬레우스가 차지한 처녀였다. 아킬레우스는 그 요구에 따르는 한편, 자기는 이 전쟁에서 손을 떼겠다고 선언함으로써 자기의 군대를 본진에서 철수시켰다.

싸우고 있는 당사자들과 마찬가지로 신들도 이 유명한 전쟁에 깊은 관심을 보이고 있었다. 물론 신들은 그리스 군대가 끈기 있게 공격을 계속한다면 트로이도 드디어 함락되리라는 것을 잘 알고 있었다. 그래도 그때그때의 싸움의 경과가 어느 편엔가 응원을 보내고 있는 신들에게 희망과 근심을 자극할 만한 여지는 있었던 것이다.

헤라와 아테나는 자기들의 미모를 파리스에게 무시당한 바 있었으므로 트로이 쪽에 적의를 품고 있었다. 아프로디테는 이들과는 반대로 트로이 편을 들었다. 그리고 평소 자기를 숭배하고 있던 아레스를 트로이 편으로 끌어들였는데, 포세이돈은 그리스 편을 들었다. 아폴론은 대체로 중립을 지켰고, 제우스는 프리아모스를 총애하고는 있었으나 사태를 감안하여 되도록 공정한 태도를 취하고 있었다.

아킬레우스의 모친 테티스는 자기 아들을 모욕한 것에 대해 몹시 노했다. 그래서 즉시 제우스에게로 가서 트로이 군대에게 승리를 달라고 간청했다. 제우스는 그 소원을 들어주었고, 다음 전투에서는 트로이 군대가 완승을 거두었다.

이렇게 되자 아가멤논은 회의를 열어 여러 의견을 들었다. 네스토르는 아킬레우스에게 사자를 보내 다시 한번 설득해야 한다, 그리고 이렇게 된 원인인 처녀를 아킬레우스에게 돌려주어야 한다고 말했다. 아가멤논은 즉시 승낙하고 오디세우스를 비롯한 몇 명의 사자를 보냈다. 그러나 아킬레우스는 곧 그리스로 떠나겠다고 말했다.

그리스 군대는 바닷가에 함선을 상륙시키고 그 둘레에 방벽을 구축하고 있었다. 아킬레우스에게 간 사자들이 헛되이 돌아온 이튿날, 트로이 군대가 이 방벽의 일부를 격파하고 배에 불을 지르려고 했다. 포세이돈은 그리스 군대의 형국을 보고 응원하러 왔다. 그는 예언자 칼카스로 변신해서 장병들을 격려했으며, 이 때문에 그리스 군대의 사기도 드높아져 트로이 군대를 물리칠 수 있을 정도가 되었다.

포세이돈이 이렇게 그리스 군대를 원조하여 트로이 군대를 반격하고 있는 동안, 제우스는 헤라의 계략으로 싸움이야 어찌되었건 아내만 사랑하고 있었다. 그러나 얼마 후 지상을 내려다보다가 아이아스와 싸우던 헥토르가 상처를 입고 쓰러져 있음을 보자, 아폴론을 불러 포세이돈으로 하여금 전장에서 물러가도록 명했다. 아폴론은 동시에 헥토르의 상처를 고쳐주고 그 가슴에 용기를 불어넣었다.

파리스의 화살은 마카온을 다치게 했다. 마카온은 아스클레피오스의 아들로 부친에게서 의술을 익히고 있었다. 따라서 그리스 군대에게 있어서는 군의관으로 소중한 인물이었다. 네스토르는 마카온을 자기의 이륜전차에 태우고 싸움터에서 빠져나왔다. 그들이 아킬레우스의 함대 옆을 지날 때 아킬레우스는 마침 싸움터 쪽을 바라보고 있었으므로 이 네스토르의 전차를 눈여겨보았다. 그러나 부상한 장군이 누구인가를 알 길이 없어, 아킬레우스는 둘도 없는 친구 파트로클로스를 불러 그것을 알아오게 했다.

파트로클로스는 마카온이 부상한 것을 알았다. 그래서 급히 돌아가려고 했는데, 네스토르는 그리스 군대의 비참한 상황을 일일이 들려주고 아킬레우스의 마음을 돌리게 할 수 있는 좋은 기회가 될지도 모르니 돌아가서 잘 말해 달라고 당부했다. 파트로클로스는 네스토르의 말에 강하게 마음이 이끌려 급히 아킬레우스에게 돌아가 그리스 군대의 참상을 낱낱이 알렸다. 그들이 이런 말을 나누고 있는데 갑자기 배 한 척에서 불길이 올랐다. 그것을 본 아킬레우스는 파트로클로스의 간청을 받아들여 그에게 자기의 갑옷을 빌려주고 원조하러 가라고 일렀다. 파트로클로스가 이끄는 군대는 곧 격전지로 돌진했다. 트로이 군대는 그 유명한 아킬레우스의 갑옷을 보자 공포에 떨며 달아났다.

이때 제우스의 아들 사르페돈이 파트로클로스와 싸우려고 나섰다. 이를 본 제우스는 그를 구하려고 했으나 헤라가 옆에서 말렸다. 사르페돈은 들고 있던 창을 던졌으나 파트로클로스를 빗나갔다. 그러나 파트로클로스가 던진 창은 보기좋게 사르페돈의 가슴을 맞혔다. 사르페돈은 그 자리에 쓰러졌다. 그러자 치열한 싸움이 이 시체를 둘러싸고 일어났다. 그리스 군대는 재빨리 시체를 빼앗아 사르페돈의 갑옷을 벗겼다. 그러나 제우스는 아들의 시체가 더 이상 수모당하는 것을 허락하지 않았다. 그는 아폴론으로 하여금 사르페돈의 시체를 탈취해 와 죽음과 잠의 신에게 맡겼다.

파트로클로스의 공훈은 대단했다. 그러나 운명의 변화는 일어났다. 헥토르가 전차를 타고 달려온 것이다. 파트로클로스는 헥토르를 향해 큰 돌을 던졌다. 그러나 돌은 헥토르를 벗어나 마부인 케브리오네스에게 떨어졌다. 그 바람에 전차에서 굴러 떨어진 전우를 살리려고 헥토르는 전차에서 뛰어내렸다. 그러자 파트로클로스도 뛰어내렸고, 이 두 영웅은 운명의 싸움을 전개하게 되었다. 그들은 한동안 눈부시게 대적했으나 마침내 헥토르의 창이 파트로클로스를 쓰러뜨렸다.

영웅 아킬레우스의 죽음

아킬레우스(로 : 아킬레스)는 친구의 죽음을 듣고 몹시 슬퍼했다. 그의 신음소리는 바다 밑에 있는 모친 테티스의 귀에까지 들렸다. 아킬레우스는 당장이라도 전장으로 달려가려고 했다. 그러나 테티스는 그가 갑옷을 입지 않았음을 상기시키고, 하루만 기다리면 잃은 갑옷보다 더욱 훌륭한 갑옷을 헤파이스토스한테서 가져오겠다고 약속했다. 테티스는 아들이 승낙하자 곧 헤파이스토스에게 가서 갑옷을 만들어 달라고 부탁했다. 헤파이스토스는 테티스의 부탁대로 아킬레우스를 위해 훌륭한 갑옷을 만들었다.

아킬레우스는 당장 새로 만든 갑옷을 입고 그리스 군대의 진영으로 달려갔다. 그리고는 무장들을 일제히 소집하여 회의를 열고 아가멤논과도 화해했다. 아킬레우스는 곧 싸움터로 나아갔다. 그가 나타나자, 대항하는 자는 모조리 그의 창에 쓰러졌고 웬만한 무장은 그의 모습만 보고도 달아났다.

헥토르는 아폴론의 경고를 받아들여 접근을 피하고 있었다. 그러나 그는 견디다 못해 아킬레우스와 일전을 겨루려고 했다. 그러자 늙은 부친은 성벽 위에서 속히 성 안으로 들어오라고 아들에게 애원했다. 모친 헤카베(로 : 헤쿠바)도 애원을 했으나 아무 소용이 없었다.

헥토르가 기다리고 있는 동안 아킬레우스는 가까이 다가왔다. 그 무서운 모습은 흡사 전쟁의 신 아레스와 같았고, 몸에 걸친 갑옷은 걸을 때마다 번개처럼 번쩍였다. 그것을 보자 헥토르도 용기가 꺾여 마침내 도망치기 시작했다. 아킬레우스는 번개같이 뒤를 따랐다. 그들은 성벽을 따라 달려 드디어는 트로이 시가를 세 번이나 돌았다. 헥토르가 성벽 밑으로 달려들려고 할 때마다 아킬레우스는 그것을 가로막았다. 헥토르는 자기의 운명이 다 된 것을 깨닫자 칼을 뽑아 돌진해 갔다. 아킬레우스는 상대방이 창의 사정거리 안에 들어왔을 때, 헥토르의 목덜미 부분만이 갑옷에서 노출된 것을 보자마자 그곳을 향해 창을 찔렀다. 헥토르는 이 일격에 중상을 입고 쓰러졌다.

아킬레우스는 헥토르의 몸에서 갑옷을 벗기고, 발에 밧줄을 매어 전차 뒤에 달더니 전차를 타고 말에 채찍질을 했다. 그는 이렇게 그 시체를 트로이 성 앞에서 끌고 다녔다. 이 광경을 본 프리아모스 왕과 왕비 헤카베는 절망한 나머지 자결을 하려고 했다. 사람들은 그들을 둘러싸고 소리 높여 통곡했다.

아킬레우스와 그리스 군대는 파트로클로스의 복수가 끝나자 그의 장례식 준비를 갖추었다. 시체를 화장시킨 뒤, 장례경기가 거행되어 전차 경주 · 격투 · 권투 · 궁술 등으로 힘과 기술을 겨루었다. 그것이 끝나자 그들은 진영으로 들어가 마음껏 먹고 마셨다.

그러나 아킬레우스는 먹지도 않고 잠도 자지 않았다. 그는 날이 새기도 전에 진지에서 나와, 다시 헥토르의 시체를 차에 매달고 파트로클로스의 무덤 앞을 돌았다. 아킬레우스가 분노에 복받쳐 이렇게 헥토르의 시체를 욕보이고 있을 때, 제우스는 이를 가엾이 여겨 테티스를 불렀다. 그리고 아들에게 가서 헥토르의 시체를 트로이 군대에 돌려주도록 타일러 달라고 말했다. 제우스는 또한 무지개의 여신 이리스를 프리아모스 왕에게 보내, 왕으로 하여금 아킬레우스에게 가서 아들의 시체를 달라고 부탁하라고 일렀다.

이리스가 그 뜻을 전하자, 프리아모스는 곧 준비를 갖추었다. 창고를 열어 아름다운 옷가지와 비단과 황금 그리고 두 개의 훌륭한 삼각대 등을 꺼냈다. 그리고는 늙은 이다이오스라는 마부를 데리고 아킬레우스의 진영으로 떠났다.

제우스는 이 나이든 왕의 모습을 보고 측은히 여겨 헤르메스로 하여금 길을 안내시키고 신변을 보호해 주도록 했다. 헤르메스는 젊은 무장으로 변장하고 그들 앞에 나타났다. 그리고는 망설이고 있는 프리아모스에게 다가가 자기가 아킬레우스의 진영까지 모시겠다고 말했다. 프리아모스가 기꺼이 받아들이자 헤르메스는 마차를 타고 그들을 아킬레우스의 막사로 안내했다. 헤르메스의 지팡이가 수비병들을 모두 잠들게 했으므로 그들은 아무런 방해도 받지 않고 안으로 들어갔다. 아킬레우스 곁에는 두 사람의 무장이 있을 뿐이었다. 그리하여 프리아모스는 아킬레우스의 발밑에 엎드려 자기의 아들을 죽인 그 손에 입을 맞추었다. 그리고 정중히 말했다.

"오오, 아킬레우스 대장, 당신의 아버지를 생각해서 자비를 베푸시오. 그리고 이 늙은이를 보아 자비를 베푸시오."

이 말은 아킬레우스의 마음을 움직였다. 그는 나이든 왕을 일으켜 세우고 말했다.

"프리아모스여, 당신이 이곳에 오실 수 있었던 것은 아마 신의 인도에 의한 것일 거요. 당신의 소원을 들어 드리겠소. 이는 분명 제우스의 뜻일 겁니다."

아킬레우스는 곧 헥토르의 시체를 마차에 싣고 담요를 덮어 주었다. 그리고 헥토르의 장례를 위해 12일간의 휴전을 약속했다.

헥토르가 죽고 트로이 군대의 군세가 약해지자 새로운 동맹자들이 계속 모여들었다. 이 동맹자 가운데에는 에티오피아의 왕 멤논과, 아마존족의 여왕 펜테실레이아도 있었다. 펜테실레이아는 용기가 뛰어난 백전불굴의 여왕으로서, 이 싸움에서도 적을 수없이 무찔렀으나 아킬레우스에게 살해되고 말았다.

아킬레우스는 우연히 프리아모스 왕의 딸 폴릭세네를 보고 그녀의 아름다움에 마음을 빼앗겨, 그녀를 아내로 맞을 수 있다면 트로이에 평화를 가져오도록 노력하겠다고 말했다. 그리고 아폴론의 신전에서 이 혼담을 정하려 하고 있을 때, 파리스가 그를 향해 독화살을 쏘았다. 화살은 아폴론의 인도를 받아 아킬레우스의 발뒤꿈치에 맞았다. 그런데 발뒤꿈치는 아킬레우스에게 유일한 약점이었다. 아킬레우스가 어렸을 때, 그의 어머니 테티스는 그를 저승의 스틱스 강물에 담갔다 꺼내어 온몸을 불사신으로 만들어 주었는데, 그때 그녀가 잡고 있던 발뒤꿈치만이 물에 잠기지 않고 남았기 때문이다.

이렇게 죽은 아킬레우스의 시체는 그의 사촌동생 아이아스와 오디세우스에 의해 구출되었다. 테티스는 그리스 군대의 장병들에게 아들의 갑옷을 가장 용감한 자에게 주겠다고 말했다. 아이아스와 오디세우스가 지원을 했고, 다른 무장들이 심판을 하게 되었다. 그 결과, 갑옷은 오디세우스에게 수여되었고, 이 때문에 아이아스는 자결해 버렸다. 그의 피가 땅에 스며들자 그곳에서 꽃 한 송이가 피어났다. 그 꽃은 '히아신스'라고 부르는데 그 꽃잎에는 아이아스 이름의 처음 두 글자 'AI'가 새겨져 있었다. 이 말은 그리스어로 '아아, 슬프다'라는 뜻이다.

트로이 함락

전쟁은 계속되었다. 이제 트로이를 함락시키려면 헤라클레스의 화살의 힘을 빌리지 않고는 불가능하다는 것이 알려졌다. 그 화살은 필록테테스가 가지고 있었다. 그는 헤라클레스의 최후까지 함께 했고, 시체를 화장할 때 불을 지펴준 친구였다. 필록테테스는 그리스 군대에 가담하여 트로이 원정을 향했는데, 잘못하여 자기의 독화살로 발을 다치고 말았다. 그 상처에서 썩은 냄새가 나자 동료들이 그를 렘노스 섬으로 데려다 놓았다. 곧 디오메데스를 파견하여 그에게 다시 군대에 참가해 줄 것을 부탁했다. 이 부탁은 수락되었고 필록테테스는 마카온에게 상처를 치료받았다. 그리고 파리스가 그 무서운 독화살의 첫 희생자가 된 것이다.

트로이에는 팔라디온이라 부르는 아테나의 유명한 신상이 있었다. 그것은 하늘에서 떨어졌다고 전하며, 트로이는 이 상이 있는 한 함락되지 않는다고들 믿고 있었다. 오디세우스와 디오메데스는 변장을 하고 거리로 숨어들어가 이 팔라디온을 손에 넣어 그리스 군대의 진영으로 가지고 갔다.

그러나 트로이는 여전히 시련을 견뎌내고 있었다. 그리스 군대도 무력으로는 트로이를 정복할 수 없다는 것을 깨닫고 오디세우스의 제안에 따라 꾀를 쓰기로 했다. 그리스 군대는 포위를 풀 준비를 하고 있는 것처럼 꾸몄다. 함대의 일부를 철수시켜 근처의 섬에 숨긴 다음, 그리스 군대는 커다란 목마를 만들었다. 그들은 그 목마를 아테나의 노여움을 가라앉히는 제물로 바칠 것이라고 소문을 퍼뜨렸는데, 사실 그 안에는 무장한 병사들이 잔뜩 숨어 있었다.

남아 있던 그리스 군대도 이윽고 배를 타고 철수했다. 트로이 군대는 그리스 군대의 진영이 해체되고 함대가 떠난 것을 보자 적군이 포위를 푼 것이라고 믿었다. 성문이 열리고 사람들은 모두 뛰어나와 오랫동안 금지된 통행이 자유로워진 것을 기뻐하며, 얼마 전까지 적의 진영이었던 장소까지 돌아다녔다. 그들은 목마를 보자 모두 놀랐다. 대체 그것이 어째서 그 자리에 있는지 의아해했다. 그들이 어떻게 할 것인가 망설이고 있자, 포세이돈의 신관(神官)인 라오콘이 외쳤다.

"시민들이여, 이게 무슨 짓들이오? 당신들은 그리스 군대의 간계를 모르는가? 그것을 마땅히 경계해야 하오."

그는 들고 있던 창을 목마의 옆구리를 향해 던졌다. 그러자 묘한 소리가 울려나왔다. 따라서 사람들은 라오콘의 충고를 받아들여 이 목마와 그 안에 숨어 있던 자들을 모조리 죽이려고 했는데, 마침 그때 사람들이 그리스인처럼 보이는 포로 한 명을 잡아왔다. 묻는 말에 답변하면 목숨만은 살려주겠다고 약속하자, 잡혀온 그 사나이는 자기의 이름은 시논이며 오디세우스의 원한을 사서 떠날 때 자기만 남게 되었노라고 말했다. 그리고 그 목마는 아테나의 노여움을 달래기 위해 만든 것이며, 그렇게 크게 만든 것은 목마가 성 안으로 운반되지 못하게 하기 위한 것이라고 했다. 그것은 예언자 칼카스가, 만일 목마가 트로이 군대의 손에 들어가면 그리스는 패하리라고 말했기 때문이라는 것이었다.

이 말은 트로이 군대의 심경을 변하게 만들었다. 그들은 이 목마를 성 안으로 운반할 궁리를 했다. 그때, 갑자기 이상한 일이 일어났다. 두 마리의 큰 뱀이 바다 위를 달려 그들이 있는 곳으로 나타난 것이다. 뱀이 뭍으로 올라오자 사람들은 혼비백산하여 사방으로 도망쳤다. 뱀은 라오콘이 두 아들과 같이 서 있는 곳으로 한달음에 달려왔다. 그리고 처음에 두 아들을 습격하고, 이어 아들을 살리려는 라오콘의 몸을 친친 감아 독을 뿜어댔다. 이를 본 사람들은 이 목마가 신성한 제물이라고 생각하고 정중한 의식을 거쳐 성 안으로 운반했다. 그리고 그날은 온통 축제 분위기로 떠들썩했다.

이윽고 밤이 되자, 목마 안에 숨어 있던 무장병사들은 시논의 안내로 뛰어나와서 성문을 열었다. 일단 철수했던 군대도 어둠을 타고 돌아와 있었다. 성은 불길에 휩싸였다. 사람들은 마음을 푹 놓고 있던 터라 순식간에 참살되었고, 트로이는 완전히 함락되었다. 이리하여 자그마치 10년간이나 끌었던 트로이 전쟁은 그리스 군대의 승리로 막을 내린 것이다.

오디세우스의 모험

외눈박이 거인 키클로페스

트로이를 떠난 그리스 군대 일행은 처음에 이스마로스라는 키콘 족이 사는 항구도시에 상륙했으며, 이어 키클로페스 나라에 닿았다.

이 키클로페스 족은 거인족으로서 외딴 섬에 살고 있었다. 키클로페스란 말은 '둥근 눈'이라는 뜻이며, 이 거인들을 이렇게 부른 것은 눈이 하나밖에 없고, 게다가 그것이 이마 한복판에 박혀 있기 때문이었다. 그들은 동굴에 살면서 섬에서 나는 야생식물과 양젖을 먹고 살았다.

오디세우스는 병사들을 바닷가에 정박시켜 두고, 배 한 척을 내어 이 키클로페스 섬으로 가서 먹을 것을 마련해 오기로 했다. 그리고 술을 가지고 부하들과 함께 상륙했다.

그들은 먹을 것을 찾아 섬 깊숙이 들어갔다. 한 동굴 앞에 이르자 그 안에 무엇이 있나 살펴보았다. 뜻밖에도 거기에는 살진 양과 많은 치즈·우유, 그리고 울에 갇힌 염소들이 잔뜩 있었다. 일행이 그것을 챙기고 있으려니까 동굴의 주인 폴리페모스가 장작더미를 한아름 안고 들어와 굴 입구에 내려놓았다. 그는 젖을 짜기 위해 양과 염소를 굴 속으로 몰아넣고 안으로 들어오더니 큰 바위를 굴려 입구를 막았다. 어찌나 큰지 수소 스무 마리가 덤벼들어도 움직일 수 없는 그런 바위였다. 그는 양젖을 짜서 마셨다. 그리고 그 커다란 눈을 돌려 오디세우스 일행을 발견하자 기묘한 소리를 지르면서 물었다.

"네놈들은 어디서 온 누구냐?"

오디세우스는, 자기들은 그리스 사람이며, 최근 트로이 전쟁에서 이기고 돌아가는 길이라고 정중히 대답했다. 폴리페모스는 대답도 하지 않고 한쪽 손을 뻗쳐 오디세우스의 두 부하를 잡아 동굴 벽에 내던져 죽였다. 그리고 그들을 맛있게 먹어치우자 쓰러져 자기 시작했다.

오디세우스는 이 기회에 거인을 칼로 찔러 죽이려고 생각했다. 그러나 곧 그런 짓을 하는 것은 위험한 일이라고 깨달았다. 왜냐하면 이 거인이 굴의 입구를 막은 그 바위는 그들의 힘으로는 도저히 움직일 수 없으므로 도망쳐 나갈 수도 없었기 때문이었다.

다음날 아침 거인은 또다시 두 부하를 잡아 어제처럼 죽이더니 깨끗이 먹어치웠다. 그리고 양들을 몰아 밖으로 나가면서 바위로 입구를 막았다. 거인이 나가자 오디세우스는 달아날 궁리를 시작했다. 그는 부하들을 시켜 폴리페모스가 지팡이를 만들려고 잘라 두었던 큰 나무를 손질했다. 한쪽 끝을 뾰족하게 깎아 불에 말린 다음 바닥에 깔려 있는 짚 속에 숨겨놓았다.

저녁때가 되자, 폴리페모스가 돌아와서 바위를 밀어 양들을 몰아넣었다. 그리고 전처럼 젖을 짠 다음 오디세우스의 부하 두 사람을 잡아 저녁식사를 시작했다. 그 식사가 끝날 무렵, 오디세우스는 그에게 다가가 항아리에 담긴 술을 주면서 말했다.

"키클로페스, 이것은 술이라는 것입니다. 사람고기를 먹고 난 뒤에 마시면 맛이 더 좋지요."

거인은 그것을 받아 마셨다. 그는 매우 기뻐하며 더 내놓으라고 말했다. 오디세우스는 몇 번이나 따라 주었다. 그러자 거인은 기분이 좋아져 그를 제일 나중에 잡아먹겠다고 약속했다. 그리고 이름을 물었다. 오디세우스는 자기의 이름은 우티스('아무도 아니다'라는 뜻)라고 그럴듯하게 대답했다.

저녁식사가 끝나자, 거인은 곧 술에 취해 깊은 잠에 빠졌다. 오디세우스는 부하들과 함께 숨겨두었던 막대기를 꺼내 끝을 불에 시뻘겋게 달군 뒤 거인의 하나밖에 없는 눈알을 깊숙이 찔렀다. 그리고 목수가 나사송곳을 돌리듯이 그것을 돌렸다. 거인은 비명을 질렀다. 오디세우스는 부하들과 함께 재빨리 물러나 바위 뒤에 숨었다. 거인은 고통의 신음소리를 내면서 근처 동굴에 살고 있는 키클로페스들에게 큰 소리로 호소했다. 그러자 그의 동료들이 몰려들어, 대체 왜 그렇게 비명을 질러 잠도 못 자게 만드느냐고 물었다. 그는 대답했다.

"오오, 모두들 나 좀 보라구. 죽겠단 말야. 날 괴롭히려고 하는 것은 아무도 없다구!"

그러자 그들은 말했다.

"아무도 너를 괴롭히는 것이 없다면 그건 제우스의 짓이야. 그렇다면 괴롭더라도 참아야지 별 도리가 없잖아?"

그들은 신음하고 있는 폴리페모스를 내버려두고 가버렸다.

이튿날 아침, 폴리페모스는 양들을 목장으로 끌고 나가기 위해 그 바위를 밀어냈다. 그리고 동굴 입구에 서서 양이 나갈 때마다 한 마리씩 만져 보았다. 오디세우스와 그의 부하가 양과 함께 도망치지 못하게 하기 위해서였다.

그러나 오디세우스는 부하를 시켜 양들을 세 마리씩 가로세워 버들가지로 묶게 했다. 그리고 이 세 마리 중 가운데의 양에 부하들이 한 명씩 매달려 빠져나가게 했다. 거인은 양의 등과 옆구리를 만져보며 조사했으나 아랫배 쪽은 전혀 생각지 못했다. 그리하여 부하들은 모두 무사히 빠져나갔고 오디세우스 자신도 맨 마지막으로 빠져나갔다. 그리고 모두 동굴에서 약간 떨어진 곳에 이르자 재빨리 그곳을 떠났다. 그들은 제법 많은 양을 배가 있는 곳으로 몰고 갔다. 그들이 서둘러 양들을 배에 싣고 안전한 곳으로 나아간 다음, 오디세우스가 큰 소리로 외쳤다.

"키클로페스, 너의 잔학한 소행에 신들이 충분히 보복해 주신 거야. 네 눈을 찌른 사람은 오디세우스다!"

폴리페모스는 이 말을 듣자 바위를 움켜잡고는 소리가 나는 쪽을 향해 힘껏 던졌다. 바위가 날아와서 뱃머리를 스치고 떨어지자 바다는 파도를 일으키며 배를 기슭으로 밀었다. 하마터면 배가 가라앉을 뻔했다.

오디세우스는 또다시 거인에게 말을 걸려고 했으나 부하들이 만류했다. 그래도 그는 자기들이 바위에 맞지 않은 사실을 거인에게 알리고 싶었다. 그래서 이번에는 아까보다 훨씬 안전한 곳으로 나아가 외쳤다. 거인은 저주의 말을 던졌으나 오디세우스와 그의 부하들은 힘껏 노를 저어 이윽고 동료들이 기다리고 있는 곳으로 돌아갔다.

오디세우스는 이어 아이올로스 섬에 닿았다. 제우스는 이 섬의 왕에게 모든 바람의 지배권을 맡기고 있었으므로, 왕은 바람을 마음대로 할 수 있었다. 왕은 오디세우스를 따뜻이 맞았으며, 출발 때에는 해롭고 위험한 바람을 모두 가죽자루에 담아 은줄로 단단히 묶어서 주었다. 그리고 바람을 불러 그들의 배를 고향으로 보내주라고 분부했다.

9일 동안 일행의 배는 쏜살같이 나아갔다. 그 사이 오디세우스는 줄곧 한잠도 안 자고 키를 잡고 있었는데, 마침내 너무나 지쳐 잠들어 버렸다.

그가 잠이 든 사이에 부하들은 그 가죽자루 이야기를 했다. 그리고 그 자루에는 필시 아이올로스 왕이 오디세우스에게 준 보물이 들어 있을 것이라고 말했다. 그들은 그 보물을 오디세우스 혼자 차지한다는 것은 말도 안 된다고 생각하고 주머니를 풀고 말았다. 그러자 갑자기 바람이 뛰쳐나와 배는 폭풍에 휩쓸려 다시 떠나오던 섬으로 되돌아가고 말았다.

아이올로스는 그들의 어리석은 행동에 노하여 두 번 다시 그들을 돕지 않았다. 결국 그들은 같은 항로를 이번에는 힘들게 다시 노를 저어가지 않으면 안 되었다.

마법사 키르케

그들의 다음 모험은 라이스트리곤이라는 야만족을 상대로 한 것이었다. 일행의 배들은 모두 이 나라의 항구에 기항했다. 육지로 둘러싸여 안전해 보이는 항구에 이끌렸기 때문이었다. 그러나 오디세우스만은 배를 항구 밖에 정박시켰다.

라이스트리곤들은 선단이 완전히 자기들의 수중에 있음을 알게 되자, 갑자기 큰 돌을 던져 배를 파괴하고 전복시켰다. 모든 배는 섬멸되고 오로지 항구 밖에 있던 오디세우스의 배만 무사했다. 그는 도망치는 수밖에 도리가 없다고 판단하자 부하들과 함께 가까스로 그곳을 빠져나갔다.

일행은 얼마를 가다가 이윽고 아이아에라는 섬에 닿았다. 그곳에는 아폴론의 딸 키르케가 살고 있었다. 오디세우스는 섬에 상륙하자 언덕에 올라 주위를 둘러보았다. 사람이 살고 있는 흔적은 없었으나, 섬의 한가운데에 숲에 둘러싸인 궁전이 하나 보였다. 그는 자신의 매부인 에우릴로코스를 지휘관으로 삼아 부하의 절반을 파견하여 섬에 대한 정찰을 시켰다. 그들이 궁전으로 다가가자, 사자와 호랑이들이 둘러쌌다. 그러나 그 짐승들은 키르케의 요술로 온순한 짐승이 되어 있었다. 키르케는 소문난 마법사였다. 이 짐승들은 모두 전에는 인간이었는데 키르케의 마법으로 짐승이 되어버린 것이다.

궁전 안에서는 부드러운 음악소리와 아름다운 여인의 노랫소리가 들려왔다. 에우릴로코스가 큰 소리로 부르자 그 여신이 나와 그들을 안으로 맞아들였다. 모두 기뻐하며 안으로 들어갔으나, 에우릴로코스만은 들어가지 않았다. 어떤 위험을 느꼈기 때문이었다. 여신은 손님을 안내하여 자리에 앉히고 술과 음식을 대접했다. 그들이 모두 배불리 먹고 나자 그녀는 마법의 지팡이로 한 사람씩 건드렸다. 그러자 그들은 순식간에 돼지로 변했다. 그녀는 그들을 돼지우리에 가두어 버렸다.

에우릴로코스는 급히 배가 있는 곳으로 돌아가 보고를 했다. 오디세우스는 자기 혼자의 힘으로 부하들을 구해 보기로 결심했다. 그가 혼자 길을 걸어가던 중 한 젊은이를 만났는데, 젊은이는 그를 보자 정답게 말을 걸어왔다. 그리고 자기는 헤르메스라고 이름을 대고, 오디세우스에게 키르케의 마법과 그녀에게 접근하는 것은 위험한 일이라고 말했다. 그러나 오디세우스가 뜻을 굽히지 않자, 마법을 막는 데 신통력이 있는 약초를 주고 그 사용법을 가르쳐 주었다.

오디세우스가 궁전에 닿자 키르케는 정중히 환영을 했다. 그녀는 오디세우스에게도 역시 진수성찬으로 대접을 하고, 그가 식사를 마치자마자 곧 마법의 지팡이를 그에게 갖다 대면서 말했다.

"너도 돼지우리에 들어가 친구들하고 같이 뒹굴고 있거라."

그러나 오디세우스는 그녀의 말대로 되지 않았고, 도리어 칼을 뽑아 무서운 얼굴로 그녀에게 덤벼들었다. 그러자 그녀는 무릎을 꿇고 자비를 빌었다. 오디세우스는, 부하들을 석방하고 앞으로는 자기들에게 절대로 해를 끼치지 않겠다고 맹세하라고 일렀다. 그녀는 순순히 맹세를 한 다음, 그들 모두를 극진히 대접하고 이 섬을 무사히 떠나게 해주마고 약속했다. 그리고 그 약속을 충실히 지켰다. 부하들은 원래의 모습을 되찾았고 바닷가에 있던 다른 동료들도 초대를 받아 며칠을 극진한 대접을 받았다. 오디세우스는 어느덧 고향을 잊어버리고 안일과 환락의 불명예스러운 생활에 몸을 맡겨버린 것같이 보였다.

이윽고 부하들이 오디세우스에게 충고를 하자 그도 쾌히 받아들였다. 키르케는 일행의 출발을 돕고 또한 세이렌들이 있는 해안을 무사히 통과하는 방법을 가르쳐 주었다. 세이렌은 바다의 님프로서, 그들은 노래를 불러 이를 들은 자들을 모두 마법에 걸어버리는 힘을 가지고 있었다. 그 때문에 불행한 뱃사람들은 어쩔 수 없이 바다로 뛰어들어 죽게 마련이었다.

키르케는 오디세우스에게 선원들의 귀를 초로 막아 세이렌의 노래가 들리지 않게 하라고 일렀다. 그리고 오디세우스 자신도 몸을 돛대에 묶게 하고, 무슨 말을 하건 세이렌이 있는 섬을 통과할 때까지는 절대로 밧줄을 풀지 말라고 명했다.

오디세우스는 그녀의 말에 따라 모든 부하들의 귀를 초로 막고, 자기의 몸을 밧줄로 단단히 돛대에 묶게 하고 어떠한 일이 있어도 밧줄을 풀지 말도록 명령했다. 이렇게 일행이 세이렌이 있는 섬으로 다가가자 갑자기 바다가 조용해지며 그 바다 위로 은은한 노랫소리가 들려왔다. 그런데 그 가락이 너무나도 아름답고 매혹적이어서 오디세우스는 몸을 빼려고 몸부림쳤으며, 부하들에게 제발 밧줄을 풀어달라고 애원했다. 그러나 그들은 그의 명령을 지켜 그의 몸을 더한층 단단히 묶었다.

그들이 계속 배를 몰아가자, 그 사이에 노랫소리가 아련해지더니 얼마 뒤에는 들리지 않게 되었다. 그때에야 비로소 오디세우스는 기뻐하며 부하들에게 귀를 막고 있던 초를 빼라고 했다. 그리고 부하들은 오디세우스의 밧줄도 풀어주었다.

스킬라와 카리브디스

오디세우스는 또한 키르케에게서 스킬라와 카리브디스라는 두 괴물을 단단히 조심하라는 말을 들었다.

스킬라는 높은 언덕 위의 동굴에 살고 있으며, 그곳에서 머리가 여섯 개나 달린 긴 목을 늘여 지나가는 뱃사람들을 한입에 한 사람씩 물어죽이고 있었다. 또 하나의 괴물 카리브디스는 해면 근처의 여울에 살고 있었다. 바닷물은 하루에 세 번씩 무서운 구멍으로 빨려 들어갔다가 토해지고 있었다. 그리고 어떤 배이건 조수가 빨려 들어갈 때 이 여울 근처에 닿으면 반드시 말려드는 것이었다. 포세이돈조차 그것을 막을 도리가 없었다.

이런 무서운 괴물들이 출몰하는 곳에 이르자, 오디세우스는 그 괴물들을 발견하려고 엄중한 감시를 계속했다. 카리브디스가 물을 들이마실 때의 그 별난 물소리는 멀리에서도 들렸으나, 스킬라는 어디에도 보이지 않았다. 오디세우스와 부하들은 불안한 눈으로 이 무서운 여울을 보고 있는 동안 스킬라의 공격을 잊고 있었다. 그때, 스킬라는 느닷없이 뱀 같은 머리를 내밀어 오디세우스의 부하를 여섯 명이나 잡아 동굴로 납치해 갔다. 그것은 오디세우스가 그때까지 보아온 중에서 가장 기막힌 광경이었다. 그들의 비명을 들으면서도 손가락 하나 까딱할 수가 없었기 때문이었다.

키르케는 오디세우스에게 또 한 가지 주의를 주었다. 이 스킬라와 카리브디스를 피한 뒤 오디세우스가 이어서 들르게 될 곳은 트리나키아 섬이라는 곳이었다. 이 섬에는 태양신 아폴론의 가축이 두 처녀인 람페티아와 파에투사에게서 키워지고 있었는데, 절대로 이 가축에게 해를 끼쳐서는 안 된다는 것이었다. 그래서 오디세우스는 이 섬에 들르지 않고 그대로 지나치고 싶었으나, 동료들이 이 섬에서 푹 쉬고 가자고 조르는 바람에 오디세우스는 할 수 없이 그들의 소원을 들어주기로 했다. 대신 이 섬의 신성한 가축에는 절대로 손을 안 대겠다는 서약을 그들에게 받았다.

그들은 키르케가 준 음식이 있는 동안은 맹세를 지켰으나 역풍으로 인해서 한 달이나 섬에 억류되자, 굶주림에 지쳐 오디세우스가 없는 사이에 가축을 죽여버리고 말았다. 오디세우스는 돌아와서 그들의 소행을 알고 깜짝 놀랐다. 그리고 허둥지둥 그 섬을 떠났다. 그런데 얼마 안 가 갑자기 날씨가 이상해지더니 번개와 벼락이 일며 폭풍이 휘몰아쳤다. 배는 가랑잎처럼 파도 사이를 떠돌아다녔고 이내 가라앉았다. 파도는 오디세우스를 칼립소 섬으로 옮겨 놓았으나 배에 타고 있던 사람들은 모두 전멸했다.

칼립소는 바다의 님프였다. 칼립소는 오디세우스를 따뜻이 맞아 극진한 대접을 했다. 그리고 그를 사랑하게 되어 그를 불사신으로 만들어서 언제까지나 자기 곁에 두고 싶다고 생각했다. 그러나 오디세우스는 고향으로 돌아가겠다고 고집 부렸다. 제우스는 마침내 그녀에게 그를 돌려보내라는 명령을 내렸다. 마지못해 칼립소는 제우스의 명령에 따랐다.

그녀는 오디세우스에게 뗏목을 만드는 법을 가르쳐 주고 식량도 충분히 주었다. 그래서 오디세우스는 며칠 동안 순조롭게 항해를 할 수 있었다. 그런데 육지를 눈앞에 둔 지점에서 갑자기 폭풍을 만나 뗏목이 부서져 나가게 되었다. 바야흐로 물에 빠지려는 순간 인정 많은 바다의 님프가 그를 도와주고, 그에게 허리띠를 내주면서 그것을 가슴 밑에 감고 있으라고 일러주었다.

페넬로페의 구혼자들

오디세우스는 뗏목에 의지할 수 있는 동안은 악착같이 그것에 매달려 있었다. 그러다가 도저히 지탱할 수 없게 되자 바다의 님프가 준 그 허리띠를 몸에 감고 헤엄을 치기 시작했다. 아테나는 파도를 가라앉히고 바람을 보내 기슭으로 물결이 밀려 나가도록 해주었다. 그래서 오디세우스는 얼마 후 손쉽게 육지에 올랐다. 그는 심한 피로에 지쳐 마치 죽은 듯이 한동안 정신없이 누워 있었다. 한참 만에 깨어나서 기운을 되찾자 미친 듯이 땅에다 입을 맞추었다. 그러나 장차 어떻게 해야 좋을지 방도가 없었다.

그때 그리 멀지 않은 곳에 있는 숲을 발견하고 그는 그리로 갔다. 그곳에는 나뭇가지로 뒤엉켜 햇빛과 비를 피할 수 있는 곳이 있었다. 그는 너무 피곤하여 나뭇잎을 산더미처럼 모아 침상을 만들고 흠뻑 단잠을 잤다.

오디세우스가 상륙한 곳은 스케리아라고 하는, 파이아케스 인이 사는 나라였다. 이들은 원래 키클로페스 족 가까이에 살았었는데, 그들에게 항상 침략을 당하고 있었기 때문에 나우시토스 왕을 따라 이 스케리아 섬으로 옮겨 살게 된 것이다.

그들은 많은 재산을 지녔으며, 전쟁을 모르고 평화롭게 살고 있었다. 이 나라에는 단 한 번도 적의 침략이 없었고, 따라서 그들은 활이나 창을 쓸 필요가 없었던 것이다. 그들의 주된 일은 항해였다. 그들이 만든 배는 나는 새처럼 빨랐다. 당시에는 나우시토스의 아들인 알키노스가 국왕으로 있었는데, 그는 보기 드물게 현명한 군주여서 국민들에게 존경을 받고 있었다.

오디세우스가 이 파이아케스 인이 사는 섬에서 나뭇잎 침상에 누워 잠들어 있는 바로 그날 밤, 국왕의 딸 나우시카는 아테나가 보낸 꿈을 꾸었다. 그 꿈은, 그녀의 결혼날이 멀지 않았으니 그 준비로 가족들의 옷을 모두 깨끗이 만들어 두어야 할 것이라는 내용이었다. 그러나 세탁은 손쉬운 일이 아니었다. 샘은 상당히 먼 곳에 떨어져 있어서 옷을 그곳까지 운반해 가는 일이 큰 문제였기 때문이다.

공주는 잠을 깨자마자 곧 부모에게로 가서 꿈 이야기를 했다. 그러나 자기의 결혼날에 대해서는 부끄러워 말을 못하고 다른 핑계를 댔다. 부왕은 쾌히 승낙하여 하인들에게 마차를 준비시켰다. 세탁할 옷이 마차에 실리고 여왕도 많은 음식을 마차에 실어 주었다. 공주는 자리에 앉자 말을 몰았다. 시녀들은 걸어서 그 뒤를 따랐다. 그들은 샘가에서 말을 멈추어 짐을 내렸다. 그리고 빨래를 마친 후 볕에 널어놓고 목욕을 시작했다. 그들은 식사가 끝나자 공놀이를 하며 즐겼다.

이윽고 빨래를 거둬 왕궁으로 돌아갈 준비를 할 때, 여신 아테나는 공주가 던진 공이 개울 속으로 빠지게 만들었다. 그 바람에 모두들 큰 소리로 왁자지껄 떠들자 오디세우스는 잠을 깼다.

그는 잠에서 깨어나자 벌거벗은 자기와 처녀들과의 사이가 매우 가깝다는 것을 알았다. 그녀들의 태도나 옷차림으로 미루어 시골처녀가 아닌 고귀한 신분의 사람들 같았다. 오디세우스는 잎이 무성한 나뭇가지로 몸을 가리고 숲을 나섰다. 처녀들은 그를 보자 모두 도망쳤다. 그러나 나우시카만은 아테나로부터 용기와 통찰력을 받았기 때문에 그 자리에 말없이 서 있었다. 오디세우스는 공손히 서서 자기의 사정을 설명하고 먹을 것과 입을 것을 간청했다. 공주는 도망친 시녀들을 불러 음식과 옷을 가져오라고 일렀다. 오디세우스가 그들이 갖다 준 옷을 입고 음식을 먹고 나자, 공주는 혹시 자기와 같이 궁전으로 돌아가면 소문이 퍼질지 모르니 시내 인접한 숲에서 잠시 기다려 달라고 말했다. 오디세우스는 그녀의 말대로 잠시 기다리고 있다가 궁전을 향해 걸어갔다.

오디세우스는 여신에게 안내되어 궁전 앞에 이르렀다. 여신은 그에게 여러 가지 필요한 예비지식을 알려주고 그 자리를 떠났다. 오디세우스는 호화로운 궁전을 한동안 구경하고 있었으나 아무도 그의 모습을 본 사람은 없었다. 아테나가 안개로 그를 감싸주었기 때문이었다. 오디세우스는 잠시 후 궁전 안으로 들어갔다. 그곳에는 이 나라의 족장과 원로들이 모여 헤르메스를 위해 식을 올리고 있는 중이었다. 그때 아테나는 안개를 거두어 늘어서 있는 족장 앞에 그의 모습을 나타냈다. 오디세우스는 왕비가 앉아 있는 곳으로 나아가 그 앞에 무릎을 꿇고 고국에 돌아갈 수 있게 해달라고 간곡히 부탁했다. 그러자 한 늙은 원로가 국왕에게 말했다.

"우리의 환대를 바라는 나그네를 환영치 않는다는 것은 옳지 않습니다. 그를 우리와 같은 자리에 앉히고 식사를 대접하십시오."

이 말에 국왕은 곧 일어서서 오디세우스에게 손을 내밀어 아들에게 자리를 양보하게 하고 그 자리에 앉혔다. 이윽고 진수성찬이 오디세우스의 원기를 회복시켜 주었다.

잠시 후 신하들은 모두 물러가고 오디세우스와 국왕과 왕비만이 남게 되자, 왕비는 오디세우스에게 대체 어디서 온 누구이며 그리고 그 옷을 누구에게 받았느냐고 물었다. 그가 입고 있는 옷은 왕비가 궁녀들과 함께 만든 옷이었기 때문이었다. 오디세우스가 자초지종을 말하자, 두 사람은 고개를 끄덕이며 듣고는 그에게 고향으로 돌아갈 배를 마련해 주겠다고 약속했다.

이튿날 의회에 참석한 족장들은 왕의 이 약속을 인정했다. 그래서 배가 준비되고 한 쌍의 건장한 키잡이들이 선발되었다. 국왕은 오디세우스를 위해 연회를 베풀고 젊은이들을 불러 갖가지 경기를 개최했다. 용감한 젊은이들은 오디세우스에게 여러 가지 특기를 보였으며, 그것이 끝나자 이번에는 오디세우스의 실력을 보여 달라고 요구했다. 오디세우스는 처음에는 사양했으나, 한 젊은이로부터 모욕을 받자 그도 마침내 원반을 들어 파이아케스 인들이 던진 가장 먼 거리보다 더욱 멀리 던졌다. 그것을 본 그들은 모두 놀라 그를 더한층 존경하게 되었다.

경기가 끝나자 전령이 장님 시인인 데모도코스를 데리고 왔다. 데모도코스는 노래의 제목으로 <목마>를 택했다. 그리스 군대가 트로이 성을 함락하기 위해 이용했던 바로 그 목마였다. 아폴론은 시인에게 영감을 주었다. 시인은 트로이 함락 당시의 참상과 무장들의 눈부신 활약상을 감동적으로 노래하기 시작했으므로 모두들 매우 기뻐했다. 그러나 오디세우스만은 자기도 모르게 눈물을 흘렸다. 그것을 본 알키노스는 노래를 중지시키고 어찌하여 슬퍼하느냐고 까닭을 물었다. 오디세우스는 자기의 진짜 이름을 밝히고, 그들의 요구에 따라 트로이 함락 이후의 자기의 모험담을 들려주었다. 이 말을 듣고 왕은 모든 족장들에게 오디세우스에게 각기 선물을 하는 것이 어떠냐고 제안하고, 자신이 솔선해서 값진 물건을 선사했다. 그러자 신하들은 서로 다투어 오디세우스에게 온갖 선물을 주었다.

다음날 오디세우스는 파이아케스의 배로 출범했다. 그리고 얼마 후 고향인 이타케에 무사히 도착했다. 배가 강가에 닿았을 때 그는 잠들어 있었다. 그래서 선원들은 그를 깨우지 않고 살며시 육지로 옮기고는 선물상자와 함께 그대로 놓아두고 돌아갔다.

포세이돈은 이렇게 오디세우스를 구해준 파이아케스 인의 행동에 몹시 노하여 배가 돌아가 항구에 들어가려는 순간 그 배를 바위로 변하게 했다.

오디세우스는 이타케를 떠난 지 20년이나 되어 있었기 때문에 잠을 깼을 때는 그곳이 자기의 고향이라는 사실을 몰랐다. 그때 아테나가 젊은 양치기로 변신하여 나타나 그곳이 어디인지를 가르쳐 주었다. 그리고 그의 집 이야기를 들려주었다.

이타케와 근처의 섬에 사는 백 명 이상이나 되는 귀족들이 벌써 몇 년 전부터 오디세우스가 죽은 줄 알고 그의 아내 페넬로페에게 구혼하고 있으며, 오디세우스의 궁전과 신하들도 모두 자기들의 소유인 양 행세하고 있다는 것이었다. 오디세우스가 그들에게 복수를 하려면 그의 신분을 숨겨야 할 필요가 있었다. 아테나는 그를 더러운 거지로 만들었다. 그런 모습으로 그는 양치기 에우마이오스에게 따뜻이 맞아들여졌다. 에우마이오스는 그의 충실한 하인이었다.

오디세우스의 아들 텔레마코스는 부친을 찾으러 집을 나가고 부재중이었다. 텔레마코스는 여행 도중 아테나로부터 속히 고향으로 돌아가라는 충고를 받았다. 그래서 곧 귀국하자 에우마이오스에게로 가서 궁전의 사정을 알아보기로 했다. 에우마이오스의 집에서 그는 낯선 거지를 만났다. 그리고 그 늙은 거지에게 앞으로 도와주겠다고 약속을 했다. 이윽고 에우마이오스는 궁전에 있는 페넬로페에게 텔레마코스가 귀국한 사실을 넌지시 알리러 갔다. 텔레마코스는 구혼자들을 조심해야 했다. 그들은 텔레마코스를 죽이려고 벼르고 있었던 것이다.

에우마이오스가 떠나자 아테나는 오디세우스 앞에 나타나, 아들에게 신분을 밝히라고 명했다. 동시에 오디세우스의 몸에 손을 대어 그 몸에서 늙은 나이와 가난한 모습을 가져가게 하고, 활기가 넘친 원래의 모습을 주었다. 텔레마코스는 그것을 보고 놀랐으며, 처음에는 필시 신이라고 생각했다. 그러나 오디세우스의 말을 듣고 비로소 아버지임을 알았다. 아버지와 아들은 구혼자들을 어떻게 처치할 것인가를 상의했다. 그 결과 텔레마코스는 궁전으로 가서 전과 마찬가지로 구혼자를 대하기로 하고, 오디세우스는 거지 차림으로 가기로 했다. 거지란 당시만 해도 나그네로서, 또한 재미있는 이야기꾼으로서 특별대우를 받는 일이 흔했다.

궁전으로 들어가 보니 전과 다름없는 연회와 소동이 계속되고 있었다. 구혼자들은 텔레마코스가 돌아온 것을 보자 기꺼이 반기는 체했다. 물론 속으로는 자기들의 음모가 실패한 것을 원통하게 생각하고 있었다. 늙은 거지도 안내되어 식탁에 앉게 되었다. 오디세우스가 홀에 앉아 음식을 먹고 있으려니 곧 구혼자들이 오만한 행동을 하기 시작했다. 그가 부드럽게 충고를 하자 그 중의 한 명이 의자를 들어 던졌다. 텔레마코스는 부친이 이런 꼴을 당하는 것을 보고 노여움을 참을 수 없었으나 부친의 명령을 생각하고 꾹 참았다.

한편, 페넬로페는 구혼자 중에서 한 사람을 남편으로 택한다는 약속을 거듭 미루어 왔으나 이제는 더 이상 미룰 구실이 없었다. 남편이 아직도 돌아오지 않는 것을 보면 남편은 이미 고인이 되었을지도 몰랐다. 또한 아들도 이제는 성인이었다. 마침내 그녀는 궁술시합으로 남편감을 정한다는 사실에 동의했다. 열두 개의 고리가 한 줄로 놓이고, 화살 하나로 그 전부를 관통시킨 사람이 상으로 왕비를 차지하게 된다는 것이었다.

준비가 갖추어지자 옛날 오디세우스가 사용하던 활이 무기고에서 내어지고, 이어 그 활의 시위를 메기기 위해 활을 구부리게 되었다. 먼저 텔레마코스가 시험했으나 헛일이었다. 다른 자가 해보았으나 역시 마찬가지였다. 몇 사람이 계속 시도해도 활은 굽어지지 않았다. 그러자 오디세우스가 입을 열었다.

"지금은 비록 이런 거지꼴을 하고 있지만 옛날에는 저도 무사였습니다. 그러니 이 늙은 수족에도 아직 힘은 남아 있습니다."

구혼자들은 큰 소리로 비웃으며 이 무례한 자를 당장 끌어내라고 명했다. 그러나 텔레마코스는 이는 다만 노인의 마음을 만족시키기 위한 것뿐이니 한번 시켜보자고 제의했다.

오디세우스는 활을 들자 명수의 솜씨로 활을 다루었다. 수월하게 화살을 시위에 메긴 다음, 그는 활을 당겨 보기 좋게 고리 속으로 관통시켰다. 일동이 놀라자 오디세우스는 틈도 주지 않고,

"다음 과녁은 이것이다!"

하면서 구혼자 중에서 가장 무례한 사나이를 겨누었다. 화살은 목을 뚫었고 사나이는 쓰러졌다. 텔레마코스와 에우마이오스, 또 한 명의 신하가 완전무장을 하고서 오디세우스의 곁으로 달려들었다. 구혼자들은 혼비백산하여 무기를 찾았으나 이미 텔레마코스가 그들의 무기를 숨겨버린 뒤여서 하나도 없었으며, 에우마이오스가 재빨리 문을 닫아버렸으므로 도망칠 길도 없었다.

오디세우스는 구혼자들에게 자기의 정체를 밝혔다. 그리고 자기는 오랫동안 집을 비운 이 집의 주인이며, 그들에게 집을 빼앗기고 재산도 탕진된 데다가 아내와 자식마저 박해받은 오디세우스라고 말했다. 그리고 이제 철저히 복수를 해주겠다고 말했다. 이리하여 구혼자들은 모두 다 살해되고 오디세우스는 다시 왕국과 아내를 되찾게 되었다.

아이네이아스와 로마 건설

아폴론의 신탁

트로이 사람들은 나라가 멸망한 뒤, 대장 아이네이아스에게 인도되어 새로이 살 곳을 찾아 길을 떠나게 되었다.

그 운명의 날 밤, 목마가 무장한 병사들을 토해내어 트로이 성이 불길에 휩싸였을 때 아이네이아스는 부친과 아내와 어린 아들을 데리고 도

망쳤다. 부친 앙키세스는 노쇠하여 빨리 걷지 못했기 때문에 아이네이아스는 그를 어깨에 떠멨다. 이렇게 그는 부친을 떠메고, 아들의 손을 잡고, 아내를 데리고 도망치던 혼란 속에서 그는 아내와 헤어지고 말았다.

약속된 장소로 가 보니 그곳에는 많은 피난민들이 모여 있었는데, 모두 아이네이아스의 지휘에 따르겠다는 것이었다. 몇 달 걸려 준비가 갖추어지자 일행은 길을 떠났다. 처음에는 가까운 트라키아 해안에 상륙하여 그곳에 국가를 건설하려고 했는데, 아이네이아스는 어떤 이상한 일 때문에 그것을 중지했다. 즉, 제물을 바치려고 근처의 숲에서 나뭇가지를 꺾고 있었는데 놀랍게도 그 가지에서 피가 흘러내리는 것이었다. 다시 가지를 꺾으려고 하자 땅 속에서 목소리가 들려왔다.

"나를 괴롭히지 말아주세요. 나는 폴리도로스예요. 나는 여기서 많은 화살을 맞고 죽었는데, 그때의 화살이 내 피를 먹고 자라 이렇게 숲이 되어 있는 거예요."

이 말을 듣고 아이네이아스의 머리에 떠오른 것은 트로이의 어린 왕자 폴리도로스의 일이었다. 폴리도로스의 부친 프리아모스는 이 아이에게 막대한 재물을 딸려 트라키아로 보내, 전쟁의 피해가 없는 곳에서 키우고 싶다고 생각했다. 그런데 부탁을 받은 트라키아 왕은 이 아이를 죽이고 그 재물을 빼앗은 것이다. 아이네이아스와 동료들은 이 땅이 이런 불길한 일로 더럽혀져 있음을 알자 급히 떠났다.

일행은 이어 델로스 섬에 상륙했다. 이 섬은 옛날 떠다니던 섬이었는데 제우스가 사슬로 묶어놓은 것이다. 아폴론과 아르테미스가 이곳에서 태어났기 때문에 이 섬에는 아폴론이 모셔지고 있었다. 그래서 아이네이아스는 아폴론의 신탁을 들어보기로 했는데, 그 신탁은 여전히 애매한 내용이었다.

"그대의 옛 어머니를 찾으라. 아이네이아스 일족은 그 땅에 살 것이며, 그러면 모든 나라 위에 단연 군림하리라."

트로이 사람들은 이 말을 듣자 매우 기뻐하며 서로 물었다.

"신탁에서 알리신 그 고장은 어디일까?"

앙키세스는 옛날부터 전해 내려오는 말에, 자기들의 조상이 크레타 섬에서 왔다는 사실을 생각해 냈다. 그들은 곧 그곳으로 떠났다. 그리고 크레타 섬에 닿자 곧 건설을 시작했다.

그런데 갑자기 질병이 번져 모처럼 힘들여 지은 밭농사가 하나도 되지 않았다. 이런 암담한 사태에 직면했을 때, 아이네이아스는 꿈속에서 이 땅을 떠나 헤스페리아라고 부르는 서쪽 나라를 찾으라는 말을 들었다. 그곳은 트로이 일족의 시조인 다르다노스가 처음으로 이주해 온 고장이었다. 그리하여 그들은 오늘날 이탈리아라고 부르는, 이 헤스페리아를 향해 항해를 떠났다. 그리고 숱한 모험과 오랜 세월을 거쳐 가까스로 그곳에 닿았다.

그들이 처음으로 상륙한 곳은 하르피아들이 사는 섬이었다. 하르피아란 처녀의 머리를 하고 길게 구부러진 발톱을 가진 혐오스러운 새였다.

배가 항구에 들어가자 그들은 가축 떼가 들판을 돌아다니고 있는 것을 보았다. 그들은 먹을 만큼의 가축을 잡아 식사준비를 시작했다. 그런데 일동이 식탁에 앉자마자 무서운 외침소리가 하늘에서 들려왔다. 그리고 그 하르피아 떼가 덤벼들어 접시에서 고기를 가로채 그대로 날아가려고 했다. 아이네이아스와 동료들은 칼을 뽑아 괴물들을 죽이려 했으나 너무 빨리 도망치는 바람에 소용이 없었다. 그러자 한 마리가 언덕 위에 앉아 외쳤다.

"트로이 사람들아, 이것이 죄도 없는 우리 새들에 대한 인사란 말이냐?"

그리고 트로이 인들의 앞길에 무서운 재난이 있음을 예언하고 마음껏 욕을 퍼붓고는 날아가 버렸다. 그들 일행은 급히 이곳을 떠나 에페이로스 해안을 따라 배를 몰았다. 그런데 이곳에 상륙하자, 놀랍게도 트로이에서 포로로 끌려간 몇 사람이 이 나라의 지배자가 되어 있었다. 그들은 아이네이아스 일행을 정중히 대접했으며, 떠날 때에는 많은 선물을 주어 보냈다.

그들은 다시 시켈리아(지금의 시칠리아) 해안을 따라 항해하여 키클로페스 섬을 지났다. 아이네이아스는 헬레노스에게서 스킬라와 카리브디스가 지키고 있는 해안은 피해서 가라는 말을 듣고 있었다. 이곳은 전에 오디세우스가 6명의 부하를 잃었던 곳이었다. 아이네이아스는 헬레노스의 충고대로 이 위험한 해협을 피해 시켈리아 섬을 따라 항해를 계속했다.

그러나 헤라는 트로이 사람들이 목적지를 향해 순조롭게 나아가고 있는 것을 보자 옛날의 원한이 다시 살아났다. 여신은 급히 바람의 지배자인 아이올로스에게로 갔다. 아이올로스는 여신의 명령에 따라 아들 보레아스(북풍)와 티폰(태풍)을 불러 폭풍을 일으키게 했다.

드디어 무서운 태풍이 일어나고, 트로이 사람들이 탄 배는 진로를 벗어나 아프리카 해안으로 밀려갔다. 이때 폭풍이 몰아치는 소리를 들은 포세이돈은 그것이 자기가 명령한 것이 아님을 알자 파도 위로 머리를 내밀었다. 그러자 떠돌고 있는 아이네이아스의 선단이 보였다. 그는 여동생 헤라가 트로이 사람들에게 적의를 품고 있다는 사실은 알고 있었으나, 이렇게 자기의 영역을 침범하는 사실에는 참을 수가 없었다. 그래서 바람들을 불러 엄하게 꾸짖고는 돌려보냈다.

디도의 자결

아이네이아스 일행이 온갖 고초 끝에 닿은 곳은 시켈리아의 반대쪽인 아프리카 해안에 있는 카르타고였다. 이곳은 당시 티로스 인의 이민이 그들의 여왕 디도와 함께 새로운 국가의 기초를 닦고 있는 곳이었다.

디도는 티로스 왕 벨로스의 딸로서, 왕위를 이은 피그말리온의 여동생이었다. 남편은 시카이오스라는 대단한 재산가였는데, 피그말리온은 그 재산에 눈이 어두워 그를 죽였다. 그래서 디도는 많은 친구와 부하들을 이끌고, 몇 척의 배에 시카이오스의 재물을 싣고는 티로스를 탈출했다. 그리고 이곳으로 오지 그녀는 원주민들에게, 한 마리의 쇠가죽에 둘러싸일 만한 땅이라도 좋으니 나눠달라고 부탁했다. 승낙을 받자, 그녀는 쇠가죽을 가늘고 길게 잘라 몇 개의 끈을 만들고 그것으로 땅을 둘러싼 다음 그곳에 성을 세우고 '짐승의 가죽'이라는 뜻인 비르사라고 이름 붙였다. 그리고 이 성 둘레에 카르타고가 생기고, 이윽고 강력한 국가가 되었다.

그 무렵, 아이네이아스는 동료들과 함께 이곳에 도착했다. 디도는 일행을 상냥하게 맞았다. 그녀는 그들에게 말했다.

"나 역시 많은 고생을 해봤기 때문에 불행한 분들을 도울 줄은 압니다."

여왕은 그들을 환대하기 위해 축제를 열고 힘과 솜씨를 겨루는 경기를 개최했다. 경기가 끝나자 아이네이아스는 여왕의 요구에 따라 트로이 전쟁과 그 후의 모험담을 이야기했다. 디도는 그 이야기에 넋을 잃었고 그의 공적에 감동했다. 그리고 아이네이아스를 사랑하게 되었다. 아이네이아스도 기꺼이 이 행운을 받아들였다.

꿈같은 몇 달이 지났다. 그는 왕국을 건설한다는 맹세도 잊어버린 듯했다. 그러자 이를 본 제우스는 곧 헤르메스를 그에게 보내 항해를 계속하도록 명했다. 아이네이아스는 이렇게 되자 디도를 버렸다. 물론 그녀는 갖은 유혹과 설득을 했지만 아이네이아스의 뜻은 굽힐 수 없었고, 그 일행은 카르타고를 떠나고 말았다. 디도는 그가 가버리자 미리 준비해 둔 장작더미 위에 올라 칼로 자결하여 장작과 함께 불타버렸다. 그 불길은 멀리 사라져 가는 트로이 사람들에게도 보였다. 그 불이 무슨 까닭으로 일어났는지는 몰랐으나, 아이네이아스는 불길한 사건의 조짐 같은 것을 느낄 수 있었다.

아이네이아스 일행은 시켈리아 섬에 들러, 당시 이곳을 지배하고 있던 아이게스테스에게 대접을 받은 후 다시 배를 타고 이탈리아로 향했다. 이때 아프로디테는 포세이돈에게 부탁하여 자기 아들 아이네이아스가 바라는 목적지에 정착할 수 있게 해달라고 말했다. 포세이돈은 그녀의 말을 들어주었으며, 일행의 배는 드디어 이탈리아 해안에 닿게 되었다. 그들은 함께 야영할 준비를 했다.

그 사이에 아이네이아스는 시빌레(아폴론의 신탁을 알려주는 무녀)를 찾아 나섰다. 시빌레는 아폴론과 아르테미스에게 바쳐진 신전과 숲으로 이어지는 동굴 속에 살고 있었다. 아이네이아스가 그곳에 멍하니 서 있자 시빌레가 말을 걸었다. 그녀는 그가 무엇 때문에 자기를 찾아왔는지 알고 있는 것 같았다. 그녀는 아이네이아스가 앞으로 겪어야 할 위험을 예언하고 이렇게 격려했다.

"그대, 재난에 굴하지 말고 용감히 나아가라."

아이네이아스는 한 가지 소원을 말했다. 항해 도중 시켈리아에서 죽은 부친 앙키세스를 만나 자기의 운명과 민족의 운명에 대해 가르침을 받게 해달라고 했다. 그러자 시빌레는 대답했다.

"아오르노스(지하의 나라)로 내려가기는 쉬워요. 그러나 이 세상으로 돌아오는 것은 아주 힘든 일이에요."

그리고 그녀는 숲에 가서 황금의 가지가 달린 나무를 찾으라고 말했다. 그 가지를 꺾어 페르세포네에게 선물로 가져가야 하는데, 운이 좋으면 가지를 꺾을 수 있지만 운이 나쁘면 불가능하다고 말했다. 아이네이아스는 시빌레의 지시에 따랐다. 그때 그의 어머니 아프로디테는 자기의 비둘기 두 마리를 보내 길을 안내시켰다. 아이네이아스는 그 도움으로 나무를 찾고 그 가지를 꺾어 시빌레에게 가지고 돌아갔다.

아이네이아스, 명계로 내려가다

아오르노스 호수는 매우 깊고 주위는 높은 둑으로 둘러싸였으며, 또한 울창한 숲으로 덮여 있었다. 이 호수에서는 유독한 증기가 솟아오르기 때문에 둑에는 생물이라고는 없었으며, 호수 위에는 새 한 마리 날지 않았다. 이곳에 바로 저승으로 내려갈 수 있는 동굴이 있었다. 아이네이아스는 이곳에서 저승의 여신들인 페르세포네 · 헤카테 · 에리니에스들에게 제물을 바쳤다. 그러자 땅 속에서 무슨 소리가 들려오며, 둑 위의 숲이 흔들리기 시작했다. 그리고 개들이 짖으며 이들 신이 다가오고 있음을 알렸다.

시빌레는 말했다.

"자, 용기를 내세요. 이제부터는 그 용기가 필요합니다."

시빌레가 먼저 동굴 속으로 내려갔다. 아이네이아스도 그녀를 따랐다. 그들은 지옥의 문 앞에서 한 무리 속을 지나갔다. 그것들은 '탄식 · 질병 · 공포 · 굶주림 · 죽음' 등으로 보기에도 끔찍한 모습을 하고 있었다. 불화의 여신 에리니에스들은 그곳에 침상을 펼치고 있었다. 이곳에는 또 팔이 백 개나 되는 브리아레오스와 슈웃슈웃 소리를 내는 히드라며, 불을 토하는 키마이라(영 : 키메라) 같은 괴물도 있었다. 그들은 코키토스(탄식의 강)라는 검은 강에 이르렀는데, 그곳에는 카론이라는 뱃사공이 온갖 종류의 사람들을 배에 태우고 있는 중이었다. 사람들은 강가에서서 서로 먼저 건너가려고 아우성치고 있었다. 아이네이아스는 그 광경을 보자 이상하게 생각하고 시빌레에게 물었다.

"어째서 저렇게 차별하는 것입니까?"

그러자 그녀는 대답했다.

"배를 탈 수 있는 것은 정식으로 장례를 치른 사람들의 넋뿐입니다. 매장되지 못한 사람들은 이 강을 건너지 못하며, 백 년 동안 떠돌아다녀야 해요."

그들은 배 가까이 다가갔다. 카론은 다가오는 이 영웅을 날카롭게 보면서 생명을 지닌 자가 무슨 권리로, 게다가 무장을 하고 다가오느냐고 물었다. 이에 대해 시빌레는, 아이네이아스는 부친을 만나러 온 것이라고 대답하고 그 황금의 가지를 꺼내 보였다. 그것을 보자, 카론의 노여움은 순식간에 풀렸다. 그리고 급히 배의 방향을 바꾸어 이 두 사람을 태웠다. 그들이 강가에 닿자, 머리가 세 개 달린 케르베로스라는 개가 기다리고 있었다. 케르베로스는 세 개의 목을 치켜세우며 마구 짖어댔다. 시빌레가 약을 넣은 과자를 던져주자 그것을 허겁지겁 받아먹더니 곧 잠이 들었다.

아이네이아스와 시빌레는 육지로 뛰어내렸다. 그러자 그들의 귀에는 죽은 자들의 신음소리가 들려왔다. 아이네이아스는 그 속에서 디도의 모습을 보았다. 그는 놀라움을 감추고 애정 어린 목소리로 그녀에게 말을 걸었다.

"디도, 당신이 죽었다는 소문이 정말이었구려. 아아, 내가 바로 그 원인이었단 말인가? 신에게 맹세코 말하지만, 내가 당신을 버린 것은 제우스의 명령이었소. 제발 마지막 작별인사라도 나누게 해주오."

디도는 잠시 서 있더니 아무 말도 없이 걸음을 옮겨 가버렸다. 아이네이아스는 잠시 뒤를 쫓다가 무거운 마음으로 시빌레 곁으로 되돌아와 다시 길을 걸어갔다.

두 사람은 이어 전사한 영웅들이 떠도는 들판으로 나왔다. 이곳에는 그리스와 트로이 무장들의 망령이 많이 있었다. 트로이의 망령들은 곧 아이네이아스의 주위로 모여들어 많은 질문을 퍼부었다. 아이네이아스는 그들과 좀 더 같이 있고 싶었으나 시빌레가 그를 재촉했다.

그들이 다음에 닿은 곳은 길이 둘로 갈라져 있는 지점이었다. 하나는 엘리시온(극락)으로 통하는 길이고, 또 하나는 저주받은 자들의 나라로 통하는 길이었다.

한쪽에는 큰 도시의 성벽이 보였다. 그 둘레에는 플리게톤(불의 강)이 불의 물을 흘리고 있었다. 정면에는 굉장히 견고한 문이 있었다. 그때 무시무시한 소리가 나며 청동의 문이 열렸다. 아이네이아스는 그 안에 히드라가 50개의 머리로 입구를 지키고 있는 모습을 보았다. 시빌레는 타르타로스 동굴의 가장 밑바닥은 하늘의 높이만큼이나 깊다고 말했다. 그 속에는 옛날 신들에게 반항했던 티탄 족이 있었고, 제우스와 힘을 겨루던 살모네우스가 있었으며, 거인 티티오스도 있었다. 익시온도 그곳에 있었는데, 그는 끊임없이 돌고 있는 수레바퀴에 매달려 있었다. 또한 시시포스도 있었다. 그의 일은 커다란 바위를 언덕 위로 밀어 올리는 일이었는데, 그 바위는 언덕 위 가까이에 이르면 또다시 굴러 떨어졌다. 그리고 탄탈로스도 있었다. 물이 턱까지 차 있는 연못 속에 서서도 그는 갈증을 풀 길이 없었다.

시빌레는 아이네이아스에게 속히 이 음산한 곳을 떠나자고 말했다. 그들은 암흑의 중간지대를 빠져나와 엘리시온 들판으로 나갔다. 그곳은 행복한 사람들이 사는 숲이었다.

그들은 안도의 한숨을 쉬고 태양이 빛나는 자줏빛 들판을 바라보았다. 그곳 사람들은 모두 생활을 즐기고 있었다. 아이네이아스는 그들에게 어디로 가면 앙키세스를 만날 수 있느냐고 물었다. 가르쳐 준 곳에 이르자, 나무들이 울창한 골짜기에 앙키세스가 앉아 있었다. 노인은 아이네이아스가 온 것을 알자 눈물을 흘렸다. 그는 말했다.

"마침내 와 주었구나. 너를 무척 기다렸다. 그 험한 길을 어떻게 왔느냐?"

"오오, 아버님. 아버님의 모습이 저를 이끌고 지켜 주셨습니다."

그리고 부친을 힘껏 끌어안으려고 했다. 그러나 그 팔이 끌어안은 것은 그림자뿐이었다. 아이네이아스는 눈앞에 보이는 드넓은 골짜기를 보았다. 그곳에는 망각의 강인 레테 강이 흐르고 있었다.

앙키세스는 아이네이아스 일족들이 지상에서 이루게 될 위대한 업적에 대해 들려주었다. 또한 아이네이아스와 그 동료들이 이탈리아로 옮겨 살기 전에 치러야 될 일에 대해서도 이야기했다. 즉, 많은 전쟁이 일어날 것이라는 것, 신부를 맞게 된다는 것, 그리고 그 결과 트로이 인의 나라가 건설되고 그 나라로부터 장차 세계를 지배할 로마국이 일어날 것 등을 일러주었다.

아이네이아스와 시빌레는 이윽고 앙키세스와 작별을 하고 지상으로 되돌아왔다.

로마 건설의 터전

아이네이아스는 시빌레와 지상으로 돌아갈 때 이렇게 말했다.

"당신이 여신이건 아니면 신들의 은총을 받은 인간이건, 나는 언제나 당신을 존경하리다. 지상에 닿으면 당신을 위해 신전을 짓기로 하겠소. 그리고 내 손으로 제물을 바치리다."

그러자 시빌레는 말했다.

"나는 여신이 아니에요. 그러니 제물도 필요치 않아요. 나는 인간입니다."

아이네이아스는 시빌레와 작별하고, 다시 함대로 돌아가 이탈리아 해안을 따라 항해하다가 티베르 강가에 닻을 내렸다.

당시 이 나라를 지배하고 있던 라티누스는 크로노스(로 : 사투르누스)로부터 3대째의 왕이었다. 그는 이미 늙었으나 아들이 하나도 없고, 다만 라비니아라고 하는 어여쁜 딸이 하나 있었다.

그녀는 이웃 나라의 왕들에게 구혼을 받고 있었다. 그 중에 투르누스라는 루툴리 족의 왕이 있었는데, 그는 라비니아의 부모에게 호감을 받고 있었다. 그런데 라티누스는 꿈속에서 부친 파우누스로부터 라비니아에게 정해진 남편은 다른 나라에서 온다는 사실을 들었다. 그 결혼을 통하여 전 세계를 정복할 민족이 생겨난다는 것이었다.

한편, 아이네이아스 일행이 하르피아 무리들과 싸웠을 때 머리가 새로 된 괴물 하나가 그들이 방랑생활을 마치기 전에 식탁마저 먹어치울 정도의 굶주림에 시달리게 되리라고 예언한 일이 있었다. 아이네이아스는 그 예언이 사실임을 알게 되었다. 그도 그럴 것이, 그들은 풀 위에 앉아 형편없는 식사를 하려고 무릎 위에 굳은 빵과, 그리고 고작 나무열매를 올려놓았다. 그들은 열매를 다 먹어버린 후 이번에는 굳은 빵까지 다 먹어치웠다. 그러자 그 모습을 보고 있던 아이네이아스의 아들 율루스가 장난삼아 말했다.

"이것 봐, 우린 식탁까지 먹고 있어."

아이네이아스는 이 말을 듣고서야 비로소 예언의 뜻을 깨달았다.

그는 외쳤다.

"오오! 이곳이 약속된 땅이다! 이곳이야말로 우리의 집이다. 이곳이야말로 우리 나라다!"

그는 곧 그곳의 원주민이 누구이며, 그 통치자가 누구인가를 조사했다. 그리고 백 명의 선발대가 선물을 가지고 라티누스의 마을로 파견되었다.

라티누스는 곧, 이 트로이의 영웅이야말로 신탁이 알린 장래의 사위가 분명하다고 생각했다. 그는 쾌히 동맹을 약속하고 많은 재물을 보냈다.

헤라는 만사가 순조롭게 진행되는 것을 보자, 옛날의 원한이 다시 살아났다. 그래서 불화를 일으키기 위해 복수의 여신 알렉토를 불러 보냈다. 알렉토는 먼저 왕비 아마타로 하여금 트로이 인과의 동맹에 반대하도록 만들었다. 그리고는 급히 투르누스의 나라로 가서, 늙은 여사제로 모습을 바꾼 다음 투르누스에게 외국 사람이 온 사실을 알리고 그 자들이 공주를 빼앗아가려 한다고 알렸다.

알렉토는 트로이 인들이 야영하고 있는 곳으로도 가보았다. 그때 율루스 소년과 그의 꼬마친구들이 사냥을 하며 놀고 있었다. 그녀는 개들의 후각을 더한층 날카롭게 만들어 근처의 숲에서 수사슴을 몰아내 오도록 유도했다. 그런데 그것은 라티누스 왕의 양치기의 딸 실비아가 사랑하는 사슴이었다. 율루스가 던진 창은 마침내 그 사슴을 죽이고 말았다. 실비아는 사슴이 죽은 것을 알고 울부짖었다. 그녀의 울음소리를 듣고 양치기들이 허둥지둥 달려왔다. 자초지종을 듣고 난 그들은 무기를 들고 율루스 일행을 습격했다. 그러나 그들은 워낙 수가 모자라 오히려 동료 두 명을 잃고 쫓겨 갔다.

이 사건은 전쟁을 일으키기에 충분했다. 왕비도 양치기도 모두가 국왕에게 이 외국인들을 추방하자고 했다. 왕은 끝까지 반대하다가 허사라는 것을 알자 마침내 궁전 안에 틀어박혔다.

이 나라에서는 전쟁을 시작하게 되면 국왕이 예의를 갖추어 야누스 신전의 문을 열기로 되어 있었다. 문은 평화가 계속되고 있는 동안은 굳게 닫혀 있었다. 국민들은 왕에게 이 엄숙한 의식을 갖추도록 권했으나, 왕은 거부했다. 이렇게 옥신각신하고 있자, 헤라가 직접 하늘에서 내려와 문을 아예 부수어 버렸다. 나라 안은 온통 들끓었다.

투르누스는 총지휘관으로, 다른 무장들은 동맹자로서 참가했다. 그중에 메젠티우스라는 사람은 용감하고 유능한 무장이었으나 참으로 잔인했다. 그 때문에 원래는 국왕이었는데 국민에게 쫓겨난 것이다.

카밀라는 아르테미스의 총애를 받는 처녀로서 사냥의 명수인 동시에 훌륭한 무장이기도 했다. 그녀는 마치 아마존 족처럼 선발된 여군을 거느리고 투르누스 편에 가담했다. 이런 막강한 무장들이 투르누스 군에 가담하여 아이네이아스와 일전을 불사하려 하고 있었다.

때는 밤이었다. 아이네이아스는 강가에 누워 잠들어 있었다. 그때 강의 신 티베리누스가 이렇게 말하는 것이었다.

"오오, 여신으로부터 삶을 받은 자여. 이 고장의 소유자가 될 자여, 이곳이야말로 약속의 땅이니라. 그대가 온갖 애로에 굴하지 않는다면, 이곳이야말로 신들의 적의가 사라지는 곳이니라. 이곳에서 그리 멀지 않은 곳에 그대의 편이 있다. 배를 준비해서 그 강을 올라가라. 내가 아르카디아의 왕 에반드로스에게 안내해 주리라. 자아, 일어나라! 그리고 헤라에게 기도하여 그녀의 노여움을 달래라."

아이네이아스는 잠에서 깨어나자 곧 이 현몽을 따랐다. 헤라에게 제물을 바치고 기도를 했다. 그리고 무장한 병사들을 배에 싣고 티베르 강을 거슬러 올라갔다.

해가 중천에 떠 있을 무렵, 일행의 눈에 건물이 띄엄띄엄 서 있는 도시가 보였다. 이곳이야말로 훗날 로마시가 자라고 그 명성이 하늘에까지 닿은 곳이다. 우연히도 나이든 왕 에반드로스는 이날 헤라클레스를 비롯한 신들에게 매년 거행하는 제전을 올리고 있었다. 아들 팔라스와 모든 원로들도 참석하고 있었다.

그들은 커다란 배가 숲속을 누비고 미끄러져 들어오는 것을 보자 깜짝 놀라 모두들 일어섰다. 그러나 팔라스는 제전을 계속하라고 명령하고, 자신은 창을 들고 강가로 걸어가서는 큰 소리로 물었다. 그러자 아이네이아스는 평화의 상징인 올리브 가지를 내보이며 대답했다.

"우리는 트로이 인으로서 당신들의 편이고, 루툴리 족의 적이오. 에반드로스 대왕을 만나 우리 군대와 당신들의 군대를 연합시키고자 왔소."

팔라스는 이 위대한 민족의 이름을 듣고 놀라 그들에게 어서 상륙하라고 말했다. 아이네이아스가 강가에 올라서자 그 손을 잡아 안내했다. 그들은 국왕을 비롯한 원로들을 만났으며, 극진한 대접을 받았다.

제전이 끝나자 일동은 시내로 돌아갔다. 왕은 워낙 나이가 많아 허리가 굽어 있었으므로 아들과 아이네이아스 사이를 걸으면서 차례로 두 사람의 팔을 빌렸다. 에반드로스는 아이네이아스를 타르페이아의 바위와 그 당시 숲으로 싸여 있던 벌판으로 안내했다. 이 땅은 훗날 장엄한 카피톨리움(제우스의 신전)이 세워진 곳이었다.

이튿날 아침, 나이든 왕은 이렇게 말했다.

"이름난 트로이의 용사는 들으시오. 우리 나라는 한쪽은 강으로 둘러싸여 있으며, 또 한쪽은 루툴리 일족이 가로막고 있는 약소한 나라요. 그러나 나는 많은 민족을 당신과 동맹시키려 생각하오. 운명이 때마침 당신을 이리로 인도하였소. 이 강 건너의 나라는 지금 에트루리아 족이 점령하고 있소. 메젠티우스가 그 종족의 왕인데 잔인하기 짝이 없는 사나이요. 어찌나 잔인했던지 국민은 이 왕을 몰아냈소. 결국 그 자는 투르누스한테로 도망쳐 갔소. 그 투르누스가 이 왕을 지키고 있소. 에트루리아 국민들은 그를 처벌하기 위해서 내달라고 요구하고 있고, 무력으로라도 그 요구를 관철하려 하고 있소. 그러나 사제들이 그것을 만류하고, 이 나라에 태어난 자로선 국민을 승리로 이끄는 것이 불가능하리라, 지도자는 반드시 바다를 건너올 것이다, 이것이 하늘의 뜻이라고 말했소. 그래서 그들은 내게 왕관을 바치겠다고 말해 왔소. 그러나 나로서는 이런 큰 일을 맡을 수도 없고, 게다가 아들도 이 고장 태생이니 하늘의 정하심과는 맞지를 않소. 하지만 당신은 모든 조건이 신이 계시하신 그대로요. 그러니 당신이 그저 모습만 보이면 그들은 필시 지도자로 환영할 거요. 당신한테 내 아들 팔라스를 딸려 보낼 작정이오. 그 애는 나의 유일한 희망이며, 위안이오. 당신 밑에서 훌륭한 무장으로 키워주시오."

왕은 트로이의 무장들을 위해 말을 준비시켰다. 아이네이아스는 왕의 선발 부대를 인수받아 팔라스와 함께 에트루리아를 향해 떠났다. 그는 에트루리아에 무사히 도착하여 타르콘과 그가 이끄는 국민들에게 열렬한 환영을 받았다.

투르누스 정벌

그 동안 투르누스도 전쟁에 필요한 모든 준비를 갖추고 있었다. 헤라는 무지개의 여신 이리스를 보내 아이네이아스가 없는 사이를 이용해서 트로이 군대의 진지를 공격하라고 분부했다. 그래서 곧 공격이 시작되었다. 그러나 트로이 군대는 단단히 경계하고 있었다. 그들은 아이네이아스에게서 자기가 없는 사이에는 절대로 전쟁을 하지 말라는 명령을 받았기 때문에 맞서 대항하지는 않았다. 밤이 되자 투르누스 군은 자기네가 우세하다고 믿고 기분이 좋아 잔치를 벌였다. 그들은 흥청망청 술을 퍼마시고는 흠뻑 잠이 들어버렸다.

한편, 트로이 군대의 진영에서는 모두들 아이네이아스를 기다리고 있었다. 장군들은 회의를 열어 어떻게 하면 자기들의 상황을 아이네이아스에게 알릴 수 있을 것인가를 협의했다. 이때 니소스와 에우리알로스 두 젊은이가 그 일을 지원하고 나섰다. 그들은 우정으로 맺어진 전우였다. 니소스와 에우리알로스는 즉시 적중으로 들어갔다. 적들은 보초도 없이 여기저기에 잠들어 있었다. 당시의 전쟁 규칙으로는 잠들어 있는 적을 죽여도 그것은 조금도 비열한 행위가 아니었다.

그들 트로이 인은 죽일 수 있는 적은 소리 없이 모조리 죽였다. 그들은 아무에게도 발각되지 않았고 무사히 적의 진중을 빠져나갔다. 그러나 그때 갑자기 그들의 앞에 기병대가 나타났다. 곧 싸움이 일어났고, 니소스와 에우리알로스는 적을 무찌르다 둘 다 전사하고 말았다. 아이네이아스는 에트루리아 동맹군을 거느리고 돌아와 마침 포위되어 있는 트로이 군대를 구할 수가 있었다. 이렇게 되어 양군의 세력은 거의 비슷하게 되었다.

폭군 메젠티우스는 싸우는 상대가 반란을 일으켜 자기를 몰아낸 국민임을 알자 야수같이 날뛰었다. 그는 저항하는 자를 모조리 참살했다. 그리고 드디어 아이네이아스와 맞붙게 되었다. 양군의 장병들은 그들의 싸움을 지켜보았다. 메젠티우스는 들고 있던 창을 던졌다. 창은 아이네이아스의 방패에 맞자 빗나가 안트레스를 맞혔다. 안트레스는 그리스 태생으로 에반드로스를 따라 이탈리아에 와 있었던 것이다. 이번에는 아이네이아스가 창을 던졌다. 그러자 그 창은 메젠티우스의 방패를 뚫고 그의 허벅지를 찔렀다. 그의 아들 라우수스는 그것을 보자 갑자기 뛰어나와 아이네이아스 앞에 버티고 막아섰다. 아이네이아스는 칼을 들어 올리기는 했으나, 잠시 망설이고 있다가 젊은이가 덤벼들자 하는 수 없이 운명의 일격을 가했다. 라우수스는 쓰러졌다.

그 사이 메젠티우스는 강가로 운반되어 상처를 치료받고 있었다. 얼마 후, 라우수스의 죽음이 알려졌다. 메젠티우스는 말을 집어타고 아이네이아스를 찾았다. 아이네이아스를 발견한 그는 그의 둘레를 원을 그리며 달리면서 창을 던졌다. 아이네이아스는 방패로 막으면서 대항하다가 메젠티우스가 세 바퀴를 돌았을 때 창을 곧장 말의 머리를 향해 던졌다. 말은 창을 맞고 쓰러졌으며, 메젠티우스는 운명의 한 칼을 맞고 죽어갔다.

이런 일이 일어나고 있는 동안 다른 곳에서는 투르누스가 젊은 팔라스와 싸우고 있었다. 실력에 현격한 차이가 있는 두 사람의 승부는 처음부터 분명했다. 팔라스는 용감하게 싸웠으나 투르누스의 창에 쓰러지고 말았다. 이 싸움 뒤 양군은 전사자를 매장하기 위해 며칠 동안 휴전을 하게 되었다. 이 사이를 이용하여 아이네이아스는 사자를 보내 투르누스에게 이 전쟁의 승패를 맞상대로 정하자고 했으나, 투르누스는 이 도전을 교묘하게 피했다.

그래서 다시 전쟁이 시작되었는데, 이 싸움에서는 처녀 무장인 카밀라가 특히 이채를 띠었다. 그녀의 용감한 전투모습은 어떤 용감한 무사보다도 더 뛰어났다. 그리고 많은 트로이 군대와 에트루리아 군이 그녀의 창에 죽어갔다.

아룬스라는 에트루리아 인이 그녀를 눈여겨보며 틈을 노리고 있었는데, 마침 그녀가 도망치는 적을 추격하는 것을 보았다. 그녀는 적이 입고 있는 갑옷이 너무나 훌륭해 그것을 노획하려고 한 것이다. 그녀는 추격에 정신이 없었기 때문에 자신의 위험을 전혀 깨닫지 못했다. 결국 아룬스의 창은 그녀의 몸에 명중하여 깊은 상처를 입혔다. 그녀는 쓰러졌고, 부하들인 처녀 병사들에게 안겨 마지막 숨을 거두었다.

아르테미스 여신은 카밀라의 최후를 보고 그녀를 죽인 자를 그대로 놓아둘 수 없었다. 아룬스는 그 자리에서 도망치려고 했으나 아르테미스를 따르는 한 님프의 화살에 맞아 아무도 모르게 죽어갔다.

드디어 아이네이아스와 투르누스 사이에 결전이 전개되었다. 투르누스는 이 싸움을 되도록 피하려고 했으나, 자기편의 불리한 전세와 부하들의 불평에 쫓겨 부득이 싸울 각오를 굳힌 것이다. 승패는 뻔했다. 아이네이아스는 이길 운명에다가, 위기가 닥쳐올 때마다 언제나 모친의 도움이 있었고, 그 어머니가 아들을 위해 특별히 부탁해서 만든 헤파이스토스의 갑옷이 있었다. 반면, 투르누스는 신의 가호도 기대할 수 없게 되었다. 헤라는 더 이상 투르누스를 도와주지 말라는 제우스의 엄명을 듣고 있었던 것이다.

투르누스는 창을 던졌다. 그러나 그 창은 아이네이아스의 방패에 맞자 그대로 튕겨나갔다. 이번에는 트로이의 영웅이 창을 던졌다. 창은 투르누스의 방패를 뚫고 허벅지를 찔렀다. 그러자 투르누스의 기상도 순식간에 꺾여 그는 이내 자비를 빌었다. 아이네이아스는 그의 목숨을 살려주려고 했으나, 그때 팔라스의 띠가 눈에 띄었다. 그것은 투르누스가 팔라스에게서 뺏은 것이었다. 그것을 보자, 아이네이아스의 노여움은 순식간에 불타올라 그는 이렇게 외쳤다.

"팔라스가 네놈을 죽이는 것이다!"

그리고 들고 있던 칼로 그의 목을 순식간에 베어버렸다.

아이네이아스는 적을 모두 정벌한 뒤 라비니아를 신부로 맞고 나라를 건설했는데, 나라의 이름은 신부의 이름을 따서 '라비니움'이라고 불렀다.

그리고 그의 아들 율루스는 알바롱가를 건설했는데, 이것이 바로 로물루스와 레무스가 탄생한 땅으로서, 다름 아닌 로마의 요람지였던 것이다.

근대의 괴물들

불사조 포이닉스

모든 동물은 다른 개체로부터 태어나기 마련이다. 그러나 포이닉스는 자기 자신이 자기를 낳는다고 한다. 이 포이닉스는 과일이나 꽃을 먹고 사는 것이 아니라, 유향이나 향기로운 냄새가 나는 나무의 수액을 먹고 살았다. 그리고 5백 년 동안 산 후에 떡갈나무의 가지나 종려나무 꼭대기에 둥지를 짓는다. 이 둥지 안에 계수나무 껍질 · 감송 · 몰약 등을 모아다 놓고 그 위에 누워서 향기에 싸여 마지막 숨을 거두는 것이다. 이렇게 죽은 어미새의 몸에서 어린 포이닉스가 어미새와 마찬가지로 5백 년의 세월을 보낼 운명을 지니고 태어난다.

이 새끼새는 자라나서 힘이 강해지면 나무에서 그 둥지를 들어 올려 이집트의 헬리오폴리스(태양의 도시)로 날아가서 태양신의 신전에 둔다.

괴물 바실리스쿠스

이 동물은 뱀의 왕이라고 일컬었다. 왕의 표시로 그 머리에는 닭처럼 볏이 달려 마치 왕관 같다는 것이다. 이 바실리스쿠스는 개구리나 뱀이 품는 수탉의 알에서 태어났다. 그리고 이 동물에는 여러 종류가 있었다. 어떤 것은 그 가까이에 있는 것들을 모두 불태워 버렸다. 또한 다른 것은 마치 걸어다니는 메두사의 목처럼 그 모습을 본 사람들은 공포에 질려 죽어버렸다.

이런 바실리스쿠스가 뱀의 왕이라고 불리고 있는 것은, 이 뱀 앞에서는 다른 뱀이 모두 충실한 신하처럼 행동하였고, 타죽거나 물려죽지 않으려고 소리만 들어도 도망쳐 버렸기 때문이다.

외뿔 달린 유니콘

유니콘은 매우 사나운 동물로서 몸은 말, 머리는 사슴, 발은 코끼리, 꼬리는 산돼지를 닮았다. 목소리는 낮게 울부짖는 소리였고, 검은 뿔이 한 개 달려 있는데 그 길이는 2큐빗(Cubit : 팔꿈치에서 가운뎃손가락 끝까지의 길이. 46~56㎝)으로 이마 한가운데에 달려 있다.

유니콘은 사냥꾼들에게는 잡기 힘든 상대였다. 유니콘의 뿔은 마음대로 움직일 수 있으며, 그것은 작은 칼의 역할을 하기 때문에 좀처럼 가까이 다가갈 수가 없었다. 또한 이 동물의 힘은 모두 그 뿔 속에 모여 있어

궁지에 몰리거나 하면 아무리 높은 언덕 위에서도 이 뿔을 받침으로 하여 상처 하나 없이 도망쳤다.

그러나 사냥꾼들도 마침내 외뿔 달린 유니콘을 속이는 방법을 찾아냈다. 그들은 이 동물이 순결하고 순진한 것을 유달리 소중히 한다는 것을 알아냈다. 그래서 그들은 한 처녀를 데리고 가서 이 짐승이 나다니는 길목에 놓아두었다. 예상대로 유니콘은 그 처녀를 보고 공손히 다가가서 그 곁에 쪼그리고 앉더니 머리를 처녀의 무릎에 올려놓고 곤히 잠들어 버렸다. 처녀는 짐승이 잠든 것을 확인하고 미리 짜놓은 대로 신호를 보냈고, 사냥꾼들은 무난히 이 짐승을 잡을 수 있었다.

살라만드라

살라만드라는 불 속에서도 죽지 않는 몸을 지니고 있었고, 그 모습은 마치 도마뱀 같았다. 살라만드라는 몸의 털구멍에서 젖 같은 액을 분비했다. 이 액은 석면이었다. 살라만드라는 흥분하면 이 액체를 다량으로 분비하기 때문에 잠시 동안은 자기 몸을 불에서 지킬 수가 있었던 것이다.

살라만드라는 또한 겨울잠을 자는 동물이어서, 겨울이 되면 나무의 움푹 패인 곳이나 구멍 안에 누워 봄이 올 때까지 잠을 잤다. 그래서 때로는 장작과 함께 난로 속에 들어갔다가 깜짝 놀라 잠에서 깨어나는 수가 있었던 것이다. 이때 이 짐승은 굉장히 빠른 속도로 불 속에서 기어나오는 까닭에 좀처럼 잡을 수가 없다. 살라만드라를 잡을 수 있을 때란, 살라만드라가 발이나 몸의 어느 부분에 심한 화상을 입었을 때뿐이다.

Ⅱ. 동양 신화

페르시아 종교의 창시자

고대 페르시아 때의 종교의 창시자는 조로아스터였다. 이 조로아스터가 살아 있던 시대가 언제쯤이었는지는 분명치 않으나, 그의 가르침이 키로스 왕의 시대(기원전 550년)부터 알렉산더 대왕의 페르시아 정복(기원전 732년) 때까지 서아시아에서 가장 유력한 종교였던 것은 사실이다. 그리고 마케도니아의 왕 알렉산더의 지배하에서 조로아스터의 교의는 외국 사상의 영향으로 상당히 쇠퇴한 것 같았으나 뒤에 다시 융성하게 되었다.

조로아스터의 가르침에 의하면, 이 우주에는 최고의 신이 존재하고 있으며 이 신이 두 신을 만들어 각기의 신에 자기의 본성 중에서 적당하다고 생각되는 것을 나눠 주었다. 이 두 신 가운데에서 아후라마즈다(오르무즈드, 오르마즈드)는 자기의 창조주에게 충실하여 모든 선의 근원이 되었으나, 아리만은 반항하여 지상의 모든 악의 근원이 되었다.

아후라마즈다는 인간을 창조하고 행복에 필요한 모든 것을 주었다. 그러나 아리만은 이 행복을 없애려고 세상에 악을 보내기도 하고, 무서운 짐승과 독이 있는 파충류나 식물을 만들어 냈다. 그 때문에 악과 선은 지금도 세상 도처에 뒤섞여 있어 이 선과 악의 추종자들, 즉 아후라마즈다와 아리만의 신봉자들이 끊임없는 싸움을 계속하고 있는 것이다. 그러나 이런 상태는 영원히 계속되는 것이 아니다. 이윽고 아후라마즈다의 신봉자들이 모든 곳에서 승리를 거두어 악은 영원히 암흑세계로 매장될 때가 오는 것이다.

고대 페르시아 인의 제의는 매우 간소했다. 신전도 제단도 없었고, 다만 산꼭대기에서 제물을 바치는 것이 전부였다. 그들은 불과 빛과 태양을 숭배했다. 그것은 모든 빛과 순결의 근원인 아후라마즈다의 상징이었기 때문이다. 그러나 그것들을 독립된 신으로 생각하지는 않았다. 제의나 제례는 사제들에 의해 집행되었는데, 그 사제들은 마기라고 불렸다. 마기의 학문은 점성술이나 요술과 연결되어 있고, 그들은 이런 방면에 매우 유명했으므로 마기라는 이름은 모든 마법사나 요술사들에게도 사용되게 되었다.

조로아스터의 가르침은 그리스도교가 들어온 뒤에도 여전히 번성하여 3세기에는 아시아에서 가장 강한 종교가 되었다. 그리고 드디어 7세기가 되어 마호메트교의 세력이 강해지고, 아라비아 인이 페르시아를 정복하게 되자 그들은 페르시아 인들에게 그들의 종교를 버리도록 강요했다. 자기네 종교를 버릴 수 없었던 페르시아 사람들은 게르만의 사막이나 인도로 도피했으며, 이곳에서 파르시교도라는 이름으로 생활을 계속했다. '파르시'라는 것은 페르시아의 옛날 이름인 파르스에서 나온 이름이다. 아라비아 인은 그들을 '기버'라고 부르고 있는데, 그것은 아라비아 어로 불신자라는 뜻이다.

봄베이에서 파르시교도는 매우 활동적이고 이지적인, 그리고 유복한 계급이다. 그 정결한 생활과 성실, 융화적인 태도 등으로 그들은 매우 뛰어난 존재가 되어 있는 것이다. 그리고 많은 신전을 세우고 불(火)을 모시고 있는데, 그것은 불을 신의 상징으로 숭배하는 까닭이다.

힌두교의 성서《베다》

힌두교는《베다》(고대 인도교의 근본 성전)를 기초로 하고 있다. 따라서 그들은 자기네의 성서인 이 성전을 가장 신성한 것으로 삼고 있으며, 이 성전은 브라흐마(Brahma : 브라만교에서 우주의 창조에 참여한 최고신)가 만물을 창조할 때 적어놓은 것이라고 말하고 있다. 그러나 오늘날

우리가 보는 그런 형태의 《베다》는 5천 년쯤 전의 성인 브야사가 만든 것이다.

《베다》는 유일 최고 신의 신앙을 가르치고 있다. 그 신의 이름은 브라흐마라고 한다. 이 브라흐마의 표상은 세 사람의 의인화된 신으로 나타난다. 즉, 창조자와 보존자와 파괴자로서, 이들은 각기 브라흐마 · 비슈누 · 시바라는 이름으로 트리무르티, 즉 인도 주요 3신의 일체를 이루고 있는 것이다.

하급에 속하는 신들 가운데에서 손꼽을 수 있는 신들로는 번개와 벼락과 폭풍과 비를 다스리는 천공의 신 인드라, 불의 신 아그니, 죽음의 신 야마, 태양의 신 수리야가 있다.

브라흐마는 우주의 창조주로서 이 신을 근원으로 모든 신이 태어나고, 또한 최후에는 모든 것이 이 신 속으로 흡수되는 것이다. 《베다》에 의하면, 인간의 혼은 최고의 지배자인 신의 일부분으로서 마치 불꽃이 불의 일부분인 것과 같다. 비슈누는 힌두교도가 믿는 트리무르티 중에서 두 번째 자리를 차지하며, 보존의 신을 의인화한 것이다. 그는 세계를 온갖 시대의 위험에서 지키고자 갖가지 모습으로 몸을 바꾸어 땅 위로 내려왔다. 그 모습을 아바타르라고 한다.

아바타르는 수가 매우 많은데 그중에서 특히 유명한 열 가지 모습이 있다. 첫째의 아바타르는 마스야라고 해서 물고기가 되어 나타났다. 그리고 비슈누는 이 모습으로써 인류의 조상인 마누를 대홍수 때 지켰다. 둘째의 아바타르는 거북의 모습으로 나타났다. 비슈누는 이 모습으로 몸을 바꾸고 신들이 바다를 휘저어 암리타라는 불로불사의 음료를 만들고 있는 동안 땅을 떠받치고 있었다.

그 밖의 아바타르에 대해서는 모두 같은 성격인 만큼, 즉 정의를 지키고 나쁜 짓을 하는 자를 징계하기 위해 나타난 것이니까 생략해서 아홉 번째의 아바타르라고 부르기도 한다. 이것은 비슈누의 아바타르 가운데에서 가장 유명한 것으로, 비슈누는 크리시나라는 인간의 모습으로 나타났다. 그리고 이 무적의 무장은 크나큰 위업으로 이 세계를 압제자의 손에서 구했다.

붓다(Buddha ; 부처)는 브라만교도들로부터 비슈누의 화신이라고 생각되고 있다. 붓다는 신들의 적인 아수라들을 권유하여 《베다》의 성전을 버리게 하기 위해 나타났으며, 그 때문에 《베다》는 그 힘과 권위를 잃었다는 것이다.

칼기라는 열 번째 아바타르이다. 비슈누는 이 모습을 빌려 세계의 종말에 나타나 모든 악과 부정을 멸망시키고, 인류에게 미덕과 순결을 되찾게 해주리라고 예견되고 있다.

시바는 힌두교의 트리무르티 중 세 번째 신으로서, 파괴의 신을 의인화한 것이다. 비록 이름은 세 번째에 있으나, 신자의 수나 신앙의 범위에서는 앞의 두 신보다 훨씬 앞서 있다. 《프라나》(근대 힌두교의 성전) 속에서는 이 신의 본래 힘이 파괴자로서의 것이라는 사실은 전혀 언급하고 있지 않다. 그런 힘은 1천 2백만 년이라는 세월이 흐른 뒤가 아니면, 즉 이 우주가 끝날 때가 아니면 사용되는 일이 없다. 시바는 파괴자라기보다는 오히려 재생자의 상징으로 되어 있다.

비슈누와 시바의 숭배자는 두 종파를 이루고 있다. 각 파는 자기들이 믿는 신의 우월성을 주장하며 다른 파의 주장을 부정하고 있다.

창조주인 브라흐마가 창조를 마치자 사람들은 이것으로 이 신의 임무가 끝난 것이라고 생각했는지, 그 신전도 인도에는 하나밖에 없다. 그런데 시바와 비슈누는 많은 신전을 가지고 있다. 비슈누의 신자들은 생명을 유달리 소중히 여기는 것으로 널리 알려져 있다. 따라서 육식은 절대로 하지 않으며, 숭배방법도 시바를 믿는 사람들처럼 참혹하지는 않다.

자간나타의 숭배자들을 비슈누나 시바의 신자라고 생각할 수 있느냐 하는 것은 책에 따라 각기 의견이 다르다. 자간나타의 신전은 캘커타 남서쪽 3백 마일쯤 되는 바닷가 근처에 서 있다. 그 상은 나무로 된 것으로, 시커멓게 칠한 무서운 얼굴을 하고 피처럼 빨간 입을 벌리고 있다. 축제일이 되면 이 상은 수레가 달린, 60피트나 되는 높은 탑 위에 안치된다. 그리고 여섯 가닥의 긴 밧줄을 이 탑에 매어 사람들은 그것으로 이 탑을 끌고 간다.

사제와 그 시종들은 탑 위의 신상 곁에 서서 이따금 신자들 쪽을 보고 노래를 부르거나 손발을 움직이기도 한다. 이렇게 탑이 나아가는 동안 열렬한 신자들은 땅에 몸을 던져 탑을 실은 수레에 깔리려고 한다. 그리고 군중들은 그런 행위야말로 이 신상에 대한 최대의 희생이라고 믿고 환성을 올리는 것이다. 해마다 특히 3월과 7월의 축제에는 순례자들이 떼를 지어 이 신전으로 모여든다. 7, 8만 명이 이곳을 찾아오며, 그때는 모든 사람들이 계급을 떠나 함께 어우러져 식사를 한다.

인도와 카스트 제도

인도인들이 고정된 직업을 가진 여러 계급으로, 즉 카스트로 구분된 것은 아주 오래 전부터였다.

어떤 설에 의하면 그것은 정복과 동시에 시작된 것으로서, 최초의 세 카스트는 이 나라의 원주민들을 정복하여 그 사람들을 하급의 카스트로 만들어 버린 외국의 민족으로 이루어져 있다고 한다. 또 다른 설로는 부친에게서 아들에게로 전해져 가는 것으로, 직무나 직업을 오래 유지시키려는 인간의 욕망에서 나온 것이라고도 한다.

인도의 전설은 이 갖가지 카스트의 기원에 대해 다음과 같이 설명하고 있다. 브라흐마는 세계를 창조할 때 지상에는 자기 자신의 몸에서 직접 낳은 것을 살게 하기로 결정했다. 그래서 브라흐마의 입에서 최초로 브라흐만(브라만)이 태어나고, 그에게 4권으로 되어 있는 《베다》가 맡겨졌다. 오른팔에서는 크샤트리아(무사)가, 그리고 왼팔에서는 무사의 아내가 태어났다. 두 허벅지는 남녀 바이샤(농부와 상인)를 낳았고, 그리고 마지막으로 두 발에서 수드라(기술자와 노동자)가 태어났다.

브라흐마의 네 아들이 이런 뜻을 지니고 이 세상에 태어나자, 그들은 인류의 아버지가 되고 각 카스트의 우두머리가 되었다. 그들은 4권의 《베다》야말로 그들 신앙의 모든 규칙과 종교의식의 모든 필요한 지시가 있는 것이라고 듣고 있었다.

이 최초의 세 가지 카스트와 수드라의 사이에는 엄격한 경계선이 그어져 있다. 앞의 셋은 《베다》의 가르침을 받을 수 있으나 수드라에게는 그것이 허락되지 않는 것이다.

브라만은 《베다》를 가르치는 특권이 있었기에, 옛날에는 모든 지식을 독점하고 있었다. 이 나라의 주권자는 라지푸트라고도 부르는 크샤트리아 중에서 선발되었으나, 실제의 권력은 브라만이 장악하고 있고, 그들은 국왕의 조언자이자 사법관이며 또한 행정관이기도 했다. 그리고 그들의 몸과 재산은 침범할 수 없는 것이므로 제아무리 무거운 죄를 범해도 다만 국내에서 추방되는 것으로 끝났다. 그들에게는 국왕조차도 최대의 경의를 표시해야 했다. 브라만은 학문이 있건 없건 유력한 신이었기 때문이다.

브라만은 부유한 사람들에게 부양되는 것이 당연한 것으로 되어 있으므로 직접 직업에 종사할 필요는 없었다. 그러나 모든 브라만이 그 사회의 노동계급에게서 부양될 수는 없었으므로, 이윽고 그들도 생산적인 일에 종사하는 것이 허용되었다.

이 중간에 자리하는 두 계급에 대해서는 거의 말할 필요가 없을 것이다. 그들의 지위와 특권이 어떤 것인가는 그 직업을 보면 분명하기 때문이다.

수드라, 즉 네 번째 계급의 사람들은 그보다 위의 계급의 사람들, 특히 브라만에게는 노예처럼 섬겨야 했다. 그러나 그들은 기계를 만지거나 글을 쓰는 실용적인 일에 종사할 수가 있었고, 상인이나 농부가 될 수도 있었다. 따라서 때로는 그들이 부유해지는 경우도 있고, 브라만 쪽이 가난해지는 경우도 있는 것이다.

이 수드라보다 더 낮은 계급이 또 하나 있다. 그들은 파라아라고 하여 가장 천한 일을 하고 가장 가혹한 취급을 받았다. 그들은 다른 사람들에게는 불결하다고 생각되는 일을 하도록 강요당했다. 그리고 그들 자신이 불결하다고 생각될 뿐만 아니라, 그들이 만진 것마저도 불결하다고 생각되었다. 그들은 시민으로서의 권리를 박탈당하고 그 생활양식이나 집·가구마저 규정하는 특별한 법률에 얽매여 있었다. 그들은 다른 카스트의 파가바티, 즉 사원에 참배할 수도 없기 때문에 그들만의 사원과 의식을 가져야 했다. 다른 카스트의 집에 들어가는 것도 허용되지 않았다. 또한 시장에도 모습을 나타낼 수 없으며, 우물도 특별한 것을 쓰도록 제한받았다.

음식에 대해서는 아무런 제한이 없었는데, 그것은 특권이 아니라 오히려 치욕의 표시였다. 그들이 워낙 천한 환경으로 떨어져 있기 때문에 이제는 무엇을 먹어도 그 이상 부정해질 수 없다는 것이나 마찬가지였다. 따라서 위의 세 가지 카스트는 육식을 일체 금지당했으며, 네 번째 카스트는 쇠고기를 제하고는 어떤 고기를 먹어도 되었고, 제일 아래의 카스트만은 아무런 제한이 없었던 것이다.

석가모니와 불교

붓다(석가모니)는 《베다》 속에서는 비슈누의 걸치레라고 하지만, 신자들로부터는 지상의 성인이었다고 생각되고 있다. 그 이름은 고타마라 하고, 존칭으로는 사캬무니라든가 붓다라고도 부른다.

붓다의 탄생에 대해서는 여러 가지 설이 있으나, 그 연대를 비교하면 그는 예수 그리스도보다도 천 년쯤 전에 살고 있었다고 짐작된다.

붓다는 국왕의 아들이었다. 그는 그 나라의 관습에 따라 태어난 지 며칠 뒤에 신의 제단 앞으로 나아가게 되었는데, 그때 이 신의 상이 머리를 숙임으로써 갓 태어난 이 아이가 장차 위대한 인물이 된다는 것을 예언했다고 한다. 이 어린아이는 자라면서 뛰어난 재능을 발휘했으며, 또한 보기 드물게 수려한 모습으로 널리 알려지게 되었다.

성인이 되자 곧 인류의 타락과 고뇌에 대해 깊이 생각하기 시작했고, 세상에서 물러나 명상에 잠기려는 생각을 품게 되었다. 부친은 그의 이 계획에 반대했으나 소용이 없었다.

붓다는 호위병의 눈을 피해 왕궁을 도망쳐 나왔다. 그리고 안전하게 숨을 장소를 찾아내자 6년 동안 아무에게도 방해받지 않고 깊은 명상에 잠기면서 살았다. 그 6년이 끝나자 그는 베나레스 거리에 전도사로서 나타났다. 처음에는 붓다의 설교를 듣고 그의 정체를 의심하는 사람들도 있었으나, 그의 설교는 곧 신망을 얻어 순식간에 널리 퍼져갔고, 그것이 인도의 구석구석까지 번지는 것을 붓다 자신도 그 생존중에 볼 수가 있었을 정도였다. 그리고 그는 80세로 열반에 들었다.

불교도들은 《베다》의 가르침이나 그 속에 적혀 있는 힌두교의 제의를 조금도 받아들이려고 하지 않는다. 또한 카스트의 구별도 받아들이지 않고, 피비린내 나는 희생도 금하여 육식을 허락지 않는다.

승려가 되려는 사람은 모든 계급에서 선발된다. 그 대신 승려는 각지를 돌아다니며 도움을 받는 것으로 생계를 유지해 나가지 않으면 안 된다. 그리고 특히 남들이 버린 폐물을 연구하여 사용하거나, 식물에서 의약의 효력을 찾아내거나 하는 것이 그들의 의무로 되어 있다.

실론(Ceylon : 인도 남동쪽의 섬)에서는 세 계급의 승려가 인정된다. 가장 위의 승려는 보통 높은 신분의 태생과 학식을 지닌 사람으로서 그들은 사원에서 부양하고 있다. 그리고 이런 사원의 대부분은 이 나라의 옛 군주들에게 충분한 기부를 받고 있다.

붓다가 나타난 뒤 몇 세기 동안은 이 종파도 브라만에게 관대하게 다루어졌다. 그래서 불교는 인도 전역에까지 퍼졌고 실론이나 그 동쪽 반도에까지도 전달된 것 같다. 그러나 그 후 인도에서 오랫동안 계속되는 박해를 견뎌야 했으며, 그 박해 때문에 마침내 불교는 그 발생지에서는 자취를 감추고 이웃 나라로 전파되었다. 불교는 서기 65년경 중국으로 전달되었으며, 그 후 중국에서 한국으로, 일본으로, 자바로 퍼졌다.

아피스의 황소

이집트 사람은 최고의 신으로서 암몬을 인정했다. 그 신은 뒤에 제우스 또는 유피테르 암몬이라고 불린 신이다.

암몬 신은 크네프와 하토르라는 남녀의 신들을 만들었다. 그리고 크네프와 하토르 사이에서 오시리스와 이시스가 태어났다. 오시리스는 태양의 신으로서 온유 · 생명 · 풍요의 근원으로 숭배되었다. 그리고 또한 나일 강의 신이라고도 생각되었으며, 해마다 강을 범람시켜 아내 이시스(대지)를 만나러 가는 것이라고 생각되고 있었다.

세라피스 또는 헤르메스가 이 오시리스와 똑같은 신으로 그려지는 경우도 있지만, 때로는 다른 신으로서 타르타로스의 지배자, 의술의 신으로 그려지기도 한다.

아누피스는 수호신으로, 개의 머리를 한 모습으로 그려져 있다. 그 머리는 충실한 경계의 성격을 상징하고 있다.

호로스 또는 하르포크라테스는 오시리스의 아들이었다. 그는 연꽃 위에 올라앉아 손가락을 입에 댄 모습으로, 침묵의 신으로 그려져 있다.

오시리스와 이시스는 언젠가 지상으로 내려가 그곳 사람들에게 선물과 축복을 주기로 되어 있었다. 먼저 이시스가 보리와 밀가루의 사용법을 가르쳤다. 그리고 오시리스는 농기구를 만들어 그 사용법을 가르치고, 또한 소로 하여금 쟁기를 끌게 하여 땅을 일구는 방법, 즉 농경법도 가르쳤다. 그리고 오시리스는 인간에게 법률이나 혼인제도와 사회조직을 만들어 주고, 또한 신들을 숭배하는 방법을 가르쳤다.

그래서 나일 강 유역을 행복한 나라로 만들고 나서 많은 천사들을 모아 그 밖의 땅으로 축복을 주러 갔다. 그는 여러 나라를 정복했는데, 그것은 무력에 의해서가 아니라 다만 음악과 웅변을 가지고 한 것이다.

오시리스의 동생 튜폰은 이 모양을 보고 있었다. 질투와 악의에 가득 찬 마음으로 형이 집을 비운 사이에 그 왕위를 빼앗으려고 했다. 그러나 정권을 맡고 있던 이시스가 그 뜻을 꺾어버리고 말았다.

이렇게 되자 더한층 꽁하게 생각한 튜폰은 드디어 형을 죽이기로 결심했다. 그리고 다음과 같은 방법으로 그것을 실천했다.

그는 72명의 일당을 조직해서 왕의 귀국을 축하하는 잔치석상으로 데리고 갔다. 그때 그는 미리 오시리스의 몸에 꼭 맞는 궤짝을 준비시켜 두었다. 그리고 누구이건 이 궤짝 안에 들어갈 수 있는 자에게는 이 값진 궤를 선사하겠다고 말했다. 모두들 해보았으나 제대로 맞지를 않았다. 이윽고 오시리스의 차례가 되어 그가 궤 안으로 들어간 순간, 튜폰과 그 일당은 궤짝 뚜껑을 닫고 그것을 나일 강에 던져 넣은 것이다.

이시스는 이 참혹한 소식을 듣고 탄식하며 슬퍼했다. 그리고 머리를 자르고 상복을 입고는 열심히 남편의 시체를 찾았다. 이때 그녀는 오시리스와 네프티스 사이에서 태어난 아들 아누비스에게 커다란 도움을 받았다.

그들 두 사람의 소문은 잠시 동안은 아무런 단서도 없었다. 그럴 수밖에 없는 것이 궤짝은 파도에 실려 비블로스 강가에 닿자, 물가에 나 있던 갈대 속에 들어가 버렸는데 오시리스의 몸에 머물러 있던 신성이 이 갈대숲에 이상한 힘을 주어 갈대숲 전체가 한 그루의 커다란 나무가 되었고, 그 줄기 속에 오시리스가 갇힌 궤짝(즉, 오시리스의 관)을 넣어두고 있었던 까닭이다. 그리고 이 나무는 그 후 얼마 안 되어 베어져, 그런 신성한 물건을 속에 넣은 채 페니키아 왕의 궁전 기둥이 되었다.

그러나 이윽고 아누비스와 그를 섬기는 새들의 도움으로 이런 사실을 확인한 이시스는 곧 페니키아로 갔다. 궁전에 도착하자 그녀는 하인이 될 것을 자청했다. 그리고 안으로 들어가자 곧 변장을 벗어버리고 번개와 벼락에 둘러싸인 여신의 모습을 나타냈다. 그리고 손에 들고 있던 지팡이로 기둥을 쳐서 관을 끌어냈다. 그녀는 관을 들고 돌아가 숲속에 감추어 놓았다. 그런데 튜폰은 그것을 용케 발견하여 시체를 열네 토막으로 잘라 여기저기에 흩트려 버렸다. 이시스는 그것을 오랫동안 찾은 끝에 열세 토막까지 찾았으나 나머지 한 토막은 나일 강의 물고기가 먹어버렸기 때문에 그녀는 무화과나무로 그 부분을 대신 만들어 시체를 휘라이 섬에 매장했다.

그 후 이 섬은 이 나라의 유명한 묘지가 되어 온 나라 안의 사람들이 참배하게 되었다. 그리고 이곳에는 오시리스를 위해 아주 훌륭한 신전을 세웠는데, 그의 손발이 발견된 장소에도 각기 작은 신전이나 묘를 세워 이 사건을 후세에 전했다. 오시리스는 이집트 사람들의 수호신이 된 것이다. 그리고 그의 넋은 언제나 황소 아피스의 몸 안에 머물러 그 소가 죽으면 다음 소가 물려받는다고 생각되었다. 멤피스의 황소라고 부르는 이 아피스는 이집트 사람들에게 최고의 존경심으로 숭배되었다. 아피스라고 생각되는 소는 일정한 표시로써 인정되었다. 온몸이 까맣고 이마에 하얀 정방형의 표시와 등에 독수리 모양의 표시가 있으며, 혀 아래쪽에는 풍뎅이 같은 혹이 있어야 했다.

이런 표시를 한 황소가 특별히 파견된 사람들에게 발견되면 곧 동쪽을 향한 건물 안에서 4개월 동안 우유로 키워졌다. 이 기간이 끝나면 사제들은 달밤에 엄숙한 의식을 갖추어 소를 데리러 가서 이 소를 아피스로 맞았다. 소는 화려하게 장식된 배에 실려 나일 강을 내려가 멤피스로 운반되었다. 그곳에는 두 예배당과 운동장 하나가 있는 신전이 이 소를 위해 마련되어 있었다. 많은 제물이 바쳐지고, 또한 해마다 한 번씩 나일 강의 물이 불기 시작할 무렵 황금 술잔이 이 강에 던져졌으며, 축제가 열려 이 소의 탄생일을 축하했다. 사람들이 믿는 바에 의하면, 이 축제 동안에는 악어도 그 포악한 근성을 잃고 얌전히 굴었다고 한다.

그러나 이 소의 이런 행복한 운명에도 한계가 있었다. 그것은 일정 기간보다 오래 살아 있을 수는 없다는 것이었다. 소가 25년이 되도록 여전히 살아 있는 경우에는 사제들이 그 소를 신성한 물 속에 넣어 익사시킨 다음 세라피스 신전에 매장한 것이다. 이런 황소가 죽으면, 그것이 자연의 결과이든 인위적인 것이든 나라 안의 온갖 사람이 슬퍼했으며, 다음 소가 발견될 때까지 그 슬픔은 그치지를 않았다.

단군의 조선 건국

주옥으로 주춧돌을 깔고, 황금으로 기둥을 세웠으며, 유리로 바닥을 깔고, 청기와로 지붕을 덮은 구름 위의 누각에는 하늘 위의 여러 신들이 모여 있었다. 신들은 의복을 갖추고는 황금난간을 잡고 눈 밑의 땅을 내려다보고 있었다. 흰 구름 사이로 저 멀리 내려다보이는 지상은 태양빛에 찬란하게 빛났으며, 바다는 푸른빛을 띠고 있었다.

아시아 대륙에서 동쪽으로 길게 꼬리를 내밀고 있는 한반도는 삼면이 바다에 둘러싸여, 바닷가에는 흰 파도가 포말을 올렸고, 나무들은 바람에 흔들려 한가롭고 평화로운, 그림 같은 육지였다. 신들은 새삼스럽게 발견한 것처럼 이 평화로운 반도를 내려다보면서,

"과연 절경이로고!"

하며 쾌재를 불렀다.

하느님인 환인도 삼십삼천 위에 앉아 참성 · 위성 · 대백성을 통해 인간계의 여러 일을 보고 있었다. 그리고 신들의 이런 태도를 바라보며 미소를 지으며 말했다.

"여러 신들은 들으시오. 보다시피 저 반도는 아름답소. 지금은 다행히 선량한 인간들만 살고 있어 평화롭게 살고 있지만, 머지않아 악인이 쳐들어올 것이고 또 저희들끼리 싸워 세상을 어지럽힐 것인즉, 저 반도에 나라를 세워 백성들을 구해 주어야 하지 않겠소? 그런데 여러분들을 오늘 오시게 한 것은 다름 아니라 왕자로 하여금 저 나라를 다스리게 하자고 한 까닭이오. 여러분들의 뜻은 어떠하오?"

"그것 참 좋은 생각이십니다."

여러 신들은 이 말에 한결 같이 동의했다.

"여러분들, 자아 술을 듭시다."

신들의 동의에 기뻐하며, 환인은 술잔을 높이 들었다. 천상의 무악이 연주되고 큰 잔치가 벌어졌다.

얼마 후 환인은 왕자를 불러 말했다.

"이제 평소의 네 소원을 들어주마. 다름 아니라 신들과 상의해서 너를 인간 세계로 내려 보내 조선 땅을 다스리도록 결정했다. 그러하니 속히 인간의 모습으로 바꾸고 지상으로 내려가 선정을 베풀도록 하라."

왕자는 아름다운 반도로 내려가 몸소 다스려 보고 싶었던 터라 그 기쁨은 대단했다.

"말씀대로 훌륭히 다스려 보겠습니다."

그는 눈동자를 빛내며 부왕에게 감사했다. 부왕은 말했다.

"여기에 천부인 세 개가 있느니라. 이것은 하늘에서 내려간 사람의 표시이다. 가져가거라."

그리고는 천부인 세 개를 왕자에게 주었다. 왕자는 그것을 받고 부왕에게 작별을 고했다.

왕자는 평소의 소원이 이루어졌으므로 즉시 신하 3천 명을 데리고 오룡차에 몸을 싣고는 지상으로 내려갔다. 그가 내려간 곳은 북쪽 백두산의 흐름을 따른 조선반도 한가운데에 솟아 있는 태백산(지금의 묘향산) 꼭대기 신단수였다. 이 성지를 신시라고 부르고, 왕자를 환웅이라고 불렀다.

환웅은 나무 밑에 서서 사면을 내려다보았다. 동쪽에서 저 멀리 동해가 있고, 남쪽은 길게 반도가 뻗치고, 서쪽은 넓은 평원을 가로질러 황해가 있었으며, 북쪽은 대륙에 이어져 산도 아름답고 물도 맑은, 참으로 지리가 빼어나고 훌륭한 반도였다.

산에는 나무들이 우거지고 들에는 온갖 꽃이 만발했으며 이름 모를 새들이 지저귀고 있었다. 골짜기에는 맑은 물이 동쪽에서 서쪽으로 흘렸다.

환웅은 하늘 위에서 내려다보던 것보다 훨씬 아름다운 나라라고 생각했다. 그리하여 바람을 관장하는 풍백, 비를 관장하는 우사, 구름을 관장하는 운사 등의 여러 신들을 불러 자연의 조화를 갖추었고, 이어 백성의 재물 · 곡식 · 생명 · 병 · 도덕 등 무릇 인간에 관한 360여 가지의 일을 주재하여 마치 천상에 황제가 있고 백관 · 백사 · 문무에 관한 여러 신이 있어 세계를 지배하듯, 이 지상에도 천상과 똑같은 왕국을 건설한 것이다.

환웅의 위력은 태양처럼 사방에 빛났다. 환웅이 내린 묘향산에는 그 향기가 남해에서 나온다고 전해지는 빨강 · 파랑 · 하양 따위 갖가지 빛깔의 단나무에서 향기가 내뿜어지고 있었다. 게다가 만병통치약이라고도 하는 이 단나무 밑에는 큰 동굴이 있었다.

이 동굴 속에는 한 마리의 곰과 호랑이가 같이 살고 있었다. 동물 가운데에서도 영물인 곰과 호랑이는 곧 환웅을 따르게 되었다. 환웅도 그들을 사랑해 주었다.

어느 날 곰과 호랑이는 환웅에게 소원을 빌었다.

"저희도 인간이 되고 싶습니다. 부디 저희를 인간으로 만들어 주십시오. 그러면 임금님을 위해 충성을 다하겠습니다. 은혜는 결코 잊지 않겠습니다."

환웅은 그것은 될 수 없는 일이라고 타일러 주었으나, 그들은 매일같이 애원했으므로 환웅도 마침내 그 정성에 뜻을 굽히고 말았다.

"그렇듯 소원이라면 인간으로 만들어 주마. 좋은 인간이 되도록 노력하거라. 하지만 좀처럼 쉬운 일이 아닌데… 물론 각오하고 있겠지?"

"어떤 어려운 일이라도 반드시 견디겠습니다. 부디 하루속히 인간이 될 수 있도록 선처해 주십시오."

곰과 호랑이는 머리를 조아렸다. 환웅은 말했다.

"그렇다면 여기 쑥 한 다발과 마늘 스무 통이 있다. 동굴로 들어가 이것을 먹고 백 일 동안 햇빛을 보지 말아라. 그러면 그대들은 인간이 될 것이다."

그리고 쑥과 마늘을 내주었다.

"고마우신 말씀 새겨듣겠습니다."

곰과 호랑이는 곧 동굴 속으로 들어가 쑥과 마늘을 먹으며 지냈다. 그들은 햇빛을 보지 않고 고행을 쌓았다. 그러나 성질이 급한 호랑이는 동굴의 어둠이 답답해져 견디다 못한 나머지 동굴에서 뛰쳐나와 버리고 말았다.

곰은 참을성 있게 견디었다. 그러자 그로부터 백 일이 안 되어 곰은 훌륭한 미녀로 변했다. 곰 인간, 즉 웅녀는 인간이 된 이상 인간으로서의 훌륭한 일을 하고 싶다고 생각하고, 이번에는 매일 밤 향기가 나는 신단수 밑으로 가서 이렇게 기도를 드렸다.

"저도 신의 도움으로 인간이 되었습니다. 부디 인간으로서의 일을 시켜주십시오."

이윽고 이것이 환웅의 눈에 띄었다. 환웅은 그녀를 갸륵히 생각하여 왕비로 삼았다. 곰은 환웅을 위해 정성을 다 바쳤다. 웅녀는 왕비가 된 지 얼마 안 되어 훌륭한 왕자를 낳았다. 왕도 왕비도 매우 기뻐했다. 웅녀가 신단수 밑에서 기도를 했고, 왕자도 신단수 밑에서 태어났으며, 게다가 부왕인 환웅도 신단수 아래에 내려섰으므로, 이를 따서 왕자의 이름을 단군이라고 지었다. 또한 호는 왕검이라고 불렀다.

왕검, 즉 단군은 자라남에 따라 부왕과 똑같은 왕자가 되었다. 부왕은 왕검에게 새로이 도읍지를 정하라고 일렀다.

"이 묘향산에서 흐르는 개울을 따라 내려가면 넓은 들판이 있느니라. 강(대동강)의 양쪽은 땅이 기름지고 만물이 풍요롭다. 이곳에 도읍을 정하고 백성을 다스리도록 하라!"

그리하여 왕검은 평양성을 쌓고 도읍지를 평양으로 정했다. 이 성을 또한 왕검이라는 호를 따서 왕검성이라고도 일컬었다. 그리고 국호를 조선이라고 이름 지었다. 이렇게 하여 조선은 개국을 본 것이다. 이때는 당나라의 고조가 즉위한 지 50년째 되는 해였다.

왕검의 위덕으로 온 나라에 태평성대가 오고, 백성은 잘살게 되었으며 인구도 차츰 늘어났다. 뒤에 왕은 도읍을 백악산 기슭의 아사달로 옮겼는데, 아사달은 명궁 또는 궁홀산이라고도 불려졌다.

알에서 나온 석탈해

옛날 신라 동해안에 한 노파가 외롭게 살고 있었다. 지아비를 일찍 여읜데다가 자식도 없고 친척도 없는, 그야말로 고독한 노파였다. 그러나 이 노파는 신세한탄을 할 사이도 없이 매일같이 바닷가로 나가서는 물고기며 미역 따위를 따다가 그날그날 입에 풀칠을 하며 지내야 하는 처지였다.

그러던 어느 날, 노파는 여느 때처럼 바닷가로 나가 해조를 따고 있었다. 날씨는 맑게 갠 날이었고 파도도 없는 조용한 바닷가였다. 한참 정신없이 일을 하고 있던 노파는 갑자기 주위가 어수선하기에 문득 허리를 펴고 바다 쪽을 살펴보았다.

"웬일일까?"

노파는 혼잣말을 했다. 까치 떼들이 하늘을 덮어 바다 위가 캄캄했던 것이다. 까치 떼들은 커다란 원을 그리며 빙빙 돌면서 울고 있었다. 노파는 이상한 생각이 들었다.

"갈매기도 아니고 까치가 어째서 바다 위를 나는 것일까?"

불안과 호기심에 가득 찬 노파는 다시금 혼잣말을 했다. 그때 물결에 따라 오르락내리락 하는 큰 상자가 노파의 눈에 띄었다. 까치들의 호위를 받은 그 상자는 얼마 후 노파가 있는 곳으로 흘러와서 파도에 밀려 강가로 올라왔다. 노파가 가슴을 두근거리며 달려가서 상자를 뭍으로 올려보니, 그것은 매우 크고 훌륭했다.

'뭐가 들어 있을꼬?'

노파는 속으로 이렇게 생각하며 뚜껑을 열어보았다. 그러자 놀랍게도 그 안에는 보물과 함께 비단에 싸인 용모가 단정한 사내아이가 앉아 노파를 보며 웃고 있었다. 노파는 깜짝 놀랐다.

"어머나! 참 귀여운 애로구나. 아마 하느님이 내려주신 모양이다. 내 쓸쓸한 처지를 하느님께서 딱하게 생각하신 게 분명해."

노파는 어린아이를 안았다. 그때 까치들이 상자 주위로 모여들었다. 그것은 아기를 축복하는 것도 같았고, 지키고 있는 것도 같았다. 그때 두 마리의 빨간 용이 나타나 노파에게 공손히 말했다.

"우리는 까치와 함께 이 상자를 보호해서 이 나라로 가져온 거요. 소중히 키우도록 하시오."

그리고는 이 상자의 내력을 말했다.

"이 아기는 다파나국의 왕자요. 다파나라는 나라는 일본국에서 동북으로 천 리쯤 떨어진 곳에 있으며, 용성국 또는 완하국이라고도 하오. 이 나라는 스물여덟 명의 용왕이 다스리고 있소. 시간의 왕 함달파는 멀리 적녀국에서 왕녀를 데려와 왕비로 삼았소. 하지만 불행하게도 왕자를 얻지 못하여 신에게 기도드리기를 7년, 왕비는 드디어 아이를 잉태하게 됐소. 그런데 태어난 것은 사람이 아닌 커다란 알이었소. 함달파는 사람이 사람 아닌 알을 낳음은 불길한 징조이니 멀리 바다에 버리라고 말했소. 왕비는 이를 딱하게 여겨 몇 겹이나 되는 비단에 알을 싸서 보물과 함께 상자에 넣어 그 상자를 바다에 띄웠소. 우리 두 용은 이를 알고 용왕의 명에 따라 호위하여 가락국을 거쳐 이곳으로 온 것이오."

그리고 물결 위를 떠돌아다니고 있는 사이에 알은 어느덧 아기가 되었다고 하는 자초지종을 말한 후 두 마리의 용은 노파에게 다시 한번 아기를 부탁하고는 안심이 되는 듯이 다시 바다 속으로 들어갔다.

"이는 정말 하느님의 자비이시다. 이런 귀공자를 주시다니…"

노파는 이렇게 말하고 급히 집으로 돌아갔다. 하느님이 맡긴 것이라고 생각한 노파는 왕자를 친자식처럼 길렀다. 그리고 왕자의 이름을 어떻게 지을까 생각했다. 노파는 왕자를 바닷가에서 주웠을 때 까치들이 축복했던 것을 생각해 내고는 '까치 작(鵲)'자를 따서 '鵲'의 '鳥'를 빼고 성을 석(昔)으로 하고, 또한 이름은 상자를 풀어보고 왕자를 얻었으므로 '상자를 풀어서(해, 解) 알에서 벗어났다(탈, 脫)'는 뜻에서 이름을 탈해(脫解)라고 지어 '석탈해'라고 불렀다.

탈해는 노파의 사랑으로 나날이 자랐다. 보통사람이 아니었던 만큼 모든 점에서 뛰어났다. 장년이 되자 키가 열 척이나 되고, 가슴은 철판처럼 단단하며, 천하장사일 뿐만 아니라 용모가 수려하고 인품이 가히 훌륭했다. 탈해는 노파에게 어찌나 효성스러운지 남들이 부러워할 정도였다. 집에서는 이렇듯 착한 탈해도 밖에서는 참으로 용감했다. 바닷가에서 자란 그는 매일 바다를 벗 삼아 호연의 기상을 길렀다. 매일 바다로 나가 고기를 잡아오는 탈해를 바라보며 노파는 탄식하는 것이었다.

'저렇듯 훌륭한 아이가 고기잡이로 썩다니 아깝구나.'

노파는 탈해를 훌륭한 인간으로 출세시키고 싶어 견딜 수 없었다. 그래서 어느 날 훌륭하게 장성한 아들에게 이렇게 말했다.

"탈해야, 너는 이제 훌륭한 어른이 되었다. 하지만 언제까지나 이런 고기잡이 노릇을 하고 있을 수는 없다. 너는 보통사람이 아니다. 너는 다파나국의 왕자야. 이제부터라도 늦지 않으니 학문을 닦으면 틀림없이 훌륭해질 거야. 이제부터 공부를 열심히 하도록 해라."

노파는 그의 내력을 말해 주고 생모의 이야기를 들려주었다. 효성이 지극한 탈해는 매우 감격하여 학문을 닦았다. 본래 재치가 뛰어난 탈해는 얼마 후 많은 학문을 익혀 훌륭한 학자가 되었다. 그리고 매일 시를 외우면서 온 나라를 두루 편력하며 지세 연구에 여념이 없었다.

어느 날, 그는 토함산에 올라 주위의 산과 들판을 바라보고 있었다. 그때, 무슨 생각을 했는지 탈해는 무릎을 탁 치고,

"그렇지, 저 초생달 모양의 언덕이다!"

하고 외쳤다. 그 초생달 모양의 언덕이란 월성을 가리키며, 서울 동남방에 자리 잡고 있는, 마치 반달 같은 모양의 언덕이었다. 지리학에 정통한 그에게는 이곳이야말로 훌륭한 집터라는 것을 알 수 있었다. 그는 그 언덕에 성을 쌓고 살면 부귀는 굴러온 당상이라고 생각하면서 그 언덕으로 얼른 뛰어가 보았다. 그때 이 반달의 언덕에는 일본에서 건너와 신라의 재상이 된, 나는 새도 떨어뜨릴 정도의 권세를 가진 한 사람이 이미 대궐 같은 집을 짓고 살고 있었다.

탈해는 월성을 자기의 것으로 삼고 싶었으나 쟁쟁한 권력자가 살고 있으니 내쫓을 수도 없어 난처해졌다. 그러나 총명하고 슬기로운 그는 여러 가지 궁리를 해보았다.

그는 그 집에 몰래 숨어 들어갔다. 그리고 집 안 여기저기에 숯 찌꺼기며 숫돌조각 같은 것을 땅에 파묻고 돌아갔다. 그 후 얼마 안 되어 탈해는 주인을 찾아가서 이렇게 말했다.

"갑작스러운 말씀입니다만, 댁에서 살고 있는 이 땅은 실은 우리 조상의 땅이었습니다. 저는 까닭이 있어 잠시 다른 곳에 살고 있었습니다. 그러니 제게 돌려주십시오."

당황한 주인은 조용히 타일렀다.

"아니, 그럴 리가 없소. 당신 뭔가 잘못 생각하고 있는 게 아니오?"

그러나 탈해는 다시 말했다.

"천만에요. 틀림없는 사실입니다. 분명히 우리 조상이 살고 있었지요."

너무도 완강한 주장에 주인은 화를 냈다.

"절대로 그럴 리가 없소."

"천만에요, 틀림없습니다."

그들은 서로 자기의 주장을 고집했다. 집주인은 난처해졌다.

"어쨌든 서로 고집해 봤자 끝이 없는 일이니 싸운들 무슨 소용이 있겠소. 이렇게 된 이상 재판으로 끝을 냅시다."

그는 위엄 있게 말했다.

"그렇다면 더욱 좋습니다."

탈해도 지지 않았다. 탈해는 오히려 그렇게 되기를 바라고 있었다. 이윽고 두 사람은 판관에게 호출되었다. 판관은 탈해를 여러 가지로 조사했다.

탈해는 차분하게 말했다.

"우리 조상은 원래 대장장이였습니다. 그리고 그 월성에서 대장장이 노릇을 했습니다."

그 말에 판관은 이렇게 물었다.

"그렇다면 무슨 증거라도 있단 말인가?"

"물론 증거가 있습니다. 그곳은 대장간이었으니까 땅을 파보면 그 흔적이 있을 겁니다."

이 말에 월성의 집주인은 약간 이상하게 생각하기는 했으나, 그런 흔적이 있을 까닭이 없다고 생각하고 땅을 파게 했다. 많은 관리들이 지켜보는 가운데 땅이 파헤쳐졌다. 과연 땅 속에서 숯 찌꺼기며 숫돌조각이

나왔다. 명명백백한 증거가 드러나자 판관은 집주인에게 동정은 갔지만 별도리가 없었다. 결국 탈해는 재판에서 이겼다.

이 경위를 들은 당시의 왕 남해차차웅은 탈해의 슬기에 감복하여 탈해를 궁궐로 불러들였다. 그리하여 탈해는 정치에도 참여하게 되었고 지혜와 용맹을 발휘하여 그 이름을 떨쳤다. 그리고 남해왕 5년에 공주를 아내로 맞아 왕의 사위가 되었고, 2년 후 대보가 되었다.

남해왕이 죽으면서,

"이 나라는 앞으로 박(朴) · 석(昔) 두 성의 자손이 대대로 이어 다스리라."

하는 유언을 남기고 세상을 떠났다.

그리하여 왕자 유리는 부왕의 명에 따라 자형인 석탈해에게 왕위를 물려주려고 했다. 그러나 탈해는 단호히 거절했다.

"한 나라를 다스리는 왕위는 평범한 사람이 차지할 것이 못 되고, 반드시 덕망 높은 군주가 아니면 안 되오."

유리는 그래도 탈해에게 권했다.

"아니오, 당신은 자형이 되는 손윗사람이십니다. 게다가 인덕을 갖추고 있으니 반드시 왕위를 계승해야 됩니다."

"아니, 왕위는 왕자가 이어받아야 하오."

탈해가 이렇게 말하면,

"아니, 자형이…"

하고 유리도 자형에게 양보하는 것이었다. 이렇게 서로 계속해서 양보를 하게 되자 탈해가 하나의 절충안을 내놓았다.

"예부터 덕이 있는 사람은 치아가 많다고 하니, 이가 많은 쪽이 왕위에 앉기로 하세."

그리하여 그들은 서로의 이를 비교해 보았다. 그런데 유리 쪽이 탈해보다 숫자가 많았다. 그리하여 유리왕이 즉위하고 탈해가 정치를 보좌

했다. 이때 비로소 <도솔가>가 만들어져 신라가악의 시초가 되었으며, 농기구를 만들어 백성들의 농사를 장려하고, 수레를 만들어 교통수단으로 삼았다. 또한 여름에도 얼음을 저장하는 빙고를 만들어 냄으로써 나라의 문화는 더욱 발전했다.

그 후 유리왕 뒤에 탈해가 왕위에 앉았다.

한편, 탈해가 상자에 담겨 흘러온 곳은 '아진포'라고 하여 신라의 동해안에 있고, 땅을 가지고 다툰 월성은 경주 끝 쪽을 거쳐 남산성을 대하고 있었다고 한다. 이곳은 신라 궁성의 자취로서 '반월성'이라고 불리며, 그 안에는 '석빙고' 및 탈해왕을 모신 '숭신전' 등이 있다.

Ⅲ. 북유럽 신화

신들의 세계, 아스가르드

이제까지 우리의 주의를 끌어온 이야기는 모두가 유럽 남쪽 나라들의 신화에 관한 것이다. 그러나 옛날의 신화와 전설은 북유럽에도 허다하다. 그것은 오늘날 스칸디나비아 인이라고 하는 북방민족, 즉 스웨덴·덴마크·노르웨이·아이슬란드·핀란드로 알려져 있는 나라들의 신화이다. 이들 민족의 신화나 전설은 《에다》라고 불리는 두 종류의 책에 수록되어 있다.

이 《에다》에 의하면, 옛날에는 위에 하늘도 없고, 밑에 땅도 없고, 다만 끝없는 깊이와 안개의 세계만이 있어 그곳에 하나의 샘이 솟아나오고 있었다. 이 샘에서는 열두 개의 개울이 흘러나오고 있었다. 그리고 개울은 그 원류에서 멀리 흘러나가면서 얼어서 얼음이 되고, 그것이 자꾸 겹쳐져 그 커다란 깊이를 메운 것이다.

안개의 세계 남쪽에는 빛의 세계가 있었다. 그리고 이 세계에서 따뜻한 바람이 얼음 위로 불어와 그 얼음을 녹였다. 그러자 증기가 하늘로 올라가 구름이 되고, 그 구름에서 이미르라는 서리의 거인과 그 자손, 그리고 암소인 아우둠블라가 태어났다. 이 암소의 젖이 거인의 영양물이 되고 음식물이 된 것이다. 그리고 암소는 얼음에서 새하얀 서리와 소금을 핥아 영양분을 섭취했다.

어느 날, 암소가 소금이 달라붙어 있는 바위를 바라보고 있으려니 처음엔 인간의 머리카락이 나타났다. 이틀째에는 머리가 나타나고, 사흘째에는 아름답고 우람한 몸이 나타났다. 이 새로운 생물은 신이었다. 그리고 이 신과 그 아내가 된 거인족 처녀와의 사이에 오딘·빌리·베라라는 3형제가 태어났다. 이 세 사람은 거인 이미르를 죽여 그 시체로 천지를 창조했다. 피에서는 바다를, 뼈에서는 산을, 머리카락에서는 나무를,

머리에서는 하늘을, 그리고 뇌수에서는 우박과 눈이 가득 찬 구름을 만들었다. 그리고 이미르의 눈썹으로 신들은 미드가르드(한가운데의 나라라는 뜻)를 만들어 그곳을 인간의 거처로 정했다.

오딘은 그 후 낮과 밤 그리고 계절의 구별을 만들고자 하늘에 태양과 달을 두어 각기의 궤도를 정했다. 태양이 그 빛을 대지 위에 쏟기 시작하면서 순식간에 식물의 세계가 싹을 내밀고 잎을 뻗치기 시작했다.

신들은 세계의 창조를 마치고 나서 자기들의 이 새로운 일에 만족하면서 바닷가를 거닐고 있었는데, 무엇인가 아직 부족한 것이 있음을 알았다. 그것은 인간이 없었기 때문이었다. 그리하여 신들은 물푸레나무로 남자를 만들었다. 그리고 다른 나무로 여자를 만들어 남자를 아스케, 여자를 엠블라라고 불렀다. 오딘은 이어 이 두 사람에게 생명과 넋을 주었고, 빌리는 이성과 운동을, 그리고 베라는 감각과 표정이 풍부한 용모와 언어를 주었다. 그리고 미드가르드를 이들의 집으로 주었다. 그래서 두 사람은 인류의 조상이 되었다.

이곳에는 이그드라실이라는 커다란 물푸레나무가 있었는데, 이것이 우주 전체를 받치고 있는 것이라고 생각했다. 이 나무는 이미르의 몸에서 생긴 것으로, 세 개의 큰 뿌리를 지녔다. 그 하나는 아스가르드(신들의 거처)로 뻗고, 또 하나는 요툰헤임(거인들의 거처)으로, 마지막 하나는 니플헤임(암흑과 추위의 나라)으로 뻗었다.

아스가르드로 뻗어 있는 뿌리는 노른이라는 세 명의 여신들이 지켰다. 이 여신들은 인간의 운명을 관장했으며, 각각의 이름은 우르드르(과거) · 베르단디(현재) · 스쿨드(미래)였다.

요툰헤임 곁에 있는 샘은 이미르의 우물로서, 이 속에는 지혜와 기지가 숨겨져 있었다. 그러나 이 니플헤임 샘에는 니드호게(암흑)라는 독사가 살고 있어 언제나 이 뿌리를 갉아먹고 있었다. 그리고 네 마리의 수사슴이 이 나뭇가지 사이를 달리며 그 싹을 먹었는데, 그것은 곧 네 개의 바람을 뜻했다.

이 나무 밑에는 이미르가 누워 있었고, 그가 그 무거운 짐을 뿌리치려고 몸을 흔들어 댈 때마다 땅에는 지진이 일어났다.

아스가르드는 신들의 안식처로서, 그곳으로 가려면 비프로스트(무지개)라는 다리를 건너야 했다. 아스가르드에는 신들의 집인 황금의 궁전과 은으로 된 궁전이 여러 개 있었는데 그 중에서도 가장 아름다운 것은 발할라라고 하는 오딘의 궁전이었다. 이 궁전에 있는 왕좌에 앉으면 하늘도 땅도 모두 바라볼 수가 있었다. 오딘의 두 어깨에는 후긴과 무닌이라는 큰 까마귀가 앉아 있으며, 이들은 날마다 온 세계를 날아다니다가 돌아와서 오딘에게 모든 일을 보고했다. 오딘의 곁에는 게리와 프레키라는 두 마리의 늑대가 누워 있었다. 오딘은 자기에게 바쳐지는 고기를 모두 이 늑대에게 주었다. 오딘은 음식을 안 먹어도 살 수 있었기 때문이다.

그에게는 꿀술이 유일한 음식이자 음료였다. 오딘은 또한 룬(Rune) 문자를 발명했다. 이 룬 문자로 금속 방패에 운명을 새겨 넣는 것이 노른들이 하는 일과였다.

한편 오딘의 이름을 때로는 워덴이라고도 불렀는데, 이 이름에서 웬즈데이(Wednesday)라는 일주일 중 네 번째 날의 이름, 즉 수요일이 생긴 것이다.

발할라는 오딘의 궁전이었으며, 그는 이곳에서 자기가 선발한 영웅들과 잔치를 벌이곤 했다. 이 영웅들은 모두가 싸움터에서 용감하게 싸우다 전사한 자들이다.

이 잔치에는 언제나 세흐림니르라는 멧돼지 고기가 나오는데, 도저히 다 먹어치울 수 없을 만큼 푸짐하게 나왔다. 그도 그럴 것이 이 돼지는 매일 아침 요리되지만, 밤이 되면 다시 원래의 돼지로 되살아나 있었던 것이다.

음료로는 하이드룬이라는 암산양의 젖에서 짠 꿀술이 나왔다. 그 영웅들은 잔치가 없을 때에는 무술시합을 하고 즐겼다. 매일 안뜰이나 들판으로 나아가 상대방이 쓰러질 때까지 싸우는 것이다. 이것이 그들의 일과였는데, 식사시간이 되면 그 상처도 깨끗이 나아 그들은 다시금 발할라의 잔치자리로 돌아왔다.

발키리는 싸움의 처녀들로서, 말을 타고 갑옷과 방패와 창으로 무장을 하고 있었다.

오딘은 발할라로 많은 영웅들을 모았다. 언젠가 거인족과 싸우게 되는 날에는 그들과 대항할 수 있도록 하기 위해, 모든 싸움터로 사자를 보내 전사한 영웅들을 선발하는 것이었다. 발키리는 바로 이 오딘의 사자로서, 그 이름은 '전사자를 고르는 자'라는 뜻이다. 그녀들이 사명을 받고 떠날 때는 그 갑옷이 이상한 빛을 발하여 그것이 북쪽 하늘에 번쩍였다. 그리고 사람들은 그것을 보고 '오로라 보레알리스', 즉 '북극광'이라고 부르고 있는 것이다.

북유럽의 여러 신들

벼락의 신 토르는 오딘의 큰아들이었는데, 신과 인간들 가운데에서 가장 힘이 센데다가 세 개의 매우 귀중한 보물을 가지고 있었다. 그 첫째 보물은 망치였다. 이 망치의 위력에 대해서는 서리의 거인도, 산의 거인도 그것이 자기들을 향해 공중으로 던져졌을 때 뼈저리게 알 수 있었다. 즉, 그것은 옛날부터 그들의 부친이나 동족들의 머리가 이 망치로 수없이 쪼개졌기 때문이다. 그리고 이 망치는 던지고 나면 다시 저절로 토르의 손으로 되돌아왔다. 토르의 두 번째 보물은 힘의 허리띠였다. 이 허리띠를 감으면 토르의 힘은 두 배나 강해졌다. 세 번째의 보물도 매우 진귀한 것이었다. 그것은 쇠장갑이었는데, 토르가 망치를 쓸 때에는 언제나 이 장갑을 꼈다. 이 토르(Thor)의 이름을 따서 영어의 목요일(Thursday)이라는 말이 생겼다.

프레이르는 신들 가운데에서도 가장 이름난 신의 한 사람이다. 그는 비와 햇빛과 지상의 모든 과일을 관장했다.

그의 여동생 프레야는 여신 가운데에서도 가장 자비로운 여신이다. 음악과 봄과 꽃을 사랑했으며, 특히 아르프르(요정, 영 : 엘프)를 사랑했다. 또한 사랑의 노래를 매우 좋아했기 때문에 여인들은 모두 이 여신에게 소원을 빌었다.

브라기는 시의 신으로서 그는 무장들의 무용담을 노래로 들려주었다. 브라기의 아내 이둔은 상자 속에 사과를 넣어두고 지키고 있었는데, 신들이 늙었을 때 그 사과를 맛보기만 하면 다시 젊음을 되찾을 수 있었다.

헤임달은 신들의 호위병이었다. 그들은 하늘의 경계가 되는 곳에서 거인들이 비프로스트 다리를 건너 침입해 오는 것을 지키고 있었다. 그들의 잠은 참새보다도 짧았고, 밤에도 낮과 같이 100마일이나 되는 사방을 볼 수 있었다. 귀도 매우 밝았으므로 어떤 소리도 놓치지 않았다.

또한 이 밖에도 신들의 중상자, 즉 모든 거짓과 장난의 고안자라고 일컫는 신도 있었다. 그 이름은 로키였다. 그는 얼굴 생김새나 몸매는 훌륭했지만, 매우 심술 사납고 변덕스러웠다. 그는 본시 거인족이었으나, 억지로 신들의 동료가 되었다. 그리고 나쁜 지혜와 기지나 교활한 수완으로 신들을 난처하게 만드는가 하면, 곤경에서 구출해 내기도 했다. 이 로키에게는 세 아이가 있었다. 첫 번째는 펜리르라는 늑대이고, 두 번째는 저 미드가르드의 독사이며, 세 번째는 헬(죽음이라는 뜻)이라는 딸이다.

신들은 이런 괴물들이 차츰 자라는 사이에 그들이 자기들이나 인간들에게 큰 재난을 가져오리라는 사실을 깨달았다. 그래서 오딘은 사자를 보내 그 괴물들을 데려오는 편이 좋겠다고 생각했다. 괴물들을 데려오자 우선 독사를 주변의 깊은 바다 속으로 던져 넣었다. 그러나 이 괴물들은 이미 굉장히 자라 있었기 때문에 제 꼬리를 입으로 문 채 그대로 지구 전체를 둘러싸고 있는 것이다. 이어 오딘은 헬을 니플헤임에 던져 넣고 아홉 개의 세계를 다스리는 힘을 그녀에게 주었다. 그래서 그녀는 자기에게로 보내지는 자들을, 즉 병이나 노쇠로 죽은 사람들을 모두 이 나라 안에 할당하고 있는 것이다.

그녀의 집은 엘비드니라고 불렸다. '굶주림'이 그녀의 식탁이었고, '굶어죽는 것'이 나이프였으며, '지체'가 심부름꾼이었고, '완만'이 시녀였으며, '근심'이 침상이었다.

펜리르는 신들을 매우 난처하게 만들었으므로 드디어 사슬에 묶였다. 그러나 제아무리 튼튼한 사슬로 묶어도 거미줄처럼 손쉽게 끊어버리고 말았다. 그래서 신들은 산의 요정들에게 사자를 보내 글레이프니르라는 사슬을 만들게 했다. 이 사슬은 여섯 가지 물건으로 만들어졌다. 즉, 고양이가 달릴 때의 발소리와 여자의 수염과 돌뿌리와 물고기의 숨결과 곰의 신경과 참새의 침이었다. 완성된 사슬은 마치 비단실처럼 부드럽고 매끈했다.

그러나 신들이 늑대에게 이 가느다란 리본이 잘라지는지 한번 묶여 보는 것이 어떻겠느냐고 말하자, 늑대는 신들을 의심하여 그 끈이 마법으로 만든 것이 아닌가 생각했다. 그래서 묶이는 것은 좋지만 그 대신 다시 풀어준다는 보증으로, 신들 중에서 누가 자기 입 속에 손을 넣지 않으면 못 하겠다고 거부했다. 그만한 일을 할 수 있는 것은 전쟁의 신인 티르밖에 없었다. 티르가 펜리르의 입에 손을 넣자, 펜리르는 안심하고 비단 리본으로 묶이게 되었다. 그러나 리본은 보기와는 달리 한번 늑대의 몸에 파고들어가자 다시는 끊기지 않았다. 다급해진 펜리르는 신들에게 애원했다. 그러나 신들이 풀어줄 생각을 안 하는 것을 알고서 그는 티르의 손을 물어뜯고 말았다. 그래서 전쟁의 신인 티르는 그 후로 손이 하나만 남게 되었다.

오딘과 시의 기원

세계가 만들어진 지 얼마 안 되었을 무렵이었다. 아스가르드의 신들인 에시르와, 바다의 신들인 바니르 사이에 전쟁이 일어났다. 전쟁은 오래 계속되었으나, 얼마 후 신들은 화해를 하고 다시는 싸우는 일이 없도록 하기 위해 서로 볼모를 교환하고 동맹을 맺었다. 이때 바다의 나라에서 볼모로 잡혀 와서 아스가르드의 신들과 동료가 된 것이 니오르드와 그 아들 프레이르였고, 아스가르드에서는 헤니르가 대신 바다의 나라로 갔다. 양쪽 신들은 이렇게 평화를 체결한 표시로 양쪽이 하나의 단지에 침을 뱉어 넣었다. 그리고 그 침으로 한 인간을 만들어 크바지르(지식)라는 이름을 붙였다. 크바지르는 매우 현명하여 무엇이든 모르는 것이 없었다. 그는 사람들에게 지식을 주고자 세계를 돌아다녔다.

그런데 어느 날 그가 휘야라르와 갈라르라는 난쟁이 형제한테 갔는데, 고약한 그 형제는 크바지르를 죽여 버렸다. 그리고는 크바지르의 피를 두 개의 항아리와 큰 냄비에 넣고 벌꿀을 섞어 꿀술을 만들었다. 이 꿀술에는 이상한 힘이 있어, 그것을 마신 사람은 시인이 되어 아름다운 노래를 만들 수 있게 되는 것이었다. 고약한 형제는 크바지르를 죽인 것만으로는 부족하여 또다시 장난을 생각해 냈다. 그들은 이번에는 길링이라는 거인과 그 아내를 자기 집으로 초대했다. 형제는 길링에게 바다로 낚시를 하러 가자고 꾀었다.

이렇게 해서 바다 한복판으로 나가자 갑자기 암초에 부딪쳐 배를 전복시켰으므로 수영을 못하는 길링은 물에 빠져죽고 말았다. 난쟁이는 시치미를 떼고 돌아와 길링의 아내에게 남편은 바다에 빠져죽었다고 말했다. 거인의 아내는 슬피 울었다. 그러자 휘야라르는 위로하는 척하며 말했다.

"아주머니, 길링이 빠진 바다를 보면 혹시 기분이 풀릴지도 모르잖습니까?"

거인의 아내는 이 말을 듣고 바다를 보고 싶은 생각이 들었다. 그러자 휘야라르는 동생에게 살며시 속삭였다.

"귀찮아 죽겠다. 너 지붕 위에 올라가 있다가 저 여자가 밖으로 나갈 때 위에서 맷돌을 떨어뜨려 죽여 버려라."

갈라르는 시키는 대로 했다. 거인의 아내도 그렇게 해서 죽게 되었다.

이 사실이 길링의 아들 수퉁의 귀에 들어갔다. 그는 곧 원수를 갚으러 떠났다. 마침내 난쟁이들을 잡은 수퉁은 물이 빠져나갈 때마다 바다 위로 내미는 암초 위에 그들을 올려놓았다. 만조가 되면 난쟁이들은 순식간에 파도에 씻겨버릴 것이었다. 그들은 결사적으로 수퉁에게 살려달라고 빌었다.

"제발 목숨만은 살려주세요. 그러면 크바지르의 피로 만든 신기한 술을 드릴 테니까요. 그걸 마시면 누구든지 시인이 될 수 있어요."

거인 수퉁은 이 말을 듣자 난쟁이를 용서해 주었다. 그리고 그들에게서 꿀술을 받아 가지고 온 후, 그것을 후니트 산에 숨겨놓고 딸 군로드에게 지키게 했다. 이런 까닭에 후세의 인간들은 시를 가리켜 '크바지르의 피'라든가 '수퉁의 술'이라고 한다.

오딘은 이 사실을 재빨리 알아차리고 거인의 손에서 꿀술을 빼앗을 궁리를 짜냈다. 그래서 그는 곧 거인의 나라로 갔다. 며칠을 가자 마침내 드넓은 초원이 나왔다. 그 초원에서는 아홉 명의 하인들이 마른 풀을 베고 있었다. 오딘은 잠시 그들이 일하는 것을 보고 있다가 이렇게 물었다.

"어째 자네들 낫은 잘 안 드는 것 같군. 내가 좋은 숫돌을 갖고 있는데, 좀 갈아줄까?"

하인들은 저마다 갈아달라고 말했다. 오딘은 허리춤에 차고 있던 숫돌을 꺼내 그들의 낫을 갈아 주었다. 하인들이 그 낫으로 풀을 베어보니 기가 막히게 잘 들었다. 그들은 오딘의 숫돌이 탐이 나 그것을 자기들한테 팔라고 졸랐다.

오딘은 말했다.

"팔아도 좋지만 값이 비싸단 말야."

"아무리 비싸도 좋으니 팔아요."

그러나 숫돌은 하나인데 하인은 아홉 명이나 되었다.

"그럼 내가 이것을 하늘로 던질 테니까 제일 먼저 잡은 사람이 차지하는 것으로 하세."

오딘은 이렇게 말하고 숫돌을 하늘로 던져 올렸다. 하인들은 숫돌이 떨어진 곳으로 달려가 서로 빼앗다가 낫에 찔려 모두 죽고 말았다.

그날 밤 오딘은 바우기라는 거인의 집으로 가서 볼베르크라고 거짓 이름을 대고는 하룻밤 재워달라고 부탁했다. 바우기는 수퉁의 형제였다. 바우기는 쾌히 재워주었는데, 저녁식사 때 이렇게 말하며 한탄했다.

"여보게, 볼베르크, 오늘 난 아주 맹랑한 꼴을 당했다구. 어찌된 까닭인지 아홉 명의 하인이 한꺼번에 죽어버렸지 뭔가. 일손이 없어져 정말 큰일이라니까."

"그럼 내가 한여름 동안만 하인 대신 일해 드리리다."

볼베르크는 이렇게 말하고 혼자 아홉 명 몫의 일을 해줄 테니, 만일 일을 제대로 하거든 월급 대신 수퉁의 술을 마시게 해달라고 부탁했다.

"그건 좀 어렵겠는걸. 형은 나한테조차 보여 주지를 않는단 말야. 혹시 누가 훔쳐가지나 않을까 염려해서 아무도 얼씬거리지를 못하게 하고 있으니까."

바우기는 이렇게 말했으나, 어쨌든 가을이 되면 같이 가서 한 잔 먹여 달라고 부탁해 보겠다고 했다. 그래서 약속은 정해졌다. 볼베르크는 여름내 바우기의 집에서 아홉 사람 몫의 일을 해주었다.

가을이 되자 그들은 수퉁의 집으로 갔다. 바우기는 수퉁에게 볼베르크와 약속한 사실을 말하고 제발 한 모금만 마시게 해달라고 간청했다. 그러나 수퉁은 한마디로 거절해 버렸다. 그러자 볼베르크가 작은 소리로 귀에다 대고 속삭였다.

"이렇게 된 이상 별 도리가 없으니 몰래 훔쳐 먹읍시다."

바우기도 반대하지 않았다. 수퉁은 꿀술을 커다란 동굴에 숨겨두고 딸 군로드에게 엄중히 감시를 시키고 있었다. 그들은 동굴로 가서 형편을 살펴보았다. 그러나 도저히 동굴로 들어갈 방도가 없었다. 볼베르크는 주머니에서 송곳을 꺼내 그것으로 바위에 구멍을 뚫어 달라고 바우기에게 부탁했다. 바우기는 송곳으로 바위를 뚫기 시작했으나 워낙 단단한 바위여서 좀처럼 구멍이 뚫리지 않았다. 바우기는 곧 지쳐버렸다. 그는 볼베르크의 핀잔을 받고 다시 시도하여 마침내 구멍을 뚫었다.

오딘은 곧 뱀으로 변해 그 구멍으로 들어갔다. 그리고 다시 자기 모습으로 돌아가 거인의 딸에게 다가갔다. 산속에서 혼자 꿀술을 감시하고 있던 군로드는 적적해서 견딜 수 없던 차에 젊은 남자가 찾아왔으므로 매우 기뻐했다.

오딘은 그녀 곁에서 사흘을 보냈다. 군로드는 오딘을 좋아하게 되었다. 사흘이 지나자 오딘은 처녀에게 크바지르의 술을 한 모금만이라도 마시게 해달라고 부탁했다. 그러자 군로드는 말했다.

"다른 사람이 아닌 당신의 부탁이니 특별히 맛을 보여드리겠어요. 하지만 한 모금뿐이니까 그렇게 아세요."

하지만 오딘은 단숨에 냄비의 술을 마셔버리고, 곧 두 개의 항아리에 들어 있는 술도 모조리 마셨다. 그리고는 서둘러 독수리로 변신해서 하늘로 날아올랐다.

수퉁은 자기 집에 있다가, 동굴에서 독수리가 날아오르는 것을 보자 자기도 급히 독수리가 되어 오딘을 쫓아갔다. 오딘은 전속력으로 아스가르드를 향해 날았으나, 수퉁은 여전히 오딘을 쫓아왔다. 아스가르드의 신들은 두 마리의 독수리가 날아오는 것을 보자, 오딘이 수퉁에게 쫓기고 있는 것이라고 생각하고 급히 커다란 항아리를 안뜰에 내다놓았다.

오딘은 아스가르드 위까지 오자 마시고 온 술을 항아리 안에 얼른 넣었다. 그런데 너무 서두른 탓으로 술을 약간 흘려버리고 말았다. 수퉁은 오딘이 아스가르드로 도망친 것을 보자 그를 잡는 것을 단념하고 거인의 나라로 되돌아갔다. 그래서 귀한 술은 영원히 신들의 것이 되었다.

아스가르드에 도착한 오딘은 이 술을 신들에게 나누어 주었다. 그러자 그것을 마신 신들은 시인이 되어 기막힌 노래를 만들 수 있게 되었고, 신들이나 사람들을 즐겁게 해주었다. 그때에 지어진 시를 가리켜 사람들은 '오딘의 선물', '오딘이 준 것'이라고 부르게 되었다.

그렇다면 오딘이 허둥거리다가 항아리 밖으로 쏟은 술은 어떻게 되었는가? 그것은 그 술을 손에 넣는 사람들에게 시인 행세를 할 수 있게 해주었다.

오딘은 이렇게 신들과 인간의 세계를 윤택한 것으로 하기 위해 온갖 지혜를 짜냈다. 북유럽 사람들이 사용한 옛날의 룬 문자를 발명하여 그것을 인간에게 가르친 것도 오딘이었다. 당시 오딘은 스스로 자기의 몸을 이그드라실 나무에 거꾸로 매달아 아흐레 동안을 생각하고 궁리한 끝에 이 마력을 지닌 이상한 문자를 만들어 냈다고 한다.

신들의 보물

로키 신은 앞에서도 말했듯이 지혜도 있지만 변덕쟁이에 장난꾸러기여서 아스가르드의 신들은 그 때문에 이따금 골탕을 먹기 일쑤였다. 그는 본시 아스가르드 신들의 일족이 아니라, 신들에 의해 멸망된 옛날 신이나 거인족 출신이었다. 로키는 오딘과 의형제를 맺어 아스가르드의 일원으로 신들의 세계에서 살고는 있었으나 그 행실은 어쨌든 특출했다. 그러나 그의 장난이 오히려 신들에게 커다란 이익을 가져다 주는 경우도 많았다. 아스가르드에서 첫째 가는 용사 토르의 이상한 망치도 이 로키의 장난에서 생긴 보물이었다.

토르에게는 시프라는 아름다운 아내가 있었다. 그녀의 머리카락은 숱이 많고 길었으며, 햇빛을 받으면 금빛으로 빛났다. 시프는 물론이고, 토르도 그것을 몹시 자랑하고 있었다.

그런데 어느 날 시프가 이꾸의 사과나무 밑에서 잠이 든 사이에 장난꾸러기 로키가 그 머리카락을 싹둑싹둑 잘라버렸다. 잠이 깨어 까까중머리가 된 것을 안 시프는 남편에게 가서 울면서 사연을 얘기했다.

"그런 장난을 한 놈은 로키인 게 뻔해. 좋아, 그놈의 뼈를 분질러 놓고 말 테다!"

토르는 화가 머리끝까지 치밀어 로키를 찾으러 뛰어나갔다. 그는 곧 장본인인 로키를 잡아 멱살을 움켜잡았다. 로키는 토르가 진짜 화를 내고 있는 것을 보고 무서워서 정신없이 사과했으나 토르는 막무가내였다.

"아야야… 이 손을 좀 늦춰 달라구. 토르, 뼈가 부러지겠어. 아주머니 머리카락은 대신 어떻게 해볼게. 이 손 좀 놔달라니까."

로키는 결사적으로 부탁했으나 토르는 좀처럼 믿으려 들지 않았다.

"대신 어떻게 해보다니, 그게 말이라구 하니, 이놈아."

"흑인 난쟁이한테 가서 머리를 만들어 올 테야. 진짜 머리카락하고 똑같은 것으로 말야, 정말이라니까. 흑인 난쟁이들은 재주가 기막히니까 염려 말라구."

이 말을 듣고 토르는 간신히 로키를 용서할 생각이 들었다.

"그렇지만 기억해 둬, 로키. 만일 진짜 머리카락하고 조금이라도 다르면 그때는 네놈의 갈비뼈를 모조리 분질러 놓을 테다."

로키는 목숨이 살아남은 것만으로도 감지덕지하여 곧 흑인 난쟁이의 나라로 달려갔다. 난쟁이들은 대부분 산의 동굴 안에 살고 있었다.

로키가 찾아간 것은 이발디라는 유명한 흑인 난쟁이의 아들들이었다. 그 형제는 로키의 부탁을 듣자 그런 것쯤은 일도 아니라면서 곧 시프의 머리카락에 못지않은 아름다운 금발을 만들어 준 데다가 몇 가지 기막힌 선물까지 주었다. 하나는 궁니르라는, 던지면 반드시 상대방을 쓰러뜨리는 창으로 이것은 뒤에 오딘의 것이 되었다. 또 하나는 스키드블라드니르라고 하여, 접으면 주머니에 들어가고 펴면 신들이 모두 탈 수 있을 정도로 커지는 데다가 바다에서건 하늘에서건 자유롭게 달리는 마법의 배였다.

로키는 기분이 흡족해서 돌아왔다. 그런데 그는 브로크라는 다른 난쟁이를 도중에서 만났다. 브로크는 대장장이의 명수로 알려져 있는 진드리의 동생이었다. 기분이 좋은 로키는 곧 브로크에게 자랑을 했다.

"어때, 브로크, 이 물건을 봐. 네 형 진드리도 아마 이런 것은 못 만들걸. 만일 이 세 가지 보물에 지지 않는 것을 진드리가 만들 수 있다면 난 너한테 이 머리를 줄 수도 있어."

브로크는 자기 형의 솜씨를 알고 있었으므로 곧 말했다.

"그 말 정말이지? 좋다. 자아, 이리 오라구. 진드리의 솜씨가 어떤지 보여 줄 테니까."

그는 로키를 대장간으로 데리고 가서 형에게 로키와 내기를 한 이야기를 했다. 진드리는 곧 불을 지폈다. 불이 시뻘겋게 달자 진드리는 불 속에 돼지가죽 한 장을 던져 넣었다. 그리고 동생에게 풀무를 넘겨주더니 자기가 돌아올 때까지 쉬지 말고 풀무질을 하라고 이르고 밖으로 나갔다.

진드리가 나가기가 무섭게 로키는 커다란 말파리로 변신하여 브로크의 손에 앉아 힘껏 그 손을 쏘았다. 그런데도 브로크는 풀무질하는 손을 멈추지 않았다. 그때 진드리가 돌아와서 불 속에서 물건을 꺼냈다. 그것은 한 마리의 산돼지, 황금 갈기가 달린 기막힌 산돼지였다. 이어 진드리는 불 속에다 금을 던져 넣고, 다시금 동생에게 풀무질을 시켰다. 말파리 로키는 이번에 브로크의 목덜미에 앉아 아까보다도 더한층 세게 두 번이나 찔렀다. 그래도 브로크는 여전히 일손을 멈추지 않았다. 그러자 진드리가 돌아와서 불 속에서 훌륭한 금반지(드라우프니르)를 꺼냈다.

그리고 이번에는 불 속에 쇠를 넣고 다시 밖으로 나갔다. 로키는 브로크의 눈과 눈 사이에 앉아 힘껏 눈까풀을 찔렀다. 그러자 거기에서 피가 흘러나왔다. 아픈 데다가 피가 눈으로 들어가므로 그는 말파리를 쫓지 않을 수 없었다. 그래서 불과 잠시 동안이었지만, 브로크는 일손을 멈추고 급히 말파리를 쫓았다. 그런데 그 짧은 사이에도 불길이 눈에 띄게 약해졌다. 그때 진드리가 돌아와서 동생을 꾸짖었다.

"아니, 웬일이냐? 불이 꺼져 가지 않니?"

그래도 불 속에서 꺼낸 것은 하나의 기막힌 망치였다.

"이것을 신들한테 갖고 가서 누구 선물이 더 훌륭한지 판가름해 달라고 해."

진드리는 이렇게 말하고 세 가지 물건을 브로크에게 주었다. 브로크와 로키는 각기 선물을 가지고 아스가르드를 향해 떠났다.

신들은 '기쁨의 집'이라는 오딘의 홀에 모여 각기 제자리에 앉았다. 오딘과 토르와 프레이르, 세 신이 어느 쪽 선물이 뛰어난지 마지막 결정을 하기로 했다. 로키가 먼저 자기의 선물을 꺼내 시프의 것과 똑같은 금발은 토르에게, 궁니르의 창은 오딘에게, 스키드블라드니르의 배는 프레이르에게 내주며 각기 그 성능에 대해 자랑을 늘어놓았다.

"이 머리카락을 시프의 머리에 얹으면 진짜 머리카락과 똑같이 붙으며, 이 창은 던지기만 하면 반드시 명중합니다. 또 이 배는 기막히게 빨리 달리며, 접으면 냅킨처럼 되어 주머니에도 들어갑니다."

이번에는 브로크가 선물을 꺼냈다. 그는 오딘에게 금반지를 내주며 말했다.

"이것은 드라우프니르의 반지라고 하여, 9일째 되는 밤마다 똑같은 반지를 여덟 개씩 새끼를 칩니다."

이어 금돼지를 프레이르에게 내주며 말했다.

"이것은 황금의 갈기라는 산돼지인데, 하늘에서건 바다에서건 말보다도 빨리 달립니다."

또한 토르에게는 망치를 내주고 말했다.

"이 망치는 묠니르라고 하며 어떤 적이건 간에 일격에 쓰러뜨릴 수가 있습니다. 또한 아무리 멀리 던져도 저절로 되돌아옵니다. 그리고 당신이 마음에 드신다면 작게 만들어 주머니에 넣을 수도 있습니다."

그러나 이 망치에는 결점이 하나 있었다. 자루가 약간 짧았던 것이다. 이것은 말파리가 된 로키가 브로크를 찔렀을 때 풀무질을 잠시 멈춘 까닭이었다.

오딘과 토르와 프레이르는 서로 상의한 끝에 브로크의 선물이 뛰어나다고 판정을 내렸다. 어쨌든 토르의 망치는 거인들과 싸울 경우 다시없는 무기였기 때문이었다. 그래서 오딘은 일어서서 브로크의 승리를 선언했다. 그러자 브로크는 곧 로키의 머리를 요구했다. 로키는 놀라서 외쳤다.

"내 머리를 잘라봤자 뾰족한 수가 없잖나? 대신 돈을 많이 줄 테니까 좀 봐달라구. 그러면 너는 부자가 될 거야."

난쟁이가 제일 좋아하는 것은 황금이었다. 그래서 로키는 이렇게 말하고 브로크를 속이려 했으나, 브로크는 그 수단에 넘어가지 않고 무조건 머리를 내놓으라고 요구했다.

"그렇다면 날 잡아보라구."

로키는 이렇게 외치며 도망쳤다. 그는 물 위에서든 하늘에서든 마음대로 날 수 있는 신발을 신고 있었기 때문에 재빨리 멀리 날아가고 말았다. 브로크는 토르에게 로키를 잡아달라고 부탁했다. 토르는 아직도 화가 풀리지 않았던 터라 곧 프레이르에게 금돼지를 빌려 그 등에 올라타고 하늘로 올라가서 로키를 잡아 아스가르드로 끌고 왔다. 브로크는 기뻐하며 당장 로키의 머리를 자르려고 했다. 그러자 로키가 말했다.

"좋아, 정 소원이라면 머리를 자르라구. 그렇지만 손톱만큼이라도 내 목에 상처를 냈다간 그냥 두지 않을 테다. 머리를 준다고 했지 목을 준다고는 안 했으니까 말야."

그러자 브로크는 도저히 자신이 없었다. 그는 단념을 하고 못마땅한 듯이 외쳤다.

"만일 이 자리에 형님의 부엉이가 있었다면, 네놈의 그 주둥이를 꿰매버릴 텐데."

그 순간 진드리의 부엉이가 날아와서 로키의 입술을 물어뜯어 구멍을 냈다. 브로크는 재빨리 가죽끈으로 그 입술을 꿰매버렸다. 그러나 로키는 태연했다. 브로크가 사라지자 그는 곧 끈을 물어뜯어 버렸다.

이리하여 로키는 커다란 벌도 받지 않고 신들에게 좋은 선물만 가져다 주었다. 어쨌든 로키의 덕으로 신들은 몇 개나 되는 기막힌 보물을 손에 넣을 수가 있었던 것이다.

아스가르드의 성벽 쌓기

신들이 아스가르드로 옮겨 살게 된 지 얼마 안 된 무렵이었다. 신들은 이미 인간이 사는 미드가르드도 만들고, 훌륭한 발할라 궁전도 세워놓고 있었다. 그러나 언제 쳐들어올지 모르는 거인들을 생각하면, 아직도 아스가르드에 성벽이 없는 것이 근심거리였다. 이 성벽은 신과 인간세계 전체를 지키는 역할을 하게 되므로 규모가 크고 또한 튼튼하지 않으면 안 되었다. 그렇다고 그만한 성벽을 만들자니 신들로서는 엄두가 나지 않을 정도로 힘든 대사업이었다.

그러던 어느 날 한 석수장이가 찾아와, 어떤 거인도 부술 수 없는 성벽을 쌓아 보겠다고 말했다. 신들은 아주 기뻐하며 물었다.

"그래, 그 보답으로 뭘 바라나?"

"일한 대가로는 여신 프레야를 주십시오. 그리고 태양과 달도 주셨으면 합니다."

이런 말을 듣고 보니 신들은 쉽게 대답할 수가 없었다. 프레야는 여신 중에서도 가장 뛰어난 미인이었고, 태양과 달을 주었다가는 세계가 캄캄해질 것이었다. 신들은 모두 모여 상의했으나 뾰족한 방법이 없었다. 게다가 제일 힘이 센 토르는 하필 거인들과 싸우러 동쪽나라로 가고 없었다. 석수장이는 매우 위협적으로 대답을 요구했다. 마침내 신들은 석수장이가 제시하는 조건으로 그에게 성벽을 만들게 하기로 했다. 다만

한 가지 조건을 내세웠는데, 그것은 다음과 같은 것이었다.

"성벽은 반드시 한겨울 안에 완성시켜야 한다. 만일 초여름이 되도록 덜 된 경우에는 어떤 보수도 주지 않는다. 그리고 조수를 쓰지 말고 혼자 해야 한다."

신들이 이렇게 말한 것은, 이런 조건을 제시하면 그가 일을 맡지 않으리라고 생각한 까닭이었다. 그런데 석수장이는 이렇게 물었다.

"그렇지만 내 말 스바딜파리한테 돌을 운반시키는 것쯤은 괜찮을 테죠?"

신들은 잠시 궁리하고 있었는데, 그때 로키가 그 정도는 허락해도 될 것이라고 말했다. 그래서 신들도 석수장이의 부탁을 들어주었다.

석수장이는 초겨울부터 일을 시작했다. 그는 날이 새기도 전에 굉장히 큰 돌을 말에 싣고 와서 성을 성큼성큼 쌓아올렸다.

신들은 그것을 보고 놀랐다. 더욱 기막힌 것은 그의 말 스바딜파리였다. 아무리 큰 바윗돌도 거뜬히 끌고 와서 주인의 곱이나 일하는 것이었다. 주인은 그가 가져온 돌을 그저 쌓아올리기만 할 뿐이었다.

"이 석수장이는 아무래도 보통이 아닌걸."

신들은 약속을 취소하고 싶었으나 그럴 수도 없었다. 이미 계약을 체결했기 때문이었다. 빈틈없는 석수장이는 만일에라도 토르가 돌아와서 우격다짐으로 쫓아버리지 못하도록 신들과 정식 계약을 맺어두었던 것이다.

겨울은 금세 지나고 벌써 여름이 다가오고 있었다. 동시에 성벽공사도 진척되어 이제 완성단계에 들어서게 되었다. 이제 남은 것은 성문뿐이었다.

신들은 매우 난처했다.

"난처한 약속을 해버렸군. 튼튼한 성이 완성되는 것은 좋지만, 그 아름다운 프레야 여신을 그따위 석수장이한테 빼앗기다니."

"그뿐이 아니지. 태양도 달도 빼앗겼다간 이 세상은 암흑에 빠져버리지 않겠나?"

신들은 저마다 이렇게 말하며 그 불길한 계약을 취소할 방도를 궁리했으나, 별 신통한 수가 없었다. 마침내 그들은 애초에 그런 약속을 하게끔 권한 것이 누구냐고 떠들어댔다. 그러다가 그들은 그 계약을 권한 것은 바로 로키라는 사실을 알았다. 신들은 로키를 불렀다.

"네가 권해서 계약한 것이니까 무슨 수를 써서라도 공사를 늦추게 만들어 봐. 만일 그게 안 될 때는 너를 사형에 처하겠다."

이렇게 부탁 반, 위협 반으로 말했다. 장난꾸러기 로키도 신들이 굉장히 화를 내고 있는 것을 보고 겁이 나서 말했다.

"그럼 어떻게 해서든지 성벽이 겨울 안으로 완성되지 못하게 해볼 테니 제발 사형만은 말아주게."

그날 저녁, 석수장이가 자기의 말에 바윗돌을 싣고 성문 쪽으로 오자 한 마리의 어린 암말이 숲속에서 뛰어나와 소리높이 울었다. 그러자 스바딜파리는 곧 바윗돌을 떨쳐버리고 정신없이 암말의 뒤를 좇았다. 암말은 재빨리 숲속으로 모습을 감추었다.

이렇게 하여 암말은 스바딜파리를 숲속으로 끌어들여 밤새 뛰어다니며 장난을 쳤다. 석수장이는 말을 잡으려고 밤새껏 숲속을 돌아다녔으나 헛된 일이었다. 이윽고 아침이 되었으나 성문을 만들 돌은 하나도 없었다. 공사가 도저히 기일 내에 이루어질 수 없음을 알자 석수장이는 미친 것처럼 노하여 그 정체를 나타냈다. 그는 바로 신들의 세계를 염탐하러 온 산의 거인이었던 것이다.

신들은 그의 정체를 알자, 상대방이 거인이라면 굳이 약속을 지킬 필요가 없다고 생각하고 곧 토르에게 사자를 보냈다. 토르는 산과 개울을 뛰어넘어 급히 아스가르드로 돌아왔다. 거인은 당장이라도 아스가르드를 부수려 하고 있었다. 토르는 하늘 높이 묠니르의 망치를 들어 올려 일격에 거인을 쓰러뜨렸다. 그는 거인의 두개골을 산산이 부수어 안개의 나라 밑 깊숙이 날려버렸다.

사실 그 암말은 로키가 변신한 것이었다. 그의 덕분으로 신들은 거인의 재난을 피할 수 있었을 뿐만 아니라 튼튼한 성벽까지 생긴 것이다. 그러나 그 수말에게 쫓겼던 로키는 얼마 뒤 한 마리의 망아지를 낳았다. 그런데 그 망아지는 마물의 피를 이어받은 탓으로 다리가 여덟 개인, 잿빛의 이상한 말이었다. 이 말이 후에 주신 오딘이 타게 된 슬레이프니르라는 말이다.

용을 퇴치한 시그르트

어느 날 오딘이 헤니르와 로키를 데리고 시찰을 나섰다. 세 신들은 개울가로 나왔는데 그 개울을 거슬러 올라가니 폭포가 있었다. 폭포 곁 바위 위에서는 한 마리의 수달이 폭포에서 잡아온 연어를 맛있게 먹고 있었다. 그것을 보자 장난꾸러기 로키는 재빨리 돌을 주워 던졌다. 돌은 보기 좋게 수달의 머리에 맞아 수달은 그 자리에서 즉사하고 말았다. 로키는 그 수달과 연어를 두 신에게 보이며 자랑을 했다.

"어때, 돌 하나로 수달과 연어를 잡다니, 나 아니면 못할 솜씨지?"

신들은 수달과 연어를 들고 가다가 이윽고 커다란 집 앞에 이르렀다. 집주인은 흐레이드마르라는 농부였는데, 그는 상당한 호족이었고, 또한 마법에 뛰어났다.

세 신은 그 집으로 가서

"오늘밤 댁에서 좀 재워주시지 않겠습니까? 먹을 것은 갖고 있으니까요."

하고 말하며 들고 있던 수달과 연어를 내보였다. 그런데 흐레이드마르는 수달의 시체를 보자 갑자기 안색이 변했다. 그는 곧 두 아들 파프니르와 레긴을 불러 너희 형제 오트르가 살해되었다고 말하고 세 신을 가리키며,

"이놈들이 오트르를 죽였단 말이다!"

하고는 신들에게 덤벼들었다. 두 아들은 곧 신들을 묶어버렸다.

신들은 그것을 모르고 아들을 죽여버렸음을 사과하고, 변상금은 바라는 만큼 내놓을 테니 제발 목숨만은 살려달라고 말했다. 그러자 욕심꾸러기인 흐레이드마르는 죽은 수달의 껍질을 벗겨 그것을 펴면서 말했다.

"그럼, 이 가죽이 완전히 감추어질 만큼 돈을 내놓아라. 그러면 용서해 주마."

오딘은 곧 로키를 흑인 난쟁이에게 보냈다. 그들에게 부탁해서 돈을 대신 내달래려고 생각한 것이다. 로키는 안드바리라는 난쟁이를 찾아갔는데, 상대방은 로키가 오는 것을 보자 곧 물고기로 변신하여 물속으로 들어가 버렸다. 그러나 그렇다고 속아 넘어갈 로키가 아니었다. 곧 난쟁이를 붙잡아 목숨이 아깝거든 바위틈에 숨겨둔 돈을 모조리 내놓으라고 얼렀다. 난쟁이는 바위틈에 숨겨두었던 황금을 모두 내놓았다. 그곳은 대단한 보물의 산이었다. 그러나 난쟁이는 작은 금반지 하나만은 몰래 소매 속에 감추었다. 그것을 본 로키는 외쳤다.

"이놈아, 그 반지도 내놓아라!"

"제발 이 반지만은 빼앗지 마세요. 이것만 있으면 또 보물을 늘릴 수 있지만 이걸 빼앗기면 끝장입니다."

난쟁이는 반지만은 도로 달라고 애원했다. 그러나 로키는 그것마저 빼앗고 말았다. 그러자 난쟁이는 저주의 말을 던졌다.

"황금의 반지여, 너를 갖는 자의 목숨을 빼앗거라!"

그래도 로키는,

"흥! 그런 소리 해봤자 끄떡없어. 이 반지를 다음에 갖게 되는 사람한테 내력을 말하고 주의시켜 둘 테니까!"

하고는 돌아와 버렸다.

얼마 후 흐레이드마르의 집으로 오자 그는 오딘에게 난쟁이한테서 빼앗아온 것을 보였다. 오딘은 반지를 보자 마음에 들어, 그것만 남기고 황금을 전부 흐레이드마르에게 넘겨주었다. 흐레이드마르는 그 황금을 수달껍질 위에 놓았다. 가죽은 순식간에 빛나는 황금으로 가려졌다. 그것을 보고 오딘은 말했다.

"어때, 이만큼 가죽이 가려지면 됐을 테지?"

흐레이드마르는 한동안 그것을 노려보고 있더니, 한 가닥의 입수염이 아직도 드러나 있는 것을 보고 외쳤다.

"여기 아직도 남은 데가 있잖아? 이것도 안 보여야 약속이 맞잖나?"

과연 흐레이드마르의 말대로 입수염 한 가닥이 아직도 밖으로 빠져나와 있었다. 오딘은 할 수 없이 그 반지를 꺼내 입수염 위에 놓았다. 그제야 흐레이드마르는 오딘의 창과 로키의 구두를 돌려주었다. 이렇게 되면 두려울 것이 없었다. 흐레이드마르의 집을 나설 때 로키는 외쳤다.

"이봐, 흐레이드마르, 잘 기억해 둬. 그 반지엔 난쟁이의 저주가 붙어 있다. 그걸 가진 놈은 영락없이 죽게 된다구."

흐레이드마르는 아들의 변상금으로 큰돈을 수중에 넣게 되어 대만족이었다. 그는 욕심이 더 생겨 아들들에게 조금도 나눠주지 않았다. 파프니르와 레긴이 몫을 요구해도 어린 주제에 건방지다고 한마디로 거절했다. 화가 난 형제는 마침내 돈이 탐이 나 부친을 죽였다. 그런데 이번에는 형인 파프니르가 부친의 재산을 독차지하고 동생에게 전혀 나눠주지 않았다.

"형, 그 돈의 절반은 내 것이야."

레긴은 이렇게 분배를 요구했다. 그러나 파프니르는,

"너한테 나눠줄 생각은 없다. 너는 돈을 위해서는 아버지라도 죽이는 놈이야. 아버지 같은 꼴을 당하기 싫으면 당장 이곳을 떠나라구."

하면서 부친의 유품이었던 프로티라는 명검을 들고는 동생을 노려보았다. 결국 레긴은 달아났다. 파프니르는 그니타헤이드 벌판으로 가서 구멍을 파고 그 안에 보물을 묻은 뒤 용으로 변신하여 그 보물 위에 사리를 틀고 앉아 있었다.

그 사이에 레긴은 스트란드의 야르프레크 왕에게로 가서 그곳의 대장장이가 되었다. 그는 제자로 들어온, 시그문드 왕과 요르디스 왕비의 아들 시그르트를 양자로 삼았다. 시그르트는 그 태생이나 무용으로 보아도 그 당시 첫째 가는 용사였다. 그의 이름은 지크프리트라고도 불렸다.

어느 날 레긴은 시그르트에게 파프니르의 이야기를 하고 아주 훌륭한 명검 그람을 만들어 주었다.

"그 용을 처치해서 놈이 숨기고 있는 보물을 빼앗는다면 커다란 명예와 재산이 손에 들어오게 된다."

시그르트가 그 칼을 들고 가서 개울 한가운데에 꽂고 양털을 위에서 흘려보니, 양털은 칼에 닿기가 무섭게 두 개로 갈라져 흘러내려갔다. 이어 레긴의 대장간으로 들어가 쇠붙이를 내리치자 칼은 쇠붙이를 둘로 잘라버렸다.

"이것만 있으면 어떤 짐승이라도 퇴치하겠다."

시그르트는 레긴과 함께 그니타헤이드 벌판으로 갔다. 자세히 보니 풀숲 한곳이 무거운 것에 짓눌린 것처럼 샘 쪽까지 쓰러져 있었다.

"분명히 파프니르가 물을 마시러 간 거야. 돌아오기를 기다렸다가 처치해야지."

시그르트는 그 길목에 구멍을 파고 그 안에 숨어 있었다. 그리고 파프니르가 돌아와 구멍 위를 지날 때 그람의 칼로 단숨에 심장을 찔렀다. 용은 자욱이 독기를 뿜으며 꿈틀댔다. 구멍 안에 있는 시그르트는 태연했다. 그는 온몸에 용의 피를 받으면서도 끝내 처치해 버렸다. 그러자 용이 두려워 멀리에서 지켜보고 있던 레긴이 다가왔다.

"네가 죽인 것은 실은 내 형이야. 너는 내 형을 죽였다. 그 죄를 용서해주는 대신 심장을 내가 갖겠다. 불로 잘 구워두어라."

이렇게 말하고는 용의 피를 마시고 풀밭에 누워 기분 좋게 잠이 들었다.

시그르트는 시키는 대로 용의 심장을 꼬챙이에 꽂아 불에 굽고 있었다. 얼마 후 심장이 충분히 익었으므로 이제 먹어도 되는가 하고 손가락으로 만져보았다. 순간, 뜨거운 기름이 손가락에 튀었다.

"앗, 뜨거워!"

그는 자기도 모르게 손가락을 입에 넣었다. 그러자 신기하게도 시그르트는 갑자기 새의 말을 알아들을 수 있게 되었다. 용의 심장에서 나온 피를 핥았기 때문이었다.

그때, 바로 눈앞의 나무에서 일곱 마리의 참새가 지저귀고 있었다. 그 중의 한 마리가 이렇게 노래하고 있었다.

> 용의 피를 받은 시그르트가
> 불가에서 파프니르의 심장을
> 굽고 있네.
> 그 심장을 자기가 먹으면
> 현명해질 텐데.

잇따라 또 한 마리가 노래했다.

> 레긴은 기분 좋게 잠들어 있구나
> 자기를 믿고 있는 벗을
> 배반할 것을 생각하면서.

저 마음씨 고약한 대장장이는
형제의 원수를 갚을 셈인데.

이 말을 들은 시그르트는 레긴이 잠들어 있는 곳으로 가서 그 목을 단칼에 잘랐다. 그리고는 용의 심장을 먹어치우고 명마 그라니를 끌고 용의 구멍으로 가서 보물을 전부 꺼내어 말에 실었다. 그리하여 그는 용을 죽인 시그르트로서 명성을 드높이게 되었다.

토르의 망치와 프레이르의 칼

언젠가 토르의 망치가 트림이라는 거인의 손에 넘어갔던 일이 있었다. 트림은 그것을 요툰헤임 바위 밑에 묻어버렸다.

그래서 토르는 로키를 보내 트림과 교섭을 시켰으나, 로키는 만일 프레야가 그 거인의 아내가 된다는 것을 승낙하면 망치를 돌려주겠다는 약속밖에 받지 못했다. 그러나 사랑의 여신 프레야는, 거인의 아내가 되느니 차라리 죽는 것이 낫다고 말했다. 할 수 없이 로키는 토르를 설득시켜 토르에게 프레야의 옷을 입히고 함께 요툰헤임으로 떠났다.

트림은 이 베일을 쓴 신부를 정중히 맞았는데, 신부가 반찬으로 고등어 여덟 마리와 큰 황소 한 마리를 먹어치우고, 꿀술을 세 통이나 마시는 것을 보고 깜짝 놀랐다. 그러자 로키는 변명하기를 신부는 8일 동안 음식을 한 번도 입에 대지 않았는데, 그것은 그녀가 요툰헤임의 소문난 지배자인 신랑을 빨리 만나보고 싶어 그런 것이라고 말했다. 이 말에 트림은 과연 그럴 것이라고 고개를 끄덕이고는, 대체 신부의 얼굴이 얼마나 아름답길래 그렇듯 소문이 났을까 궁금한 생각이 들어 신부의 베일 속을 들여다보았다.

그 순간, 그는 깜짝 놀라 뒤로 물러서면서 물었다.

"아니, 신부의 눈이 이글이글 타고 있으니 웬일인가?"

로키는 또다시 변명하여 말하기를,

"트림 왕을 만나뵙기를 어찌나 기다렸던지 눈이 지쳐서 그런 것입니다."

했더니 거인은,

"딴은 그럴듯하군."

하고 납득을 했다. 그는 프레야와 교환조건으로 주겠다던 토르의 망치를 가져오게 하여, 그것을 신부의 무릎 위에 놓았다. 망치를 잡은 토르는 곧 변장을 벗어던지고는 트림과 그 부하들을 모조리 죽여버렸다.

프레이르도 역시 신기한 무기를 가지고 있었다. 그것은 주인이 바라면 언제든지 스스로 싸움터를 돌아다니며 적을 무찌르는 칼이었다. 그런데 프레이르는 이 귀중한 칼을 잃어버렸다. 그리고 토르와는 달리 그것을 되찾을 수가 없었다.

그 까닭은 이러했다. 프레이르는 어느 날 오딘의 옥좌에 앉았었다. 그곳에서는 전 우주를 바라볼 수 있었기 때문이었다.

프레이르는 여기저기를 바라보다가 저 멀리 거인의 나라에 있는 아름다운 처녀를 보았다. 그 모습을 본 뒤로 프레이르는 모든 것이 슬퍼져서 먹지도 자지도 못하게 되었다. 그러는 사이에 프레이르의 심부름을 하고 있는 스키르니르라는 부하가 그에게서 이 비밀 이야기를 듣자, 만일 그 신기한 칼을 상으로 준다면 거인의 나라로 가서 신부를 데려다 주겠다고 말했다. 그 처녀에게 반한 프레이르는 칼이 아깝다는 생각도 않고 승낙했다. 스키르니르는 거인의 나라로 가서 그 처녀를 만나 프레이르의 이야기를 하고, 그 처녀한테서 9일 안으로 지정장소로 와서 프레이르와 결혼하겠다는 약속을 받아냈다. 스키르니르가 심부름을 마치고 돌아와서 보고를 하자 프레이르는 외쳤다.

"그 긴긴 밤을 어떻게 기다린단 말인가?"

그리고서 그는 마침내 모든 여성 가운데에서 가장 아름다운 게르드를 아내로 삼았으며, 그 대신 자기의 칼을 잃어버렸다.

히미르의 큰 솥

신들은 해마다 바다의 왕 에기르의 궁전에서 잔치를 베풀었다. 그런데 토르는 언제나 이 잔치에서 자기가 충분히 마실 만큼의 술이 없음을 안타깝게 생각하고 있었다. 그래서 에기르에게 그런 말을 하자 상대방은 이렇게 말했다.

"그것은 신들이 마실 술을 한꺼번에 만들어 낼 수 있는 큰 솥이 내게 없기 때문이지. 그러니 그런 큰 솥을 어디 좀 찾아보게."

그러나 그런 큰 솥이 어디에 있는지 아는 사람은 아무도 없었다. 그들은 그런 말을 들은 일조차 없었다. 그때 전쟁의 신 티르가 생각난 듯이 말했다.

"가만 있자, 우리 아버지 히미르가 그런 큰 솥을 갖고 있어. 얼마나 큰지 깊이가 자그마치 2킬로미터나 돼."

"어떻게 그 솥을 손에 넣을 수 없을까?"

토르가 말했다.

"글쎄, 아버지는 소문난 망나니지만 속여넘기면 아마 손에 넣을 수도 있을 거야."

그래서 토르와 티르는 곧 거인의 나라로 떠났다. 요툰헤임에 닿자 티르의 모친은 아들이 먼 곳에서 찾아온 것을 기뻐하며 술을 내놓고 권했다. 그리고는 대들보에 놓여 있는 여덟 개의 큰 솥을 가리키며 말했다.

"너희는 저 솥 곁에 숨어 있거라. 아버지는 손님이 오는 것을 그리 좋아하지 않으시니까."

히미르가 고기잡이에서 돌아온 것은 저녁때였다. 부인은 상냥하게 마중을 나갔다.

"어서 오세요, 히미르. 아들이 돌아왔어요. 친구 토르를 데리고 말예요. 저기 대들보 밑, 솥 곁에 있어요."

히미르는 험상스러운 얼굴로 토르와 티르가 숨어 있는 곳을 노려보았다. 어찌나 눈초리가 날카로웠던지 기둥이 부서지고 대들보가 부러져 그 위에 있던 솥들이 굴러 떨어지는 바람에 제일 큰 솥만 남고 나머지는 모두 깨지고 말았다.

토르와 티르는 숨었던 곳에서 기어나왔다. 거인과 신들은 서로 노려보았다. 거인의 적인 토르가 집으로 찾아온 것이 히미르의 마음에 들지 않았던 것이다. 그래도 그는 손님에게 음식을 대접하는 것은 잊지 않았다. 그는 세 마리의 사슴을 끌고 와서 그것을 저녁식사로 내놓으라고 했다. 토르는 그 두 마리 분을 먹어치우고 말았다. 이것을 보자 히미르가 놀라며 말했다.

"내일은 음식을 더 많이 준비해야겠군. 먹이가 잡혔으면 좋겠는데."

아침이 되자 히미르는 낚시하러 갈 채비를 차렸다. 토르가 같이 가도 좋겠느냐고 묻자 마음대로 하라는 것이었다.

"그럼, 낚싯밥은 뭘 쓰지?"

토르가 이렇게 묻자 히미르는 기분 나쁜 얼굴로 말했다.

"가축 움막에 가서 멋대로 찾으라구. 뭔가 먹잇감이 있을 테지."

토르가 목장으로 가보니 히미르의 가축들이 풀을 뜯고 있었다. 그는 그 중 제일 큰 황소를 잡아 머리를 비틀었다. 히미르는 토르가 그런 먹이를 가지고 온 것을 보자 기가 막혀 말했다.

"너는 조금만 한눈을 팔면 큰일을 저지를 놈이로구나."

히미르가 배를 띄우자 토르는 배 뒤쪽에 앉아 두 개의 노를 젓기 시작했는데, 배가 굉장히 빠른 속도로 나아가는 것을 히미르도 짐작할 수 있었다. 히미르는 뱃머리에 앉아 노를 저었다. 이윽고 히미르는 노를 놓고 이제 다 왔다고 말했다. 그러나 토르는 더 가자고 하며 여전히 저어나갔다.

잠시 후 히미르가 말했다.

"이제 그만하라구. 더 가면 위험하단 말야. 바다 밑에 미드가르드의 뱀이 있는 것을 모르나?"

"천만에, 아직 괜찮아."

토르는 여전히 노를 저었다. 히미르는 잔뜩 겁을 집어먹고 있었다. 얼마를 더 가더니 토르는 노를 놓고 낚시 준비를 시작했다. 히미르는 고래를 두 마리나 낚아 올렸다. 토르는 소머리를 낚싯바늘에 달고 힘껏 바다로 던졌다. 순식간에 낚싯바늘은 바다 밑으로 가라앉았다. 그가 낚으려는 것은 고래 따위가 아니라 미드가르드의 뱀 바로 그것이었다. 바다 밑에 있던 미드가르드의 뱀은 토르가 던진 소머리를 보자 덥석 물었다. 바늘은 순식간에 뱀의 턱에 걸렸다. 뱀은 바늘에 걸린 것을 알자 힘껏 낚싯줄을 잡아당겼으므로, 두 손으로 줄을 쥐고 있던 토르의 주먹은 무참히 뱃전에 으스러졌다. 순간 다리가 뱃바닥을 뚫고 바다 밑에 닿았다. 그래도 토르는 무서운 힘으로 미드가르드의 뱀을 잡아당겼다. 보기에도 끔찍한 광경이었다. 이 바람에 바다 밑의 괴물들은 모두들 떨기 시작했다.

히미르는 공포로 얼굴이 백지장이 되어 있었다. 토르는 묠니르의 망치를 들어 당장 뱀을 치려고 했다. 그때 겁을 잔뜩 집어먹은 히미르가 칼로 토르의 낚싯줄을 끊어버려 뱀은 바다 깊이 가라앉았다. 토르는 낙심하여 기슭으로 배를 저어갔는데, 히미르는 말도 않고 힘없이 앉아 있었다. 그래도 그는 강기슭으로 다가가자 약간 기운을 차렸는지 다시 토르를 시험해 보려고 이런 말을 했다.

"이봐, 토르. 배를 바닷가로 끌어올릴 거야, 아니면 고래를 집까지 끌고 갈 거야?"

어느 쪽이건 토르로서는 불가능하리라고 생각한 것이다. 배는 너무 컸고, 바닷가와 집 사이에는 험한 언덕이 있었던 것이다. 그런데 토르는 말도 없이 몸을 구부리더니, 배 안에 고인 물을 퍼내지도 않은 채 한 손으로 배를 들어올렸다. 그리고 배와 노는 물론 두 마리의 고래까지도 한꺼번에 들어 올려 거뜬히 거인의 집까지 날라 갔다. 히미르는 그래도 여전히 만족하지 않고 저녁식사 때 컵을 토르에게 내주며 말했다.

"제아무리 배를 모는 솜씨가 좋고 무거운 짐을 날랐다 하더라도, 만일 이 컵을 깨지 못한다면 난 너를 진짜 호걸이라고 부를 수는 없을 거야."

토르는 컵을 받아 쥐자 느닷없이 거인의 집 기둥에다 던졌다. 그러나 기둥에만 금이 조금 갔을 뿐 컵은 조금도 상하지 않았다. 그때 히미르의 부인이 토르에게 살며시 속삭였다.

"히미르의 머리에다 던져 봐요, 그것은 어떤 유리보다도 단단하니까."

토르는 일어서 컵을 히미르의 이마에 힘껏 던졌다. 그러자 히미르의 이마는 멀쩡했으나 컵은 산산조각이 나고 말았다. 거인은 소중한 포도주잔을 잃은 것이 매우 안타까웠으나 그것으로 토르에게 시비를 걸 수는 없었다. 그래서 이번에는 이런 말을 했다.

"만일 너희가 이 솥을 들어낼 수만 있다면 솥을 주겠다."

처음에는 티르가 들어보았다. 그러나 솥은 1㎝도 움직이지 않았다. 이번에는 토르가 들어올려 보았다. 그런데 가장자리를 두 손으로 잡고 발에 힘을 준 순간 힘이 너무 들어가 마룻바닥을 뚫고 말았다. 그러나 마침내 솥을 머리에 뒤집어쓸 수가 있었다. 솥은 어마어마하게 컸기 때문에 그렇게 뒤집어쓰자 손잡이가 발꿈치에 닿을 정도였다.

그래서 토르와 티르는 재빨리 집에서 뛰어나왔다. 달리다가 뒤를 돌아보니 히미르가 거인들을 데리고 쫓아왔다. 토르는 멈춰 서서 솥을 땅에 내려놓고, 망치를 휘둘러 거인들이 있는 곳으로 힘껏 던졌다. 그리하여 거인들은 모두 죽고 말았다.

이렇게 해서 히미르의 솥을 수중에 넣자, 토르는 그것을 신들이 있는 곳으로 운반해 갔다. 그리고 그 뒤로는 에기르의 궁전에서 잔치를 벌일 때 술이 모자라는 일이 없었다.

대장장이 베룬드

대장장이 베룬드는 뷔란드, 베렌트라고도 하며, 게르만 족 사이에서 예부터 전해 내려오는 명장이다. 그가 만들었다는 칼이나 정교한 금·은 세공품에 대한 이야기가 많이 남아 있다.

베룬드는 북극의 흰 족의 왕자로서 3형제 중 막내라는 말도 있고, 덴마크 왕가의 출신이라는 말도 있다. 세 왕자는 스키를 타고 남쪽으로 내려와 스웨덴 왕 니도우드가 다스리는 지방에 이르렀다. 큰형 에기르는 활의 명수였고, 둘째인 스라그휘드는 포수로 날렸으며, 베룬드는 대장장이의 명인으로 알려졌다. 그들은 짐승을 몰아 '늑대 골짜기'라고 부르는 어두운 골짜기로 들어가 그곳 호숫가를 임시 거처로 삼았다.

그러던 어느 날 아침, 그들은 그 호숫가에서 베를 짜고 있는 세 명의 미녀를 발견했다. 그것은 오딘을 섬기는 전쟁의 처녀 발키리였는데, 백조의 모습으로 날고 있다가 잠시 쉬던 참이었다. 그녀들은 호수에서 목욕을 한 다음 날개를 떼어두고 인간의 운명을 정하는 실을 잣고 있었다. 그녀들이 정신없이 일하고 있는 사이에 살며시 다가간 세 사람은 날개를 빼앗고 그녀들을 억지로 아내로 삼았다.

세 쌍의 부부는 숲속 호숫가에서 7년 동안을 행복하게 살았다. 그러나 8년째가 되자 천상의 처녀들은 지상의 생활에 권태가 생겼다. 그리고 어느 날 남편들이 사냥을 간 사이에 숨겨둔 날개를 찾아 말없이 날아가 버렸다. 얼마 후 돌아온 형제는 집이 빈 사실을 알았다. 그들은 곧 돌아오려니 하고 기다렸다. 그러나 밤이 되어도 아내들은 돌아오지 않았으며 몇 날 며칠이 지나도 소식이 없었다.

어느덧 겨울이 와 호수는 얼어붙고, 산과 들과 집도 모두 눈에 덮였다. 마침내 에기르와 스라그휘드는 스키를 타고 동쪽, 서쪽으로 각기 잃어버린 아내를 찾아 나섰다. 그러나 베룬드만은 언젠가는 반드시 그리운 아내가 돌아오리라고 믿고 늑대 골짜기의 호숫가에 남았다. 그리고 그는 여가를 보내는 방편으로 대장장이 일을 열심히 했다. 그가 만든 것은 정교한 세공의 순금반지로서 대개의 반지에는 눈부신 보석을 박았다. 아내가 돌아오면 선물로 줄 작정이었다. 반지는 자꾸자꾸 만들어져 이윽고 700개나 되었다. 베룬드는 그것을 끈에 꿰어 천장에 걸어놓았다. 값진 보석이 박힌 반지들은 별처럼 빛났으며, 어쩌다가 베룬드가 줄을 만지거나 하면 방울처럼 울렸다.

그런데 이 사실이 우연히 스웨덴 왕 니도우드의 귀에 들어갔다. 왕은 베룬드의 보물을 단 한 개만이라도 갖고 싶어 그가 집을 비우기를 기다렸다. 그러다가 어느 날 밤 부하를 감시병으로 세워놓고 베룬드의 집으로 들어가 반지 한 개를 훔쳤다. 반지는 과연 훌륭하게 잘 만들어져 있었다. 반지에 박힌 보석이 빛나는 것을 보자 왕의 가슴에는 무서운 욕심이 타올랐다. 그는 부하에게 베룬드가 돌아오면 체포하라고 명령했다.

새벽녘에 돌아온 베룬드는 반지가 한 개 모자라는 사실을 발견했으나, 그리운 아내가 돌아온 것이라고만 짐작했다. 그러나 아무리 기다려도 아내는 돌아오지 않았다. 그는 여행에 지쳐 어느새 잠이 들어버렸다. 그러다가 그는 갑자기 가슴이 답답해져서 일어나려고 했다. 그러나 몸은 이미 그가 만든 튼튼한 쇠사슬에 묶여 있고 발에는 무거운 족쇄가 채

워져 있었다.

“하하하, 대장장이가 자기가 만든 사슬에 묶인 꼴이라니. 나는 이 나라의 왕 니도우드다. 너는 그 보물이 어디서 났는지 자백하라. 그것은 본래 우리 나라 물건이다.”

니도우드 왕은 비웃으며 말했다. 베룬드는 이 나라에는 황금이 없으며 고향에서 가져온 것이라고 말했으나 왕은 물론 그의 말을 들어주지 않았다. 그때 뱀 같은 눈길의 왕비가 들어와서 말했다.

“이 자의 눈은 아주 고약합니다. 만약의 경우에 대비해서 다리를 잘라 움직이지 못하도록 만드는 것이 좋을 겁니다. 그러면 이 사나이의 보물은 우리 차지가 될 것이고, 복수를 두려워할 필요도 없어지겠죠.”

그래서 베룬드는 불구가 되었고, 보물도 모두 빼앗겼다. 왕은 베룬드가 소중히 간직하고 있던 칼마저 빼앗아 자기의 허리에 찼다.

베룬드는 호수 가운데의 작은 섬 세바르스타드에 묶여 발을 절룩거리며 대장간에서 왕을 위해 일을 하지 않으면 안 되었다. 이 굴욕과 고생을 베룬드는 오직 한 가지를 위해 견뎌냈다. 그것은 니도우드 일족에게 언젠가 복수를 해주리라는 것이었다. 그는 증오를 감추고 불편한 다리를 이끌면서 때를 노리고 있었다.

니도우드 왕은 베룬드를 가두어 둔 섬에 아무도 얼씬거리지 못하게 했다. 보물을 독차지하려는 생각과 자기의 그릇된 처사를 숨기기 위해서였다. 그러나 운명은 야릇했다. 어느 날 왕의 두 아들이 이 대장장이를 보려고 호수를 건너왔다. 베룬드는 웃는 얼굴로 왕자들을 맞았다.

“어서 오십시오, 왕자님들. 이 대장간에 있는 것은 무엇이건 드릴 테니 잘 보십시오.”

그리고는 무기며 반지며 브로치를 비롯하여 망치, 풀무까지 보여주었다. 아버지를 닮아 욕심이 많은 어린 왕자들은 이 보물들을 보자 눈을 빛내며 손을 떨었다. 베룬드는 웃으면서 말했다.

"나는 이 물건들을 기꺼이 드리고 싶습니다. 그렇지만 당신들이 여기 온 것을 아버님도 알고 계시니 갖고 가봤자 빼앗길 게 뻔해요. 내일 아무도 모르게 다시 오세요. 그리고 가지고 싶은 것을 갖고 가서 숨겨놓아요."

왕자들은 미련을 남긴 채 돌아갔고, 다음날 다시 오자마자 곧 보물을 보여 달라고 졸랐다. 베룬드는 대장간 구석에 있는 커다란 궤짝 곁으로 그들을 데려가서 뚜껑 한쪽을 열고, 그 안에 있는 것 중에서 고르라고 말했다. 궤짝은 크고 높았기 때문에 왕자들은 발돋움을 하고 목을 언저리에 걸치고 들여다보았다. 그 순간 베룬드는 힘껏 뚜껑을 닫았다. 모서리는 마치 칼처럼 예리하고 날카롭게 갈아져 있었기 때문에 두 왕자의 머리는 궤짝 안으로 떨어지고 몸뚱이는 나무토막처럼 마루에 나뒹굴었다. 이윽고 대장간 굴뚝에서는 짙은 연기가 올랐다. 니도우드의 왕자들은 살도 뼈도 옷도 남지 않고 모조리 재가 되었다. 다만 두개골만을 남기고.

베룬드는 이 두개골에 은을 입혀 훌륭한 술잔을 만들어 왕에게 바쳤다. 왕자의 눈알은 왕비의 황금목걸이 장식으로 썼고, 그들의 이는 상아 대신 사용하여 공주인 베즈비르의 풍만한 가슴을 장식하는 두 개의 브로치로 삼았다. 스웨덴에 이렇듯 훌륭한 물건은 일찍이 없었다. 왕은 그 술잔을 항상 식탁에 두었고, 왕비는 목걸이를 목에서 떼어놓지 않았으며, 베즈비르 공주도 브로치를 항상 몸에 지니고 다녔다.

어느 날, 왕에게서 받은 공주의 반지가 망가졌다. 얌전한 공주는 부왕의 꾸중이 두려워 살며시 배를 내어 세바르스타드를 찾아가 그것을 고쳐달라고 베룬드에게 부탁했다.

"그럽시다. 전보다 훨씬 아름답게 고쳐드리지요. 잠시 여기서 쉬고 계십시오."

베룬드는 공주에게 먹을 것과 마실 것을 권했다. 술에는 강한 수면제가 섞여 있었다. 이윽고 그녀는 깊은 잠에 빠졌다. 베룬드는 그녀를 자기의 뜻대로 했다. 잠시 후 깨어난 공주는 발가벗은 채 불구의 대장장이에게 안겨 있는 자신을 발견했다. 그녀는 공포와 오욕에 몸을 떨며 정신없이 섬을 떠났다.

베룬드는 이제 복수가 끝났음을 알았다. 조만간 니도우드 왕이 격노하여 달려올 것은 뻔했다. 더 이상 섬에 머물러 있을 필요는 없었다. 그는 미리 준비해 두었던, 은으로 된 정교한 날개를 펴서 백조의 날개를 달았다. 이 날개는 활의 명수인 형 에기르가 쏘아죽인 백조의 날개였다. 완성된 날개를 달고 그는 하늘로 날아올랐다. 그의 대장간도, 주위의 호수와 숲도 순식간에 밑으로 가라앉았다.

그는 호화로운 니도우드 왕의 궁전 위에 이르렀다. 왕비는 뜰에서 하늘을 올려다보고 있다가 그의 모습을 보고 하얗게 질려 왕이 있는 홀로 뛰어갔다. 니도우드는 그 은 술잔을 앞에 놓고 창가 테이블에 앉아 없어진 아들을 생각하며 탄식하고 있었다.

"아마 베룬드 놈이 죽인 모양이야! 어서 배를 준비시켜라. 내가 가서 그 놈을 족쳐야겠다. 도무지 미칠 것 같아 견딜 수가 없구나."

그때 왕비가 들어와서 외쳤다.

"배든 말이든 필요 없어요. 베룬드가 이리로 오고 있어요."

왕이 마당으로 나가자 베룬드는 지상과 가까운 곳에서 맴돌았다. 왕은 하늘을 향해 외쳤다.

"요정의 왕 베룬드여, 내 아들들을 어떻게 했는지 말해다오."

베룬드는 하늘에서 말했다.

"니도우드 왕이여, 먼저 한 가지 맹세해다오. 나는 너의 딸 베즈비르를 아내로 만들었거니와, 그녀는 머지않아 내 아이를 낳을 것이다. 제발 그녀를 죽이지 않겠다고 맹세하라."

"좋다, 맹세하마. 그런데 내 아들들은 어떻게 했느냐?"

"두개골은 네 식탁 위에 놓여 있고, 눈알은 왕비의 목걸이에 매달려 있다. 이는 베즈비르의 가슴을 장식하고 있지. 그리고 나머지는 재가 되어 하늘로 날아갔다."

그러자 왕과 왕비는 서로 욕했다.

"당신이 욕심을 부린 탓이에요!"

"너의 잔인한 성질 탓이야!"

왕은 발을 구르며 베룬드를 잡으려고 했으나, 그는 화살도 닿지 않을 정도로 높이 날아오르며 여유 있게 껄껄 웃었다. 그러나 금발의 아름다운 베즈비르가 부모에게 힘없이 불려나오는 것을 보자 베룬드도 마음이 아파 눈길을 돌렸다.

"공주야, 내가 들은 얘기가 사실이냐? 네가 정말로 저 베룬드하고 둘이 섬에 있었느냐?"

왕은 물었다.

"아버님이 들으신 말은 사실이에요. 저는 베룬드하고 섬에 있었어요. 아아, 꿈이라면 좋으련만. 저로서는 몸을 지킬 방도가 없었어요. 지킬 힘도 없었구요."

바람을 타고 들려오는 이런 말을 들으면서 베룬드는 멀리 숲을 넘고 호수를 건너 어디론지 사라져 갔다.

토르, 요툰헤임 방문

어느 날 토르는 하인 티알피를 데리고 로키와 함께 거인의 나라로 떠났다. 티알피는 인간 가운데에서 걸음이 가장 빠른 사나이였다. 그는 일행의 식량을 넣은 토르의 큰 주머니를 가지고 갔다.

밤이 되어 일행은 깊은 숲속으로 들어가 있었다. 하룻밤 묵어갈 곳을 찾다가 간신히 어떤 큰 집을 찾게 되었다. 그들은 이 집의 홀에 누워 잠을 잤다.

그런데 밤중에 이 집을 뒤흔드는 지진에 놀라 잠을 깼다. 토르는 일어나 두 사람에게 안전한 곳을 찾으라고 했다. 그리고 한 손에 망치를 들고 문간에 서서 지켰다. 그러자 무엇인지 큰 소리가 들렸고, 그것이 밤새 계속되었다.

새벽이 되어 토르가 밖으로 나가 보니 한 거인이 누워 있었다. 거인은 코를 골았을 뿐이었는데, 그 소리가 그들을 그렇게 놀라게 한 것이다. 거인이 잠을 깨자 토르는 이름을 물었다.

"내 이름은 스크리미르야."

그 거인은 이렇게 대답하고 다시 말했다.

"그렇지만 네 이름을 들을 필요는 없다. 토르라는 것쯤은 알고 있으니까. 그런데 내 장갑이 어디로 갔지?"

토르는 그제서야 자기네가 홀이라고 생각한 곳이 실은 이 거인의 장갑 속이었다는 것과, 그리고 로키와 하인이 숨은 방이 장갑의 엄지손가락 안이었다는 사실을 깨달았다.

스크리미르는 여행을 함께 하자고 제의했다. 토르는 승낙하고 각기 아침을 먹었다. 식사가 끝나자 스크리미르는 그들의 식량을 한 자루에 담아 어깨에 메고는 앞서 걷기 시작했다. 그는 어찌나 걸음이 빨랐던지 뒤쫓아 가기가 힘들었다. 일행은 온종일 여행을 계속했다.

저녁때가 되자, 스크리미르는 떡갈나무 밑에 자리를 잡고 잠을 청하기로 했다. 그가 말했다.

"난 그만 잘 테니까 그 자루를 열고 저녁밥을 먹으라구."

스크리미르는 곧 요란하게 코를 골았다. 토르는 배가 고파 자루를 열려고 했다. 그러나 매듭이 너무 단단해서 풀 수가 없었다. 화가 치민 토르는 망치를 꺼내어 힘차게 거인의 머리 위로 내려쳤다. 그러자 스크리미르는 가만히 눈을 뜨고 물었다.

"아니, 머리에 나뭇잎이 떨어졌나? 그런데 왜들 안 자고 있지?"

토르는 방금 자려는 중이라고 대답하고 그 옆 떡갈나무 밑으로 가서 누웠다. 그러나 잠을 잘 수가 없었다. 스크리미르가 다시 코를 골자 토르는 살며시 일어나 망치로 거인의 머리를 향해 힘껏 때렸다. 스크리미르는 잠에서 깨어나 외쳤다.

"웬일이지? 이 나무에 새가 있는 모양이군. 뭔가 머리에 부딪힌 것 같은데. 그건 그렇고 너는 왜 아직도 안 자지?"

토르는 그 말에 이제 막 잠이 들려는 참이라고 말했다.

날이 샐 무렵, 토르는 다시 한번 망치를 들고 거인의 머리를 내려쳤다. 그런데 스크리미르는 일어나 앉아 뺨을 만지면서 말했다.

"가만 있자, 도토리가 머리에 떨어진 모양인데, 아니 토르, 벌써 일어났나? 그러고 보니 슬슬 떠날 시간이 된 모양이군. 조금만 더 가면 우트가르드라는 성에 닿게 되지. 이 성엔 나보다 훨씬 큰 놈들이 많아. 그러니 충고해 두겠는데, 거기 가거든 너무 우쭐대지 않는 게 좋을 거야. 자아, 그리로 가려면 이 동쪽 길로 가라구. 난 북쪽 길이야."

그래서 토르 일행은 다시 길을 재촉했다. 점심 무렵 그들은 들판 한가운데에 자리한 성에 닿았다. 성 안으로 들어가 보니 커다란 궁전이 있고, 문은 열려 있었다. 그 안에는 커다란 몸집의 사내들이 긴 의자에 앉아 있었다. 그들은 안으로 들어가 이 나라의 왕 우트가르드 로키 앞으로 나아갔다. 일행은 공손히 인사를 했다. 그러자 왕은 비웃듯이 그들을 바라보며 말했다.

"내 눈이 잘못되지 않았다면, 저 젊은 녀석은 토르로군."

그리고는 토르에게 말했다.

"아마 네놈은 보기보다는 훌륭할 거다. 너나 네 일행이 자랑할 수 있는 기술이 뭐냐? 재주가 없는 놈은 여기서 머물 수 없다."

로키가 말했다.

"내 뛰어난 솜씨는 누구보다도 빨리 음식을 먹는 거야. 어디 나하고 솜씨를 겨뤄 보시지?"

"하긴, 음식을 빨리 먹는 것도 재주는 재주겠지."

우트가르드 로키는 말했다.

"그럼 당장 해봐라."

왕은 로기라는 신하를 불러 로키와 재주를 겨루어 보라고 일렀다. 고기를 산더미같이 담은 커다란 통이 홀에 놓이자 로키는 그 한쪽 끝에 서고 로기는 다른 쪽에 섰다. 그들은 맹렬한 속도로 먹기 시작해 드디어 통 한가운데에서 만났다. 그런데 로키는 살만 골라 먹었으나 로기는 살도 뼈도 다 먹고 있었다. 그래서 로키는 지고 말았다.

우트가르드 로키는 이번에는 토르가 데리고 온 티알피에게 무슨 재주가 있느냐고 물었다. 티알피는 달리는 재주가 있다고 말했다. 왕은 일동을 데리고 훌륭한 경기장이 있는 들판으로 갔다. 그리고 후기라는 젊은이를 불러 티알피와 경주를 시켰다. 그들은 달리기 시작했는데, 티알피 역시 후기에게 지고 말았다.

그러자 왕은 토르에게 어떤 재주가 있는지 보여 달라고 했다. 토르는 마시는 시합을 해보자고 대답했다. 왕은 커다란 뿔로 된 술잔을 가져오게 하여 토르가 술잔을 받자 이렇게 말했다.

"훌륭한 술꾼이라면 단숨에 마실 수 있지. 대개 한 번쯤 쉬고 마시지만 말야."

토르는 잔을 입으로 가져가 그대로 숨도 쉬지 않고 꿀꺽꿀꺽 마셨다. 그런데 마시면서 보니 술잔의 술이 조금도 줄어든 것 같지가 않았다. 그래서 한숨을 돌리고는 다시 마셨다. 그러나 역시 잔에는 술이 가득 차 있었다.

"어때, 토르. 힘을 아껴서야 쓰나? 이번엔 단숨에 마셔야 할걸. 그렇지 않으면 체면이 안 서지."

우트가르드 로키는 말했다.

토르는 다시 술잔을 들어 단숨에 마셨다. 그러나 술은 조금밖에 줄어들지 않았다. 결국 그는 잔을 돌려주고 말했다. 왕은 그것을 보고 말했다.

"알겠다. 너는 우리가 생각한 만큼 호걸은 아니군. 어디 다른 재주가 있으면 말해 보지 그래."

그러자 토르가 물었다.

"이번엔 뭘로 시험해 볼 작정인가?"

"우리 나라엔 아주 애들 장난 같은 놀이가 있단 말야. 내 고양이를 그저 들어올리기만 하면 되는 거야. 이런 말이 위대한 토르한테 실례가 될지 모르지만, 네 재주가 대수롭지 않다는 것을 알았으니 도리가 없지."

왕이 말을 마치자마자 갑자기 한 마리의 커다란 잿빛 고양이가 튀어나왔다. 토르는 한 손을 고양이의 배 밑에 넣고, 온힘을 다해 고양이를 들어올리려고 했다. 그런데 고양이는 등을 활처럼 구부려, 토르가 아무리 힘을 내어도 한쪽 발이 간신히 올라갈 뿐이었다.

그것을 본 왕이 말했다.

"역시 신통치 않군. 재주가 아니라 메주야."

이 말에 토르는 화가 나서 말했다.

"어디 나하고 씨름을 할 자가 있으면 나와 보라구!"

그러자 왕은 말했다.

"너하고 씨름을 하려는 자는 아마 하나도 없을걸. 그렇지만 모처럼이니 내 유모였던 엘리를 모셔와야겠군. 그 노파는 이제까지 토르만한 놈들을 몇 명씩 쓰러뜨렸으니까."

이윽고 이가 빠진 노파가 들어왔다. 토르는 곧 이 노파에게 덤벼들어 힘껏 조였다. 그러나 노파는 끄떡도 하지 않았다. 마지막에는 격투 끝에 토르가 휘청거리며 한쪽 무릎을 땅에 대고 말았다. 왕은 시합을 중지시켰다. 그리고 토르에게 이제는 시합을 할 자격이 없다고 선언했다. 게다가 날도 저물어 가고 있었다. 토르와 그의 일행은 자리로 안내되어 음식 대접을 받았다.

이튿날 아침, 토르는 떠날 채비를 했다. 우트가르드 로키는 그들에게 충분한 음식을 내주었다. 식사가 끝나자 왕은 일행을 성문 앞까지 전송했다. 그리고 작별할 때 토르에게 이번 여행의 결과를 어떻게 생각하느냐, 또 이젠 너보다 강한 인간을 만났다고 인정하느냐고 물었다. 토르는 부끄럽게 생각한다고 말했다.

"그리고 제일 슬픈 것은 너희 나라에서 나를 하찮은 놈이라고 부를 것이라는 점이야."

그러자 우트가르드 로키는 말했다.

"아니지. 네가 이제 성 밖으로 나왔으니 사실대로 말해야겠군. 맹세코 말하거니와 너한테 그런 기막힌 힘이 있다는 것을 미리 알았다면 나는 아마 너를 성 안으로 들이지 않았을 게다. 사실은 너를 마법으로 속인 거야. 처음엔 그 숲속이었지. 그때 나는 자루를 철사로 묶어 풀리지 않게 해뒀지. 그랬더니 너는 망치로 나를 세 번이나 쳤어. 처음 일격이야 제일 약했지만, 만일 그게 그대로 내 몸에 맞았다면 내 인생은 끝났을지도 몰라. 하지만 난 몸을 피했지. 그래서 망치는 세 번 모두 산을 쳤던 거야. 그 산에 가 보면 움푹 패어진 곳이 세 군데 있을걸. 나는 또 같은 마법을 써서 네 부하를 내 부하하고 시합을 시켰어. 처음 시합 때 나온 로기는 실은 '불'이었지. 그래서 통까지 먹어버린 거야. 티알피와 경주한 후기도 실은 '생각'이었어. 그리고 네가 그 술잔을 비웠을 때 너는 훌륭하게 해치운 거야. 그럴 수밖에. 네가 마신 그 뿔술잔 끝은 바다로 연결되어 있었으니까. 너는 모를 테지만, 바닷가에 가 보면 네가 마신 물 때문에 바닷물이 줄어든 것을 알 수 있을 거야. 또 너는 기막힌 힘으로 그 고양이를 들어올렸어. 노골적으로 말해서 고양이의 한쪽 발이 마룻바닥에서 떨어졌을 때 우리는 모두 겁을 집어먹었지. 네가 고양이라고 생각한 것은 사실 지구를 휘감고 있는 미드가르드의 뱀이었어. 노파 엘리하고 겨룬 씨름도 기막힌 재주였지. 엘리란 실은 '나이 듦'이야. 조만간 그녀에게 쓰러지지 않을 인간은 없을 테니까. 끝으로 한마디 덧붙이겠는데, 다시는 내게 접근하지 않는 것이 좋을 거야. 만일 그런 짓을 하면 나는 다른 마법으로 또 나를 지켜야 하니까. 그러면 너는 헛수고만 하게 되고, 나하고 경쟁해 봤자 명성을 얻지는 못할 테니까 말야."

이 말을 듣자 토르는 화가 치밀어 망치를 들고 그를 향해 내리쳤다. 그러나 우트가르드 로키는 어느새 모습을 감추고 말았다. 토르는 '그렇다면!' 하고 벼르면서 다시 성으로 되돌아갔다. 그러나 그곳에는 이미 녹색 들판 외에는 아무것도 보이지 않았다.

독수리와 이둔의 사과

오딘은 세계와 인간들의 동태를 살피기 위해 자주 아스가르드를 떠나서 여기저기 여행을 하고 다녔다. 그날도 그는 로키와 헤니르를 데리고 여느 때처럼 여행을 떠났다. 산과 들을 지나 마냥 걷고 있는 사이에 모두 배가 고파 왔으나 그곳은 매우 황량한 고장이어서 음식이라고는 눈에 띄지 않았다. 그러다가 간신히 어떤 골짜기에서 풀을 뜯고 있는 소들을 발견했다.

"마침내 먹이가 나타났군."

그들은 골짜기를 내려가자 소를 한 마리 잡아 불에 굽기 시작했다. 고기가 익을 동안 풀밭에 한참 누워 있다가 그들은 고기를 꺼내보았다. 그런데 조금도 익지를 않아 다시 불을 지피고 고기를 올려놓았다.

잠시 후 로키가 말했다.

"난 배가 고파 못 참겠다. 더 기다릴 수가 없어. 아마 이젠 익었겠지."

신들은 다시 고기를 꺼내 보았다. 그런데 여전히 날것으로 있는 것이 아닌가!

"별일도 다 보겠군."

신들은 아무리 생각해 보아도 그 까닭을 알 수 없었다. 그때 머리 위의 큰 나뭇가지에서 누가 이렇게 말을 거는 것이었다.

"그 불에 주문을 걸어 고기가 익지 않게 한 것은 바로 나다."

올려다보니 그 나뭇가지에 큰 독수리 한 마리가 앉아 있었다. 독수리는 또다시 말했다.

"그 고기를 나한테도 나눠 준다면 고기를 익혀줄 수도 있지."

별 뾰족한 수가 없자 신들은 고기를 나눠 주기로 했다. 독수리가 곧 나무에서 내려와 불가에 앉으니, 고기는 순식간에 먹음직스러운 냄새를 풍기며 익었다. 그러자 그 순간 독수리는 두 허벅지의 고기와 어깻죽지 부분을 가로챘다. 로키는 독수리의 괘씸한 소행에 화가나 갑자기 불 속에서 굵은 막대기를 꺼내 독수리를 힘껏 쳤다. 독수리는 막대기 밑을 빠져나가 하늘 높이 날아올랐는데, 로키가 잡은 막대기 끝은 독수리의 등에 달라붙어 떨어지지 않았다.

독수리는 낮게 날기도 하고, 빙빙 돌기도 하면서 로키를 끌고 갔다. 로키는 나무나 바위에 사정없이 부딪히기도 하고, 팔이 당장 떨어져나갈 것 같아 비명을 질렀다.

"제발 내려다오. 그러면 소를 모조리 줄게."

그러자 독수리는 말했다.

"내가 필요한 것은 이둔하고 그녀의 사과야. 그것을 가져오겠다고 맹세하기 전엔 절대로 놔줄 수 없어."

이둔은 아스가르드에서 가장 아름다운 여신으로, 브라기가 몹시 사랑하는 아내였다. 게다가 그녀는 신들의 첫째 가는 보물인 '청춘의 사과'를 지키고 있었다. 그 사과를 가끔 먹지 않으면 신들이라도 나이를 먹어 인간처럼 죽어버리게 되는 것이다. 이 사과 덕으로 신들은 언제까지나 젊음을 지닐 수 있었다. 따라서 이둔과 그녀의 사과는 신들에게는 그 무엇보다도 소중한 것이었다.

"이둔과 사과를 내놓으라구? 그건 절대로 안 되지."

로키는 말했다.

"그럼 언제까지나 이렇게 날고 있을 테다. 너는 바위에라도 부딪혀 죽으면 되고!"

독수리는 이렇게 말하더니 일부러 나무 사이나 바위투성이의 들판을 마구 날아다녔다. 로키의 온몸은 상처투성이가 되었다. 로키는 더 이상 참을 수 없어 마침내 외치고 말았다.

"네 말대로 할 테니 제발 놓아다오. 이둔도 데려오고, 사과도 갖고 올 테니."

"틀림없겠지?"

독수리는 다짐을 했다. 로키는 언제까지 이둔을 데려오겠다고 굳게 맹세를 했다. 독수리는 로키를 놓아주고 하늘 높이 날아갔다. 로키는 상처투성이로 오딘에게 돌아와 그들은 함께 아스가르드로 되돌아갔다. 그러나 오딘과 헤니르는 로키가 독수리와 약속한 사실은 전혀 몰랐다. 로키는 어떻게 독수리와의 약속을 이행할 것인가 하고 고민에 싸였다. 그 독수리는 보나마나 거인 치아시의 변신이 틀림없었다. 때문에 약속을 어겼다가는 큰일일 것이었다.

약속날이 다가오자 로키는 이둔에게 가서 그럴듯하게 꾸며댔다.

"어제 나는 기막히게 영근 사과나무를 봤어요. 아스가르드 북쪽 숲속에 있습니다. 그 열매는 당신의 사과하고 빛깔도 모양도 똑같았으니까, 아마 효능도 같다고 생각해요. 그 사과를 아스가르드로 가져옵시다."

이둔은 말했다.

"내 사과와 같은 것이 있다니 믿어지지 않아요."

"아뇨, 아주 똑같다니까요. 어쨌든 가서 한번 보세요. 그렇지, 당신의 사과를 갖고 가서 비교해 봅시다."

이 말을 듣고 이둔은 자기의 사과를 가지고 와서 로키를 따라 숲으로 나섰다. 그러자 치아시가 독수리의 모습으로 날아 내려와서는 이둔과 사과를 낚아채 가지고 가버렸다.

신들은 곧 이둔이 없어진 사실을 알았다. 사과도 동시에 없어져 신들에게는 벌써 노쇠현상이 일어나기 시작했다. 모두 몸이 굳고 허리가 굽어졌다.

오딘은 허둥지둥 신들을 불러 상의했다. 그들은 서로 이둔이 어디 있는지 아는 사람이 없느냐고 물었다. 마지막으로 그 여신을 본 것이 누구냐고 오딘이 묻자 헤임달은 그녀가 로키와 함께 아스가르드를 나서는 것을 보았다고 말했다. 오딘은 곧 토르에게 로키를 잡아오라고 명령했다.

이윽고 로키가 끌려오자 신들은 그를 다짜고짜 잡아 흔들며, 이둔을 어디로 보냈는지 자백하라고 얼러댔다. 로키는 겁에 질려 이둔이 요툰헤임으로 끌려간 사실을 고백하고는, 만일 프레야가 '독수리의 날개'를 빌려준다면 자기가 그녀를 찾아오겠다고 말했다. 프레야는 기꺼이 날개를 빌려주었다. 로키는 그 날개를 몸에 달고 요툰헤임을 향해 북쪽으로 날아갔다.

그는 거인 치아시의 집에 닿았다. 서서히 원을 그리며 아래로 내려가니 이둔이 산책을 하고 있는 것이 아닌가. 사과도 금망태기에 넣어 들고 있었다. 그러나 치아시의 모습은 보이지 않았다. 마침 바다로 낚시를 가고 없었던 것이다. 로키는 재빨리 이둔 곁으로 날아가 그녀를 호두로 모습을 바꾸어 그것을 움켜쥐고 날아올라 갔다.

얼마 후, 집으로 돌아온 치아시는 이둔과 소중한 사과가 없어진 사실을 알았다. 그는 급히 독수리로 모습을 바꾸고 하늘로 올라가서 살펴보니 저 멀리에 독수리 한 마리가 날아가고 있었다. 그는 곧 뒤를 따랐다. 순식간에 치아시는 로키를 바짝 따라붙었다. 로키는 전속력으로 날았으나 독수리는 차츰 가까이 다가왔다. 간신히 아스가르드의 탑이 보였다. 로키는 금빛으로 빛나는 신들의 궁전을 향해 마지막 힘을 내어 날았다.

로키가 돌아오기를 기다리고 있던 신들은 한 마리의 독수리가 발톱 사이에 호두를 잡고 날아오고, 그 뒤를 다른 독수리가 뒤쫓는 것을 보자 곧 아스가르드의 문 곁에 장작더미를 쌓았다. 로키는 그 장작더미를 피해 아스가르드로 뛰어들었다. 로키가 아스가르드로 도망치기 전에 잡으려고 생각한 치아시는 낮게 날면서 그 뒤를 쫓았다. 그가 장작더미 위에 닿는 순간, 신들은 일제히 장작에 불을 당겼다. 불길은 순식간에 시뻘겋게 타올랐다. 날아온 치아시는 되돌아가지 못하고 날개에 불이 붙어 땅으로 떨어졌다. 그때 신들이 달려들어 그를 죽였다.

이둔이 무사히 돌아왔으므로 아스가르드는 다시 기쁨을 찾았다. 이리하여 신들은 눈부신 젊음을 다시금 되찾게 된 것이다.

여자 거인 스카디의 결혼

거인 치아시가 신들에게 살해된 지 얼마 안 되었을 때였다. 신들이 아스가르드에서 잔치를 벌이고 있으려니, 난데없이 한 여자 거인이 뚜벅뚜벅 걸어 들어와서 신들을 노려보았다. 그녀는 빛나는 갑옷을 입고 큰 눈구두를 신고 있었다. 등에는 날카로운 화살통을 지고, 손에는 번쩍이는 투창을 들고 있었는데, 그 모습은 남자의 모습처럼 늠름하고도 아름다웠다.

"너는 누구냐? 대체 뭣하러 여기에 왔느냐?"

신들은 놀라서 물었다.

"나는 치아시의 딸 스카디다. 아버지의 원수를 갚으러 왔다!"

처녀는 이렇게 말했다. 신들은 분명히 치아시를 불태워 죽인 사실이 있으므로 몹시 난처했다. 게다가 이 아름답고 늠름한 처녀가 마음에 들었기 때문에 어떻게 해서든 그녀의 노여움을 달래서 사이좋게 살고 싶었다. 그래서 오딘은 말했다.

"원래 네 아버지가 이둔을 납치해 간 것이 잘못이었다. 그 때문에 치아시는 목숨을 잃었지. 그렇지만 나는 그의 영혼을 위로해 주려고 그의 눈을 하늘에 던져놓았다. 저기 보이는 두 별이 치아시의 눈이다. 이것으로 그를 죽인 보상은 했다고 생각하는데, 너는 그래도 불만이냐?"

그러나 스카디는 외쳤다.

"그따위로 만족할 수 있나요? 내 심장은 복수를 바라고 있고, 내 투창은 신들의 피에 주리고 있어요!"

그리고는 신들이 아무리 달래어도 듣지 않고 여전히 신들을 노려보는 것이었다. 제일 걱정스러운 것은 로키였다. '이거 난처하게 됐군. 저 모양으로 봐서는 내 목숨을 빼앗지 않고는 돌아갈 것 같지가 않아. 어떻게

스카디의 노여움을 달랠 길이 없을까? 그러려면 저 처녀를 웃기는 것이 상책일 텐데.'

치아시가 죽게 된 것도 로키의 장난이 원인이었다. 로키는 문득 좋은 생각이 떠올랐다. 그는 한 마리의 염소를 끌고 오더니 끈 한쪽을 그 수염에 잡아매고 또 한쪽 끝은 자기의 허리에 맨 다음 서로 끌고 끌리면서 야릇한 춤을 추기 시작한 것이다. 그 우스꽝스러운 춤을 보고 신들은 모두 낄낄거렸다. 그러나 스카디는 웃음을 참으며 여전히 성난 표정을 짓고 있었다. 로키는 그것을 보자 여전히 익살스러운 모습으로 춤을 추면서 느닷없이 스카디의 무릎 사이로 기어들었다.

이렇게 되자 스카디도 어쩔 수 없이 뭉쳤던 노여움을 풀고 말았다. 신들은 그녀와 사이좋게 지내기로 합의를 했다. 그리고 스카디는 신들 가운데에서 남편을 고르되, 그 남편은 신들의 발만 보고 정하기로 되었다. 스카디도 그것을 승낙하여 신들은 스카디의 눈을 두꺼운 헝겊으로 가리고 신들의 발만 보이도록 만들었다. 스카디는 속으로 생각했다. '남편으로 선택한다면, 신들 중에서 제일 아름다운 발두르를 고르고 싶다. 발두르 같은 아름다운 신은 아마 발도 아름다울 거야.'

그녀는 신들의 발을 둘러보고 가장 하얗고 아름다운 발을 찾아내자 그를 잡고 외쳤다.

"이분을 남편으로 택하겠어요."

그런데 막상 헝겊을 풀어 보니 그것은 발두르가 아니고 니오르드였다. 아차! 싶었으나 도리가 없었다. 그녀는 속으로 실망하면서 어쩔 수 없이 니오르드와 결혼을 했다. 그러나 이런 실망감을 속으로 간직한 탓인지 이 결혼은 결국 실패했다.

니오르드는 신부를 자기 집이 있는 노아툰으로 데리고 갔다. 노아툰이란 '부두'라는 뜻으로, 바닷가에 있는 니오르드의 커다란 저택이었다.

그는 부드러운 바다를 다스리는 신으로, 항해나 고기잡이의 신이었던 것이다. 그런데 스카디는 거인 치아시의 딸이었던 만큼 이런 바닷가의 평화로운 경치는 마음에 들지 않았다. 금방 싫증이 났고, 부친이 살고 있던 요툰헤임의 북풍이나 눈사태 소리나 늑대의 울음소리를 그리워했다. 그녀는 그런 거친 북극의 들과 산에서 짐승을 쫓으며 살아왔기 때문이다. 마침내 그녀는 밤잠까지 설치게 되었고, 어느 날은 자기도 모르게 이런 노래를 읊었다.

바닷가의 잠자리에서는
새 우는 소리가 듣기 싫어
밤에는 제대로 잘 수가 없네.
어쨌든 매일 아침
바다에서 갈매기가 날아와
내 잠을 깨워놓는구나.

마음씨가 착한 니오르드는 그 노래를 듣고 아내가 가엾어져 이번에는 스카디의 고향인 요툰헤임으로 가서 잠시 살기로 했다. 그러나 막상 그곳에 가보니 일 년 내내 눈과 얼음에 뒤덮여 있어서 살기가 매우 불편했다. 두 사람은 상의 끝에 요툰헤임에서 아홉 달을, 나머지 석 달은 노아툰에서 살기로 했다. 그런데 니오르드는 요툰헤임에서 살아보니 폭풍이 몰아치는 소리와 골짜기에서 얼음 깨지는 소리, 늑대의 울음소리가 들려 도저히 제대로 잠을 편히 잘 수가 없었다. 불과 9일 만에 니오르드는 고향이 간절히 그리워졌다. 그는 자기도 모르게 이런 노래를 읊었다.

산에서 살기는 괴로운 것
나는 오래 살지도 않았고
다만 아흐레 밤뿐이었는데,
하지만 백조의 노래가

늑대의 울음소리보다는
훨씬 즐겁구나.

이것만 보아도 스카디와 니오르드가 함께 산다는 것은 어느 모로 보나 무리였다. 니오르드는 드디어 지기 집으로 돌아갔고, 스카디는 부친의 집에 남아 어렸을 때의 생활을 되풀이하게 되었다. 활로 무장을 하고, 눈구두를 신고, 스키를 타며 늑대나 뇌조를 몰며 살았다. 그래서 그녀를 흔히 '눈구두의 여신'이라고 일컫는다.

이렇게 남자 못지않은 스카디였으나, 역시 산에서 혼자 사는 것이 괴로웠던지, 얼마 후 그녀는 겨울의 신 우라와 다시 결혼했다. 우라는 겨울의 신이었으므로 휘몰아치는 바람이나 눈보라 소리, 늑대의 울음소리가 오히려 기분 좋게 들렸다. 그래서 우라와 스카디는 여생을 함께 즐겁게 보내게 되었다.

프레야의 방황

프레야는 아스가르드의 신들 가운데에서 가장 아름다운 여신이다. 미와 사랑의 신, 또한 자식을 낳게 해주고 풍년을 가져다주는 신으로서 북유럽 사람들 사이에서는 가장 숭배되었다. 금요일을 영어로 '프라이데이(Friday)'라고 하는 것은 '프레야의 날'이라는 뜻이고, 훌륭한 여인을 독일어로 '푸라우', 북유럽 여러 나라에서 '프루'라고 하는 것도 이 프레야 여신의 이름에서 비롯된 말이다. 그리고 지금도 북유럽 여러 나라에서는 결혼식이 금요일에 즐겨 행해지는데, 이는 사랑과 미의 여신 프레야의 날이기 때문이다.

프레야는 원래 바니르(해신족) 태생으로, 오빠 프레이르와 더불어 니오르드의 자식이었다. 아스가르드의 신들과 바니르들이 오랜 싸움 끝에 화해를 하여 니오르드가 아스가르드로 볼모로 왔을 때, 프레이르와 프레야 남매도 아버지를 따라 아스가르드로 왔다.

아스가르드의 여신들 중에서 가장 존경을 받은 것은 물론 오딘의 아내 프리그였다. 그러나 신들은 프레야의 아름다움과 우아함이 마음에 들어 누구에게도 못지않은 넓은 땅을 그녀에게 주었다. 그녀는 그곳에 세스룸니르라는 커다란 집을 짓고 살았다. 프레야는 사랑의 여신으로서 사랑의 노래를 좋아했다. 그리고 사랑하는 연인들이나 부부의 소원에 기꺼이 귀를 기울였고, 또한 그들이 죽으면 세스룸니르로 그들을 불러 즐거운 나날을 보내게 했다.

프레야는 한편 용감한 것도 좋아했다. 싸움터에서 명예롭게 전사한 사람이 있으면 재빨리 '독수리의 날개'를 달고 전쟁의 처녀 발키리들을 거느리고는 전쟁터로 달려가서 그 절반을 자기 집으로 데리고 왔다. 나머지 절반은 물론 오딘이 발할라로 맞아들였다. 그래서 그녀를 '싸움의 프레야'라고 부르기도 한다. 그리하여 옛날 북유럽의 여인들은 그리운 애인이나 남편이 싸움터에서 죽으면, 자기도 그 자리로 달려가 프레야의 집으로 맞아들여지기를 바라는 마음에서 스스로 적의 창칼에 맞아죽거나, 애인의 시체를 화장시키는 장작더미 위에 같이 누워 있기도 했다.

또한 프레야는 풍작의 신으로서, 오빠 프레이르와 함께 금털이 눈부시게 빛나는 산돼지가 끄는 차를 타고 하늘을 달리면서 두 손으로 꽃과 과일을 땅과 바위에 뿌린다. 그러나 프레야가 가장 좋아하는 수레는 두 마리의 고양이가 이끄는 수레였다. 고양이는 다산과 애정의 표시로서 그녀가 좋아하는 동물이었던 것이다. 제비도 봄을 알리는 새로서 그녀가 사랑하는 동물이었다.

그녀는 미의 여신으로서 아름다운 모든 것을 사랑했는데, 특히 그녀가 자랑스럽게 생각하고 있었던 것은 난쟁이들에게 받은 브리싱가멘이라는 목걸이였다. 이 보물을 수중에 넣기 위해 그녀는 몇 명의 난쟁이와 밤잠을 같이 잤다고 한다. 또한 하늘을 자유롭게 날 수 있는 '독수리의 날개'도 그녀의 보물이었는데, 토르나 로키 같은 신이 이것을 가끔 빌려 가기도 했다.

프레야는 태양의 빛을 나타낸다는 오드 또는 오즐이라는 신을 남편으로 삼았다. 그녀는 남편을 진심으로 사랑하여, 남편 곁에 있을 때에는 끝없는 행복에 잠겨 언제나 미소 짓고 있을 정도였다. 이윽고 아이도 둘이나 태어났다. 둘 모두 여자애였고, 프레야의 딸답게 무척이나 아름다웠다. 한 명은 흐노스, 또 한 명은 게르세미라고 했다. 특히 흐노스는 눈부시게 아름다웠기 때문에, 그후로 북유럽 사람들은 아름답게 빛나는 것을 모두 '흐노시르'라고 부르게 되었다.

그런데 남편 오즐은 이런 아름다운 프레야와의 생활에도 권태가 생겨 말도 없이 집을 나간 채 돌아오지 않았다. 프레야는 쓸쓸한 심정을 달래면서 남편을 기다렸다. 오즐은 아무리 기다려도 돌아오지 않았고 행방조차 알 수 없었다. 프레야는 혹시 남편의 모습이 보이지 않나 해서, 높은 바위에 올라가 사방을 돌아보았으나 그리운 사람의 모습은 보이지 않았다. 그녀는 그곳에 앉아 흐느껴 울었다. 눈물은 그녀의 볼을 타고 바위 위로 뚝뚝 떨어졌다. 그러자 그녀의 뜨거운 눈물에 쇠처럼 단단한 바위도 녹아 물러졌으며, 바위틈으로 스며든 그녀의 눈물은 황금이 되었다. 그런 까닭에 북유럽 사람들은 황금을 가리켜 '프레야의 눈물'이라고도 부르고 있다.

프레야는 드디어 그리운 남편을 찾으러 나섰다. 그녀는 두 마리의 고양이가 끄는 수레를 타고 동서남북, 사방팔방으로 찾아 헤맸다. 그러나 그리운 사람의 모습은 어디에도 보이지 않았다. 그래도 그녀는 희망을 버리지 않고 울면서 여행을 계속했다. 세계의 여러 곳에 황금이 조금씩 흩어져 있는 것은 프레야가 눈물을 흘리면서 세계를 헤매 다녔기 때문이라고 한다.

세계 각지의 사람들은 이 방랑하는 여신을 보고 제각기 자기들 나름의 이름으로 불렀다. 그리하여 프레야에게는 몇 개의 다른 이름이 생겼는데, 그것은 마르델 · 헤른 · 게픈 · 시른 · 스캬르프 등등이다. 그래서 '프레야의 눈물'이라고 일컫는 황금을 또한 '마르델의 눈물'이라고도 부른다.

어느 날 프레야는 마침내 그리운 남편을 찾아냈다. 오즐은 따뜻한 남쪽나라에서 아름답게 피어 있는 천인화 사이에 멍하니 앉아 있었다. 프레야는 그 모습을 보자 달려가서 남편에게 매달려 울면서 남편의 마음을 돌리게 만들었다. 오즐의 가슴에는 사랑이 되살아났다. 남편은 프레야의 손을 잡고 말했다.

"정말 미안했소. 자아, 같이 아스가르드로 돌아갑시다."

눈물에 젖은 프레야의 얼굴에는 새색시 같은 미소가 떠올랐다. 북유럽의 신부들은 그래서 지금도 천인화를 즐겨 머리에 꽂는다고 한다.

오즐과 프레야는 아스가르드로 향했다. 프레야의 발걸음은 가벼웠다. 그리고 그녀가 걸음을 옮겨놓을 때마다 대지는 푸릇푸릇 소생하여 나무도 풀도 꽃을 피우기 시작했다.

발두르의 죽음

선의 신 발두르는 매일 밤 무서운 꿈에 시달리고 있었다. 꿈은 그의 생명이 위태로움을 암시하고 있었다. 발두르가 신들에게 꿈 이야기를 하자, 신들은 대자연의 모든 것에 명하여 발두르를 위험으로부터 지키기로 했다.

오딘의 왕비이자 발두르의 모친인 프리그는 불이나 나무, 쇠를 비롯한 모든 금속이나 돌 그리고 질병이나 짐승이나 새에게 절대로 발두르를 해치지 않겠다는 맹세를 받아냈다. 그러고도 오딘은 그것만으로는 만족하지 않고 아들의 운명을 염려하여 앙게르보데라는 여자 예언자에게 물어보기로 했다. 그러나 그녀는 이미 죽었으므로, 오딘은 그녀를 만나기 위해선 헬(죽음의 나라)로 가지 않을 수 없었다.

그런데 다른 신들은 프리그가 한 일만으로도 충분하다고 생각했기 때문에 발두르를 표적으로 장난을 하고 있었다. 어떤 신은 발두르에게 창을 던지기도 하고, 어떤 신은 돌을 던지고, 또 어떤 신은 칼이나 도끼를 던지기도 했다. 사실 어떤 난폭한 짓을 해도 발두르는 조금도 다치지 않기 때문이었다. 그런데 로키는 발두르가 다치지 않는다는 사실에 매우 화가 났다. 그는 여인으로 변장하여 프리그의 궁전으로 갔다. 프리그는 이 여인을 보자 신들이 저렇게 모여 무엇을 하고 있는지 아느냐고 물었다. 그러자 여인은 모두들 발두르에게 창이나 돌을 던지고 있지만, 아무도 발두르를 다치게 하는 자는 없다고 대답했다. 이 말을 듣고 프리그는 말했다.

"그야 그럴 테지. 아무도 발두르를 다치게 할 수 없도록 내가 모든 것들에게 맹세를 시켜 놓았으니까."

"어머나! 모든 것들이 발두르를 다치게 하지 않겠다고 약속을 했단 말씀인가요?"

여인이 이렇게 외치자 프리그는 대답했다.

"암. 그런데 다만 발할라 동쪽에 있는 작은 나무만은 예외야. 그 나무는 너무 어려서 맹세를 시키기가 딱했어요."

로키는 이 말을 듣고 물러나 자기 본래의 모습으로 돌아가서 그 어린 나무를 잘라 신들이 모여 있는 곳으로 갔다. 그곳에 발두르의 형제인 호두르가 사람들에게서 떨어져 서 있었다. 그는 장님이어서 이 놀이에 낄

수가 없었다.

로키는 그에게로 가서 말했다.

"너도 발두르한테 좀 던져보지 그래?"

호두르는 대답했다.

"그렇지만 난 장님인걸. 난 발두르가 어디 있는지 보이지도 않고, 또 던질 것도 없어."

"그렇다면 이리 와봐."

로키는 말했다.

"이 나뭇가지를 던져 보라구. 내가 너의 손을 잡아 같이 던져줄 테니까."

호두르는 로키의 지시에 따라 그것을 발두르를 향해 던졌다. 그러자 발두르는 이 나무에 몸을 꿰뚫려 죽어버리고 말았다. 발두르가 쓰러졌을 때, 신들은 너무도 두려운 나머지 말도 못했을 정도였다. 그들은 소리 높여 탄식했다.

이윽고 일동이 제정신을 차렸을 때, 프리그는 여러 사람 중에서 자기의 모든 사랑과 자비를 얻고 싶은 사람은 없느냐고 물었다.

"내 사랑과 자비란, 누군가 헬의 나라로 가서 헬한테 다시 한번 발두르를 아스가르드로 돌려준다면 그 대가를 치르겠다고 전해주는 사람한테 주겠소."

이 말을 듣자 오딘의 아들이며 '민첩'이라는 별명을 갖고 있는 헤르모드가 자기가 형 발두르를 데리러 가겠다고 자청했다. 그러자 다리가 여덟 개 달린 오딘의 슬레이프니르가 끌려 나왔다.

헤르모드는 이 말에 올라타 9일 동안 암흑의 깊은 골짜기를 달려 기욜 강가에 닿았다. 그리고 번쩍이는 황금으로 덮인 다리를 건너 이 강을 넘었다. 그때 이 다리를 지키고 있던 처녀가 그의 이름과 신분을 묻고는 이렇게 덧붙였다.

"당신은 죽은 사람 같은 얼굴이 아닌데 무엇 때문에 헬의 나라로 가려고 합니까?"

헤르모드는 말했다.

"내가 헬의 나라로 가려는 것은 발두르를 찾기 위해서요. 당신은 그가 여기를 지나가는 것을 못 봤소?"

그러자 그녀가 대답했다.

"발두르라면, 이 기욜 다리를 건너갔어요. 그리고 저기 있는 길을 지나 죽음의 나라로 갔지요."

헤르모드는 다시 길을 재촉하여 헬의 나라의 굳게 닫힌 문 앞에 이르렀다. 그는 이곳에서 말에서 내려 안장을 고쳐 매고는 다시금 말을 타고 달렸다. 그러자 말은 문을 훌쩍 뛰어넘었다.

헤르모드는 앞으로 나아가 궁전에 닿자, 그 홀의 가장 훌륭한 자리에 형인 발두르가 앉아 있는 것을 발견하고 그날 밤은 형과 함께 지냈다. 그리고 다음날 아침, 헬 앞으로 나아가 제발 형을 데리고 돌아가게 해달라고 말하면서 아스가르드의 모든 신들이 탄식하고 있다고 애원했다. 그러자 헬은 그 말대로 발두르가 모든 것에게 깊이 사랑을 받고 있는지 시험해 보아야겠다고 말했다.

"세상 만물이, 생명이 있는 것도 없는 것도 모두가 발두르 때문에 슬퍼하고 있다면 그를 살려주마. 하지만 단 한 가지라도 발두르의 죽음을 슬퍼하지 않는다면, 이대로 이 나라에 가둬두기로 한다."

헤르모드는 아스가르드로 돌아가 자기가 보고 들은 것을 전부 보고했다. 신들은 그 말을 듣자 세계 구석구석에 사자를 보내, 발두르가 헬의 나라에서 돌아올 수 있도록 슬퍼해 줄 것을 호소했다. 만물은 이 말을 들어주었다. 인간도 그 밖의 동물도, 그리고 흙도 돌도 나무도 울어주었다.

그 중의 한 사자가 돌아오는 도중에 타우크트라는 마법사인 노파가 동굴 안에 앉아 있는 것을 보았다. 그래서 그녀에게도 헬의 나라에서 발두르를 데려올 수 있도록 울어달라고 부탁했다. 그런데 그 노파는 완강히 거절하는 것이었다. 이 마법사야말로 다름 아닌 로키일 것이라고 생각되었다. 신들이나 인간 가운데에서 항상 나쁜 짓을 하고 있는 그 로키였다. 이 로키의 심술궂은 행동으로 발두르는 영원히 아스가르드로 돌아올 수 없게 되었다.

신들은 발두르의 시체를 들고 바닷가로 갔다. 그곳에는 세계에서 가장 크다는 발두르의 배 흐링호르니가 강가에 올려져 있었다. 발두르의 시체는 이 배에 쌓아놓은 화장용 장작 위에 놓였다. 이 모양을 본 아내 안나는 슬픈 나머지 가슴이 찢어져 버리고 말았다. 그래서 그녀의 시체도 나란히 장작 위에 눕혀졌다.

발두르의 장례식에는 많은 사람이 참석했다. 먼저 오딘이 왕비 프리그와 발키리들을 데리고 왔다. 그리고 프레이가 굴린부르스티라는 산돼지가 끄는 차를 타고 왔다. 헤임달은 굴토프라는 말을 타고, 프레야는 고양이들이 끄는 수레를 타고 왔다. 그 밖에 서리의 거인이나, 산의 거인들도 참석했다. 그리고 발두르의 말은 아름답게 장식되어 끌려왔고, 주인과 함께 화장되었다.

로키는 벌을 면할 수 없었다. 그는 신들의 노여움을 보자 산속으로 도망쳐, 사방에 문이 있는 집을 짓고 그 안에서 살았다. 그렇게 하면 어느 쪽으로 위험이 다가와도 곧 발견할 수 있기 때문이었다. 그는 물고기를 잡는 그물을 만들었다. 곧 오딘이 그 집을 찾아냈다. 그리고 많은 신들이 그를 잡으러 왔다. 로키는 그것을 보자 연어로 변신하여 냇물 바위틈에 숨었다. 그러나 신들은 로키가 발명한 그물로 그 개울을 훑었다. 이렇게 되자, 로키는 그대로 있으면 틀림없이 잡힐 것 같아 그물을 뛰어넘으려고 했다. 그러나 토르가 그 꼬리를 잡아 힘껏 움켜쥐었다. 연어는 그래서 지금도 꼬리부분이 가늘다는 것이다.

신들은 로키를 사슬로 묶고 그 머리 위에 뱀을 한 마리 늘어뜨려 놓았다. 그러면 그 뱀의 독이 그의 머리로 뚝뚝 떨어지는 것이다. 로키의 아내 시긴은 남편 곁에 앉아 그 독물이 떨어질 때마다 접시로 받았다. 그러나 그녀가 가득 찬 접시를 비우려고 가고 있는 동안에도 독액이 떨어져 내렸기 때문에 로키는 두려운 나머지 큰 소리로 비명을 지르는 것이었다.

신들의 황혼과 새로운 세계

로키가 발두르를 죽게 한 죄로 사슬에 묶여 있는 사이에 드디어 신들과 거인들과의 마지막 싸움의 날이 서서히 다가오고 있었다. 그것은 예부터 '라그나로크(신들의 황혼)'라고 불린 신들과 그들의 세계가 멸망하는 운명의 날이었다.

처음 핌불베트르가 왔다. 이 겨울은 3년 내내 세상을 암흑으로 몰아넣었다. 이런 가운데 커다란 늑대가 태양과 달을 삼키고, 대지도 산도 무너져 내려 모든 거인이나 마물이 신들과 인간의 세계로 쳐들어와 이 세상은 불에 휩싸일 것이라는 것이다. 모든 것을 다 아는 오딘은 이 예언도 잘 알고 있었다. 이 아름다운 세계도 결코 영원히 계속되는 것은 아니다. 발두르의 죽음이 이미 그것을 나타내고 있었다. 지상에서는 이미 아름다움도 깨끗함도 사라지고 있었다. '청춘의 사과'를 가지고 있던 여신 이둔도 이그드라실 가지에서 거꾸로 떨어져 모습을 감추었다. 폭력과 악이 난무했다. 형제는 서로 다투고, 아버지와 아들이 싸우고 있었다.

햇빛도 열도 눈에 띄게 줄어들었다. 지루하고 추운 겨울이 3년 동안이나 계속되었다. 사방에서 살을 에는 찬바람이 불어왔고 폭설이 잔뜩 내려앉았다. 태양도 달도 숨었고, 별은 모습을 감추었다. 대지도 산도 떨었고, 나무들은 뿌리째 뽑혔으며 모든 사슬이 튕겨나갔다.

이렇게 되자 로키와 펜리르 늑대가 뛰어나왔다. 미드가르드의 뱀도 바다 밑에서 용트림을 했다. 그러자 바닷물이 요동치며 육지로 밀어닥쳤다. 개울은 둑을 뚫고 넘쳤고, 호수는 서로 부딪쳤으며, 물은 골짜기를 메우고 산들을 뒤덮었다. 이런 홍수 속에서 물 밑으로부터 나글파르의 배도 떠올랐다. 그것은 죽은 자의 손톱으로 만들어진 마물의 배로서, 키를 잡고 있는 것은 프림이라는 거인이었다.

펜리르 늑대는 아래턱은 땅에 닿고 위턱은 하늘에 닿을 만큼 입을 벌리고, 그 눈과 콧구멍에서 불을 뿜으면서 아스가르드로 달려왔다. 미드가르드의 뱀도 천지가 캄캄해질 정도로 독기를 자욱이 뿜으면서 달려왔다.

그때 하늘이 두 조각으로 갈라지는가 싶더니 불의 나라 무스펠헤임의 거인들이 쳐들어왔다. 사방으로 불길을 흩뜨리면서 그 선두에 수르트가 서 있었다. 그의 거대한 불칼은 태양보다도 밝게 빛났다. 그가 아스가르드로 건너가는 무지개다리를 건너고 나면 다리는 순식간에 타올라 없어지고 마는 것이다. 아스가르드 곁에 펼쳐지는 위그리드 들판에는 이미 로키가 지옥의 인간들을 모조리 거느리고서 오고 있었다. 서리의 거인과 산의 거인도 쳐들어왔다.

무지개다리를 지키는 헤임달은 이미 마지막이라고 생각하고, 갸라르호른의 뿔피리를 힘껏 불었다. 신들은 뛰어 일어나 급히 회의를 열었으며, 오딘은 이미르의 샘으로 내려가 현자의 조언을 구했다. 천지를 꿰뚫는 이그드라실의 거목은 흔들렸고, 천지간의 만물은 두려움에 떨었다.

신들과 발할라에 살고 있는 모든 전사는 무기를 들고 위그리드 들판으로 향했다. 선두에 선 것은 빛나는 황금갑옷을 입은 오딘이었다. 그는 손에 궁니르의 창을 들고 펜리르 늑대를 향해 돌진했다. 그와 더불어 달려가고 있는 것은 토르였다. 그러나 그는 미드가르드의 뱀을 상대하지 않으면 안 되었기 때문에 오딘을 도울 수가 없었다. 프레이르는 수르트를 향해 덤벼들었으나, 그 보검을 잃고 격전 끝에 쓰러졌다.

티르는 지옥의 개 가름과 싸워 서로 찔러 죽였다. 토르는 드디어 미드가르드의 뱀을 쓰러뜨렸으나, 아홉 걸음을 물러선 채 쓰러지고 말았다. 뱀이 토해낸 독기에 의식을 잃은 것이다.

한편에서는 펜리르가 드디어 오딘을 삼켜버렸다. 그러나 곧 비다르가 달려들어 늑대의 아래턱에 쇠구두를 신은 발을 걸치고, 위턱을 잡아 입을 찢어 죽여 아버지의 원수를 갚았다. 그 사이에 헤임달은 로키와 싸워 서로 나란히 죽어갔다. 그때 수르트가 거대한 불칼을 던져 온 세계는 불바다가 되었고, 이그드라실의 우주나무도 마침내 불길에 휩싸여 쓰러지고, 대지는 바다 밑으로 가라앉아 버렸다. 이리하여 예부터의 예언대로 신들의 세계는 사라져 갔다.

그러나 그것이 마지막은 아니었다. 침묵과 암흑 뒤에는 반드시 다시금 새로운 날이 오게 마련이다.

바다 밑에서 새로운 육지가 푸릇푸릇 아름답게 떠올랐다. 그 흙은 씨앗을 뿌리지 않아도 수확을 할 수 있었다.

묵은 태양의 딸인 새로운 태양이 그 모친보다도 훨씬 아름답게 하늘에서 빛났다. 이전의 악이나 죄는 모두 사라졌다. 발두르는 다시금 소생하여 새로운 세계로 빛과 아름다움이 돌아왔다.

불과 서너 명이었지만, 비다르나 바리나 토르의 아들 마그니 등 살아남은 신도 있었다. 그들은 전의 아스가르드 자리에 다시 집을 세웠다. 그곳 풀밭에서는 그 옛날 신들이 소일하던 황금의 장기판도 발견되었다. 그들은 그것을 보고 옛날의 오딘이나 토르의 일을 그리워했다.

한편, 수르트의 불이 마구 날뛰었을 때에도 리프와 리프트라시라는 두 인간이 숲속에 숨어 아침이슬로 목숨을 잇고 있었다. 그리고 이 부부에게서 온 세계를 가득 채울 만큼 숱한 자손이 생겨났다고 전한다.

드루이드와 스톤헨지

드루이드란 지금의 북이탈리아·프랑스·벨기에·네덜란드·독일·스위스의 일부를 포함하는 지역인 갈리아·브리타니아·게르마니아에 사는 고대의 켈트 족 사이에 신앙되고 있던 종교의 사제 또는 승려를 말한다. 드루이드는 승려와 관리와 학자와 의사로서의 직능을 갖추고 있었다. 그리고 이 드루이드와 켈트 민족 가운데의 사람들과의 관계는 인도의 브라만, 페르시아의 마고이나 이집트의 승려에 대한 각각의 민족 사람들과의 관계와 매우 비슷하며, 여러 사람들의 존경을 받고 있었다.

드루이드들은 우주에 존재하는 신은 오직 한 사람뿐이라고 말하고, 그 신을 베알이라고 불렀다. 이는 '모든 것의 생명' 또는 '모든 생물의 근원'이라는 뜻이다. 따라서 페니키아의 바알 신과 친근성을 지니고 있다. 그리고 이 친근성을 더한층 뚜렷하게 하는 것은, 드루이드들도 페니키아 사람들도 그들의 최고의 신을 태양과 동일한 것으로 보고 있다는 점이다. 그리고 불은 신의 상징이라고 생각한 것이다.

드루이드들은 그 숭배의 대상을 나타내는 우상은 하나도 쓰지 않았고, 또한 절이나 그 밖의 건물 안에 모여 의식을 행하는 일도 없었다. 다만 몇 개의 돌을 늘어놓아 땅 위에 지름 20피트에서 30피트 정도의 동그라미를 그린 것이 그들의 성지였다. 오늘날 남아 있는 것 중 가장 유명한 것은 영국의 솔즈베리 평원에 있는 스톤헨지이다. 이런 원형의 성지는 대개 강 근처라든가, 숲이나 떡갈나무 그늘 같은 곳에 만들어졌다. 그리고 원의 중심에는 돌을 얹어 만든 크롬레크, 즉 제단이 있었다.

드루이드는 또한 높은 곳에 제단을 만들어 언덕 꼭대기에 큰 돌을 놓거나 돌을 쌓아 무덤을 만들기도 했다. 이런 것을 카룬이라고 하며, 이는 상징으로서 태양 밑에서 신을 숭배할 때에 사용되었다. 드루이드들도 신에게 제물을 바친 것은 분명하지만 어떤 것이 바쳐졌는지는 뚜렷하지 않다. 게다가 그들의 예배에 관한 제의의 형식에 대해서도 거의 알려진 바가 없는 것이다.

드루이드들은 해마다 두 가지 축제를 관장했다. 하나는 5월 초에 행해지는 발타너, 즉 '신의 불'이라는 축제이다. 이 축제 때에는 산꼭대기에 큰불을 피우고 태양을 축복했다. 이렇듯 사람들은 음산한 겨울이 가고, 다시 찾아오는 태양의 은총을 환영한 것이다. 그들의 또 하나의 큰 축제는 서우인, 즉 '평화의 불'이라는 것으로서 10월 1일에 열렸다. 그리고 이것은 오늘날에도 스코틀랜드의 고원지방에 그 풍속이 남아 있다.

이 날 드루이드들은 그 지방의 가장 중심지에 모여 엄숙한 회의를 열고 그들의 사법적인 직무를 수행했다. 이런 재판에는 약간의 미신적인 관습도 영향을 미쳤다.

이러한 두 가지 축제 외에 드루이드들은 보름달을 축하하는 습관이 있었다. 그리고 특히 초승달이 뜬 후 여섯 번째 날을 축하했다. 이때가 되면 그들은 자기들이 아끼는 떡갈나무의 나뭇가지를 찾았다.

드루이드들은 종교의 지도자인 동시에 도덕의 지도자이기도 했고, 또한 과학자이기도 하고 시대나 민족에 대한 연구가이기도 했다. 그들이 문자를 알고 있었는지의 여부는 여러 가지로 논의되어 왔으나, 어느 정도는 알고 있었으리라는 추측이 맞는 것 같다.

이 드루이드 제도는 로마 군이 카이사르의 지휘하에 침입해 왔을 당시가 전성기였다. 따라서 드루이드에 대하여 이런 세계의 정복자들은 최대의 적으로서 용서 없이 맹위를 떨쳤다. 그 때문에 드루이드들은 본토의 모든 곳에서 끊임없는 공격에 시달려 마침내 앵글시나 아이오나 섬으로 물러났다. 그리고 이곳에서 잠시 난을 피했다.

이리하여 드루이드들은 아이오나 섬과 그 주변 섬들 그리고 본토 등에서 세력을 지니고 있었거니와, 이윽고 하이랜드의 전도자 성 콜럼바의 도래에 따라 마침내 그 신앙도 쇠퇴하고 말았다. 그리고 이 콜럼바에 의하여 그 지방의 주민들은 비로소 그리스도 교를 믿게 되었다.

종교의 중심지 아이오나

아이오나는 영국의 여러 섬 가운데에서도 가장 작은 섬의 하나이다. 그 근처의 섬도 바위투성이의 황량한 바닷가요, 위험한 바다에 둘러싸여 내부에는 아무런 자원이 없는데도, 이 아이오나는 역사상 불멸의 지위를 차지하고 있다. 그것은 북유럽의 거의 모든 나라가 이교의 검은 구름에 덮였을 때조차 이 섬만이 문명과 종교의 중심지로서 남아 있었기 때문이다.

아이오나 또는 이코르므키르라고 불리는 이 섬은 멀 섬 끝에 있으며, 멀 섬에서 폭이 반 마일인 해협으로 가로막히고, 본토인 스코틀랜드에서는 약 36마일쯤 떨어져 있다.

콜럼바는 아일랜드 태생으로 그곳 왕후와는 같은 혈육이었다. 아일랜드는 그 당시 이미 복음의 빛의 나라로 되어 있었으나, 스코틀랜드의 서부나 북부는 아직 이교의 암운 속에 갇혀 있었다. 콜럼바는 열두 명의 사도를 데리고 기원전 563년에 아이오나 섬에 상륙했다. 나뭇가지를 엮어 짐승 가죽을 붙인 배를 타고 바다를 건넌 것이다. 그런데 이미 이 섬을 차지하고 있던 드루이드들은 콜럼바가 이곳에 정착하는 것을 방해하려고 근처에 사는 야만족들을 반항케 하여 콜럼바를 괴롭혔다. 그리고 콜럼바는 인내와 열의로 온갖 저항을 견뎌냈으며, 국왕에게서 이 섬을 선물로 받자 이곳에 수도원을 세워 그 원장이 되었다.

콜럼바는 끊임없이 노력을 기울여 스코틀랜드의 고원 사람들과 섬 일대에 성경을 전했다. 이 콜럼바에게 부여된 존경의 지위는 고작 장로에 불과했고, 또한 수도사에 불과했지만, 모든 교구의 사람들이 그와 그 제자를 따랐을 정도였다.

그 중에서도 픽트족의 왕은 콜럼바의 예지나 그 덕에 깊이 감사하여 매우 존경했다. 그 때문에 근처의 족장이나 왕후들도 콜럼바에게 조언을 구하여 서로의 분쟁을 해결하게 되었다. 콜럼바가 아이오나 섬에 상륙했을 때 열두 명의 사도가 따라왔는데, 그는 그들을 하나의 종교적 단체로 조직하여 그 지도자가 되었다. 이 사도들의 단체는 필요에 따라 때로는 다른 사람들도 참가한 까닭에 처음부터 '12'라는 수는 언제나 유지되었다. 그들의 건물은 수도원이라고 불렀고, 그들 위에 서는 사람을 원장이라고 불렀지만, 그 제도는 후세의 수도원의 제도와 공통되는 점은 전혀 없었다. 그 규율에 따르는 사람들은 카르디라는 명칭으로 불리었는데, 이는 '신의 숭배자들'이라는 라틴어에서 파생된 말로 짐작된다. 그들은 신앙심이 매우 두터웠는데, 그것은 복음을 설파하는 젊은이들을 교육한다는 공통의 사업 속에서 서로 돕고, 동시에 모두가 함께 예배하는 것으로 자기 자신의 마음에 신앙의 열정을 계속 지니자는 목적이 있었기 때문이다.

이런 점이나 또한 그 밖의 점에서 볼 때 카르디들은 로마 가톨릭 교회의 기정 규율을 범한 것이다. 따라서 그들은 사교도로 간주되었다. 가톨릭 세력이 늘어남에 따라 카르디들의 세력은 쇠약해졌다. 그리고 13세기에는 마침내 카르디들의 수도원은 활동을 금지당하고 그들은 해산되었다.

그러나 그들은 여전히 개인 활동을 계속하여 로마 교회의 침략에 힘껏 저항했다. 그러는 동안 이읔고 종교개혁의 빛이 온 세계에 비치기 시작했다.

아이오나 섬은 서해에서 고립되어 있어 흔히 노르웨이나 덴마크의 해적들에게 습격을 받았다. 이웃 바다는 침략당하고, 섬은 몇 번이나 약탈당했으며, 선량한 섬사람들은 수없이 죽어갔다. 이런 불운한 환경 탓으로 이 섬은 차츰 쇠퇴해 갔으며, 이읔고 스코틀랜드 전역의 카르디들이 멸망함에 따라 그 쇠퇴의 속도가 더한층 빨라졌다.

그리고 로마 가톨릭교가 지배하게 되어 섬은 여자수도원의 땅이 되었고, 오늘날에도 그 자취가 남아 있는 것이다. 종교개혁 때 여자수도사들은 이 땅에 머물러 공동생활을 할 수 있게 되었지만, 그 수도원은 파괴되었다.

아이오나 섬은 오늘날에도 관광객들이 찾는 곳이다. 이곳에는 숱한 교회와 무덤의 유적이 남아 있기 때문이다. 그 중에서도 이름난 것은 대성당과 여자수도원의 예배당이다. 이런 그리스도 교회의 유물 외에 더 오래된, 그리고 그리스도 교의 숭배나 신앙과는 다른 형태의 것이 이 섬에 존재하고 있었음을 나타내는 유적도 있다. 그것은 원형의 돌무덤으로서, 여기저기서 발견되는 이런 것은 드루이드들의 것이었으리라 추측된다.